BALADI, Mauro

Guia de Filmes

Volume 3: Drama

Rio de Janeiro: Edições Guinefort, 2018

Acossado

DIRETOR: Jean-Luc Godard

PAÍS: França

ANO DE PRODUÇÃO: 1959

DURAÇÃO: 86'

IDIOMA ORIGINAL: Francês

PRODUÇÃO: Georges de Beauregard

ROTEIRO: François Truffaut

FOTOGRAFIA: Raoul Coutard [p&b]

MONTAGEM: Cécile Decugis, Lila Herman

MÚSICA: Martial Solal

ELENCO: Jean-Paul Belmondo, Jean Seberg, Henri-Jacques Huet, Liliane David, Claude Mansard, Van Doude, Daniel Boulanger, Roger Hanin, Jean-Pierre Melville

GÊNERO: Drama existencialista

SINOPSE: Após roubar um carro, Michel, um bandidinho pé de chinelo de Marselha, acaba assassinando um policial e tem que fugir para Paris. Ele tenta reaproximar-se de uma jovem americana, Patricia – por quem está apaixonado – com o objetivo de fugir com ela para Roma. Porém, para isso, ele precisa trocar o cheque que recebeu de um devedor, enquanto a polícia aperta o cerco.

COMENTÁRIOS: Primeiro longa de Godard e um dos maiores clássicos da Nouvelle Vague, o filme aborda temáticas típicas do cinema-cabeça dos anos 60: a ideia da fuga como utopia existencial e o relacionamento tempestuoso entre jovens casais de temperamentos e objetivos de vida quase opostos. Recebido com entusiasmo, este filme é um registro seco e direto das angústias da geração do pós-guerra, em um mundo em mutação (daí as frequentes citações dos elementos de comunicação de massa). Visto pelos olhos atuais, trata-se principalmente de um registro de época, que perdeu grande parte de seu impacto e sobrevive muito mais como evocação de um mundo em crise de identidade.

AVALIAÇÃO: ***

A MURDER IS ANNOUNCED

UM CONVITE PARA UM HOMICÍDIO

DIRETOR: David Giles

PAÍS: Inglaterra / Estados Unidos / Austrália

COMPANHIA PRODUTORA: BBC / The Arts and Entertainment Network / The Seven Network

ANO DE PRODUÇÃO: 1984

DURAÇÃO: 160'

IDIOMA ORIGINAL: Inglês

PRODUÇÃO: George Gallaccio (associado)

ARGUMENTO: Agatha Christie

ROTEIRO: Alan Plater

FOTOGRAFIA: Peter Hall [cor]

MONTAGEM: Graham Walker

MÚSICA: Ken Howard, Alan Blaikley (direção: John Altman)

ELENCO: Joan Hickson, Ursula Howells, Renée Asherson, John Castle, Sylvia Syms, Joan Sims, Ralph Michael, Mary Kerridge, Paola Dionisotti, Kevin Whately, Samantha Bond, Simon Shepherd, Nicola King, Elaine Ives Cameron, Matthew Solon, Vivienne Moore, David Collings, Richard Bebb

GÊNERO: Drama criminal

SINOPSE: Uma das ricas moradoras da pequena aldeia de Chipping Cleghorn, Letitia Blacklock, é surpreendida ao ler no jornal local um anúncio que convida os seus vizinhos para a encenação de um jogo de assassinato (que consiste em escolher uma vítima e um assassino, para que os participantes tentem identificá-los). Mesmo sem ter posto o anúncio, ela acaba recebendo os convidados. Porém, na hora marcada para começar o jogo, as luzes de apagam e se ouvem alguns tiros. Logo depois, descobre-se que um desconhecido entrou na casa e disparou, ferindo levemente a dona da casa e morrendo por alguma causa ignorada. Diante do mistério generalizado, o que resta aos policiais perplexos é contar com a ajuda de Miss Marple, a simpática velhinha detetive que vai descobrir que o crime está ligado a uma fortuna no futuro e a muitos acontecimentos no passado.

COMENTÁRIOS: Telefilme da série "Miss Marple", dividido em três partes. Baseado no livro homônimo, esta versão tem o mérito de ser bastante fiel à obra original – o que também é um defeito, já que dispensa a leitura.

AVALIAÇÃO: ***

THE ABC MURDERS

Os crimes ABC

DIRETOR: Andrew Grieve

PAÍS: Inglaterra

COMPANHIA PRODUTORA: Carnival Films / LWT /

ITV

ANO DE PRODUÇÃO: 1992

DURAÇÃO: 112'

IDIOMA ORIGINAL: Inglês

PRODUÇÃO: Brian Eastman

ARGUMENTO: Agatha Christie

ROTEIRO: Clive Exton

FOTOGRAFIA: Chris O'Dell [cor]

MONTAGEM: Derek Bain

MÚSICA: Christopher Gunning

ELENCO: David Suchet, Hugh Fraser, Philip Jackson, Donald Sumpter, Donald Douglas, Nicholas Farrell, Pippa Guard, Cathryn Bradshaw, Nina Marc, David McAlister, Vivienne Burgess, Ann Windsor, Michael Mellinger, Miranda Forbes, Peter Penry-Jones, Lucinda Curtis, Jeremy Hawk, Allan Mitchell, Philip Anthony, Andrew Williamson, John Breslin, Clifford Milner, Claude Close, Alex Knight, David Richard-Fox, Campbell Graham, Gordon Salkilld, Norman McDonald, Jane Birdsall

GÊNERO: Drama criminal

SINOPSE: Poirot recebe uma carta anônima desafiadora anunciando um crime que deve se realizar dentro de alguns dias, em uma cidade do interior. De fato, acontece um assassinato, embora não pareça haver nenhuma motivação para isso. Logo, segue-se outra carta, seguida por um novo crime. A descoberta de guias ferroviários junto aos cadáveres das vítimas leva Poirot a descobrir o sistema do criminoso, já que a primeira cidade e a primeira vítima tnham nomes iniciados pela letra A e a segunda cidade e a segunda vítima tinham nomes começados por B. Poucos dias depois, chega uma nova carta anônima, anunciando o crime correspondente à letra C. Como o criminoso não deixa pistas, Poirot resolve aceitar o auxílio dos parentes das vítimas, que se dispõem a investigar o caso.

COMENTÁRIOS: Episódio duplo da série de TV "Agatha Christie's Poirot", baseado no romance homônimo. Como sempre, o destaque desta série vai para o alto nível da produção e do elenco, com mais uma interpretação brilhante de David Suchet.

AVALIAÇÃO: ***

ADRIFT / OPEN WATER 2: ADRIFT

MAR ABERTO 2

DIRETOR: Hans Horn

PAÍS: Alemanha

COMPANHIA PRODUTORA: Orange Pictures / Shotgun Pictures / Universum Film / Peter Rommel Productions

ANO DE PRODUÇÃO: 2006

DURAÇÃO: 95'

IDIOMA ORIGINAL: Inglês

PRODUÇÃO: Dan Maag, Philip Schulz-Deyle (coprodutores: Thomas Häberle, Peter Rommel, Tania Reichert-Facilides)

ROTEIRO: Adam Kreutner, Dave Mitchell

FOTOGRAFIA: Bernhard Jasper [cor]

MONTAGEM: Christian Lonk

MÚSICA: Gerd Baumann

ELENCO: Susan May Pratt, Richard Speight Jr., Niklaus Lange, Ali Hillis, Cameron Richardson, Eric Dane, Wolfgang Raache, Alexandra Raache, Alfred Cuschieri, Kelly Wagner, Mattea Gabaretta, Luca Gabaretta, Christine Spasojevic, Dawn Frendo, Charlie Formosa, Alfredo Cutajar, Joe Formosa, Manuel Custo, Furto Grima, Costanzo Galea, Jeremy Formosa, Lorry Formosa, Edel Cauchi, Jolene Grima, Louis Formosa, Frankie Cachia, Mario Attard, Getju Attard, Laurence Piscopo, Anthony Vassallo, Joe Mercieca

GÊNERO: Drama de suspense

SINOPSE: Grupo de amigos norte-americanos se reúne para um passeio de iate pelo litoral mexicano. Animados pelo sol caliente e pela tequila, todos resolvem nadar e pulam na água. Porém, ao tentarem retornar ao barco, eles descobrem que ninguém se lembrou de acionar a escada de acesso. Como não existe nenhuma maneira de subir a bordo, eles ficam presos em alto-mar e tentam sobreviver até que apareça alguma ajuda.

COMENTÁRIOS: O título alternativo apresenta este filme como uma continuação de uma produção norte-americana de 2003, embora a única semelhança seja temática. Apesar de não ter a mesma intensidade do "Open water" original, este filme ainda consegue transmitir ao espectador toda a angústia de seus personagens, vítimas de situações que poderiam acontecer com qualquer um. Locações na ilha de Malta.

AVALIAÇÃO: ***

AGATHA CHRISTIE'S A CARIBBEAN MYSTERY

(Cf. A caribbean mystery)

LES AILES DU DÉSIR

(Cf. Der Himmel über Berlin)

AIRPORT

AEROPORTO

DIRETOR: George Seaton

PAÍS: Estados Unidos

COMPANHIA PRODUTORA: Universal Pictures

ANO DE PRODUÇÃO: 1969

DURAÇÃO: 137'

IDIOMA ORIGINAL: Inglês

PRODUÇÃO: Ross Hunter

ARGUMENTO: Arthur Hailey

ROTEIRO: George Seaton

FOTOGRAFIA: Ernest Laszlo [cor]

MONTAGEM: Stuart Gilmore

MÚSICA: Alfred Newman

ELENCO: Burt Lancaster, Dean Martin, Jean Seberg,

Jacqueline Bisset, George Kennedy, Helen Hayes, Van Heflin, Maureen Stapleton, Barry Nelson, Dana Wynter, Lloyd Nolan, Barbara Hale, Gary Collins, John Findlater, Jessie Royce Landis, Larry Gates, Peter Turgeon, Whit Bissell, Virginia Grey, Eileen Wesson, Paul Picerni, Robert Patten, Clark Howat, Lew Brown, Ilana Dowding, Lisa Gerritson, Jim Nolan, Patty Poulsen, Ena Hartman, Malila Saint Duval, Sharon Harvey, Albert Reed, Jodean Russo, Nancy Ann Nelson, Dick Winslow, Lou Wagner, Janis Hansen, Mary Jackson, Shelly Novack, Chuck Daniel, Charles Brewer

GÊNERO: Drama de suspense

SINOPSE: No movimentado aeroporto internacional de Chicago acumulam-se os problemas, com uma terrível noite de nevasca e um avião acidentado que está obstruindo a pista principal. Tentando resolver todos os casos está Mel Bakersfeld, o administrador do aeroporto, que também é obrigado a cuidar de seus problemas afetivos (a esposa grã-fina já não suporta mais sua dedicação integral ao emprego e sua abnegada amante – gerente de uma empresa aérea – dispõe-se a ir trabalhar em outra cidade para se afastar dele). Para animar ainda mais a situação, um homem com problemas financeiros e mentais – Joseph Guerrero – embarca num vôo para Roma levando consigo uma bomba (seu plano é explodir o avião, a fim de que sua esposa possa receber o polpudo seguro de acidentes da companhia aérea). Sua esposa desconfia de que algo está errado e tenta impedi-lo de embarcar, chegando tarde demais. Avisados, os tripulantes iniciam o retorno para Chicago e tentam capturar Guerrero, mas este consegue escapar e explodir sua bomba, abrindo um furo na fuselagem do avião e ameaçando a vida de todos os passageiros.

COMENTÁRIOS: Precursor do cinema-catástrofe, este filme foi um enorme sucesso e teve três continuações (todas muito parecidas com o original). Porém, este primeiro exemplar não pertence realmente ao subgênero, já que se preocupa muito mais com os conflitos humanos do que com a ação e os efeitos especiais (no cinema catástrofe *comme il faut*, os dramas são apenas esboçados e visam principalmente criar uma atmosfera emocional para a futura morte dos personagens).

AVALIAÇÃO: ***

ALIAS NICK BEAL

O ENVIADO DE SATANÁS

DIRETOR: John Farrow

PAÍS: Estados Unidos

COMPANHIA PRODUTORA: Paramount Pictures

ANO DE PRODUÇÃO: 1949

DURAÇÃO: 93'

IDIOMA ORIGINAL: Inglês

PRODUÇÃO: Endre Bohem

ARGUMENTO: Mindret Lord

ROTEIRO: Jonathan Latimer

FOTOGRAFIA: Lionel Lindon [p&b]

MONTAGEM: Eda Warren

MÚSICA: Franz Waxman

ELENCO: Ray Milland, Audrey Totter, Thomas Mitchell, George Macready, Fred Clark, Geraldine Wall, Henry O'Neill, Darryl Hickman, Nestor Paiva, King Donovan, Charles Evans, Erno Verebes, Douglas Spencer, Arlene Jenkins, Pepito Perez, Joey Ray

GÊNERO: Drama moralista com elementos fantásticos

SINOPSE: Joseph Foster é um incorruptível promotor público, empenhado em livrar sua terra do crime organizado. Um dia, ele recebe a visita do misterioso Nick Beal, que lhe promete provas contra o principal gangster da cidade. Foster aceita a colaboração e, apesar de recolher as provas ilegalmente, consegue condenar o bandido. A repercussão do caso torna o promotor um herói público e ele é cogitado para concorrer ao governo estadual. Foster, que sempre fôra um homem modesto, é tentado pelo poder e aceita a candidatura, seduzido pela conversa mole de Beal. Porém, Beal é na verdade um emissário do Diabo, encarregado de perverter almas puras para povoarem as caldeiras ferventes do além.

COMENTÁRIOS: Um filme que leva a sério a expressão "vender a alma ao Diabo". A história é claramente inspirada na clássica lenda de Fausto e provavelmente influenciou "O advogado do Diabo", de Taylor Hackford. Uma trama interessante e bem-elaborada, embora prejudicada pelo seu conteúdo excessivamente moralista.

AVALIAÇÃO: ***

ALICE IN ACIDLAND

DIRETOR: John Donne

PAÍS: Estados Unidos

COMPANHIA PRODUTORA: Unit 10 Productions

ANO DE PRODUÇÃO: 1968

DURAÇÃO: 55'

IDIOMA ORIGINAL: Inglês

PRODUÇÃO: John Donne

ROTEIRO: Gertrude Steen

FOTOGRAFIA: [p&b/cor]

ELENCO: Sheri Jackson, Julia Blackburn, Roger Gentry, Janice Kelly, Donn Greer (voz)

GÊNERO: Drama erótico pseudomoralista

SINOPSE: A jovem Alice é seduzida pela lésbica Frieda, tornando-se uma viciada em drogas e caindo no mundo da orgia e da depravação.

COMENTÁRIOS: Típica manifestação de hipocrisia, em uma produção que, sob o pretexto de denunciar os perigos que ameaçam os jovens, explora as perversões que parece condenar.

AVALIAÇÃO: **

AMATOR

AMADOR

DIRETOR: Krzysztof Kieslowski

PAÍS: Polônia

COMPANHIA PRODUTORA: Zespol Filmowe TOR

ANO DE PRODUÇÃO: 1979

DURAÇÃO: 108'

IDIOMA ORIGINAL: Polonês

ROTEIRO: Krzysztof Kieslowski (diálogos: Jerzy Stuhr, Krzysztof Kieslowski)

FOTOGRAFIA: Jacek Petrycki [cor]

MONTAGEM: Halina Nawrocka

MÚSICA: Krzysztof Knittel

ELENCO: Jerzy Stuhr, Malgorzata Zabkowska, Ewa Pokas, Stefan Czyzewski, Jerzy Nowak, Tadeusz Bradecki, Marek Litewka, Boguslaw Sobczuk, Krzysztof Zanussi, Andrzej Jurga, A. Bienicewicz [Alicja Bienicewicz], T. Rzepka [Tadeusz Rzepka], A. Kisielewska [Aleksandra Kisielewska], W. Maciudzinski [Wlodzimierz Maciudzinski], R. Stankiewicz [Roman Stankiewicz], A. Barczewska [Antonina Barczewska], F. Szajnert [Feliks Szajnert], J. Brzezinska [Jolanta Brzezinska], T. Szmigielowna [Teresa Szmigielówna], J. Turalik [Jacek Turalik], A. Warchol [Andrzej Warchol], D. Wiercinska [Danuta Wiercinska], T. Huk [Tadeusz Huk]

GÊNERO: Drama com elementos críticos

SINOPSE: Filip, funcionário de uma fábrica no interior da Polônia, resolve comprar uma pequena câmera cinematográfica para registrar o crescimento de sua filha recém-nascida. Sabendo disso, o diretor da fábrica pede que ele realize um documentário para comemorar o aniversário da empresa. Aceitando o encargo, Filip aos poucos vai sendo dominado pela magia do cinema, fundando um cineclube e filmando cada vez mais. Porém, seu amor pela câmera pode acabar causando sérios problemas para a sua felicidade conjugal, ao mesmo tempo em que seu trabalho vai se chocar com a censura do Estado comunista.

COMENTÁRIOS: Trata-se de uma bela homenagem ao trabalho dos cineastas, ao mesmo tempo em que coloca em pauta as difíceis condições de expressão artística na Polônia comunista. Cenas de violência contra animais.

AVALIAÇÃO: ***

ANASTASIA

ANASTÁCIA, A PRINCESA ESQUECIDA

DIRETOR: Anatole Litvak

PAÍS: Inglaterra

COMPANHIA PRODUTORA: Twentieth Century-Fox

ANO DE PRODUÇÃO: 1956

DURAÇÃO: 105'

IDIOMA ORIGINAL: Inglês

PRODUÇÃO: Buddy Adler

ARGUMENTO: Guy Bolton (or: Marcelle Maurette)

ROTEIRO: Arthur Laurents

FOTOGRAFIA: Jack Hildyard [cor]

MONTAGEM: Bert Bates

MÚSICA: Alfred Newman

ELENCO: Ingrid Bergman, Yul Brynner, Helen Hayes, Akim Tamiroff, Martita Hunt, Felix Aylmer, Sacha Pitoeff, Ivan Desny, Natalie Schafer, Gregoire Gromoff, Karel Stepanek, Ina de la Haye, Katherine Kath

GÊNERO: Drama romântico com fundo histórico

SINOPSE: Paris, 1928: O general Bonin, nobre russo exilado pela revolução comunista, vive com todo o conforto, explorando seus compatriotas mais ricos. Com a ajuda de alguns cúmplices, ele fundou uma sociedade para encontrar a princesa Anastácia, filha do último czar, que pode ter escapado à execução da família real russa. O objetivo da busca é bem mais prático do que patriótico, já que Anastácia herdará as milhões de libras que os Romanoff deixaram no Banco da Inglaterra. Pressionado pelos seus financiadores, que ameaçam deixá-lo na miséria, Bonin decide fabricar uma falsa Anastácia, usando para isso uma pobre desmemoriada que vaga pelas ruas de Paris acreditando ser a princesa. Amargando uma completa miséria, a mulher aceita participar da trama e começa a ser treinada por Bonin, que planeja apresentá-la à última descendente viva da família Romanoff.

COMENTÁRIOS: Interessante drama romântico baseado em uma peça teatral, por sua vez inspirada nos boatos – que perduraram durante décadas – de que uma das filhas do czar Nicolau II, a princesa Anastasia, teria sobrevivido à chacina de sua família, ocorrida em 1918. Com um elenco de primeira e a competente direção de Litvak, trata-se de um espetáculo de altíssimo nível, com um roteiro que consegue resolver bem suas muitas dificuldades. Este foi um dos trabalhos que devolveram Ingrid Bergman a Hollywood, de onde fora expurgada depois de seu escandaloso casamento com Roberto Rossellini.

AVALIAÇÃO: ****

AND THEN THERE WERE NONE

O VINGADOR INVISÍVEL

DIRETOR: René Clair

PAÍS: Estados Unidos

COMPANHIA PRODUTORA: Popular Pictures

ANO DE PRODUÇÃO: 1945

DURAÇÃO: 98'

IDIOMA ORIGINAL: Inglês

PRODUÇÃO: René Clair

ARGUMENTO: Agatha Christie

ROTEIRO: Dudley Nichols

FOTOGRAFIA: Lucien Andriot [p&b]

MONTAGEM: Harvey Manger

MÚSICA: Charles Previn (score: M. Castelnuovo-Tedesco)

ELENCO: Barry Fitzgerald, Walter Huston, Louis Hayward, Roland Young, June Duprez, Mischa Auer, C. Aubrey Smith, Judith Anderson, Richard Haydn, Queenie Leonard, Harry Thurston

GÊNERO: Drama de mistério e suspense

SINOPSE: Dez pessoas, que aparentemente não têm nenhuma ligação umas com as outras, são reunidas numa remota ilha deserta, com o pretexto de participarem de uma grande festa. Presas na ilha, sem qualquer forma de contato com o continente, elas começam a ser assassinadas, sem que se possa saber quem é o culpado e nem o motivo das mortes. Como seria de se esperar, o desespero toma conta de todos, que hesitam entre buscar alianças contra o perigo ou isolar-se dos outros convidados para tentarem se proteger.

COMENTÁRIOS: Adaptação cinematográfica de um dos mais conhecidos romances policiais de Agatha Christie, "O caso dos dez negrinhos" ("E não sobrou nenhum", na versão politicamente correta). Curiosamente, para se adaptar aos padrões morais hollywoodianos, a solução original do mistério foi bastante modificada. Apesar de isso tornar o filme menos sério, ao menos oferece uma surpresa para os que já leram o romance ou para os que vão lê-lo depois de ver o filme.

AVALIAÇÃO: ***

ANGEL

Anjo

DIRETOR: Ernst Lubitsch

PAÍS: Estados Unidos

COMPANHIA PRODUTORA: Paramount Pictures

ANO DE PRODUÇÃO: 1937

DURAÇÃO: 87'

IDIOMA ORIGINAL: Inglês

PRODUÇÃO: Ernst Lubitsch

ARGUMENTO: Melchior Lengyel

ROTEIRO: Samson Raphaelson

FOTOGRAFIA: Charles Lang Jr. [p&b]

MONTAGEM: William Shea

MÚSICA: Frederick Hollander

ELENCO: Marlene Dietrich, Herbert Marshall, Melvyn Douglas, Edward Everett Horton, Ernest Cossart, Laura Hope Crews, Herbert Mundin, Dennie Moore

GÊNERO: Drama moralista

SINOPSE: Em uma visita a Paris, o aristocrata inglês Anthony Halton resolve procurar alguma diversão sadia nos salões da grã-duquesa Anna Dmitrievna, promovida à cafetina de luxo pela Revolução russa. Lá, ele encontra uma mulher misteriosa, pela qual sente uma súbita e irresistível atração. A mulher, que ele apelida de "Anjo", não lhe fornece sua identidade e, após um jantar romântico, desaparece sem deixar vestígios. É o suficiente para que Anthony seja tomado por uma violenta paixão, voltando para a Inglaterra após procurar inutilmente sua musa. Porém, uma casualidade do destino faz com que ele descubra que "Anjo" é, na verdade, Maria, a esposa do diplomata sir Frederick Barker, uma das figuras mais influentes na Liga das Nações.

COMENTÁRIOS: Filme bastante moralista, que aborda o velhíssimo tema (mesmo para 1937) das esposas negligenciadas que buscam saciar sua carência de romantismo além das fronteiras do lar. O mais difícil, nesta história (e que, por isso mesmo, não foi feito) é explicar que tipo de relação Maria tivera com a grã-duquesa, em momentos menos fáceis de sua vida. Esquecendo a moralidade duvidosa deste filme, ficamos com os pequenos esquetes desempenhados pelos dois mordomos, onde Lubitsch exercita sua famosa verve humorística.

AVALIAÇÃO: ***

L'ANNÉE DERNIÈRE À MARIENBAD

O ano passado em Marienbad

DIRETOR: Alain Resnais

PAÍS: França / Itália

COMPANHIA PRODUTORA: Terra-Film / Société Nouvelle des Films Cormoran / Precitel / Como-Films / Argos-Films / Les Films Tamara / Cinétel / Silver Films / Cineriz

ANO DE PRODUÇÃO: 1961

DURAÇÃO: 94'

IDIOMA ORIGINAL: Francês

PRODUÇÃO: Pierre Courau, Raymond Froment

ARGUMENTO: Alain Robbe-Grillet

ROTEIRO: Alain Robbe-Grillet

FOTOGRAFIA: Sacha Vierny [p&b]

MONTAGEM: Henri Colpi, Jasmine Chasney

MÚSICA: Francis Seyrig

ELENCO: Giorgio Albertazzi, Delphine Seyrig, Sacha Pitoëff, Françoise Bertin, Luce Garcia-Ville, Helena Kornel, Françoise Spira, Karin Toche-Mittler, Pierre Barbaud, Wilhelm von Deek, Jean Lanier, Gérard Lorin, Davide Montemuri, Gilles Quéant, Gabriel Werner

GÊNERO: Drama psicológico

SINOPSE: Num luxuoso hotel europeu, um homem encontra uma mulher e tenta convencê-la de que os dois se conheceram no ano anterior e que tiveram um caso amoroso, só não ficando juntos porque ela pedira um prazo de um ano para refletir se deveria abandonar seu marido. A mulher alega não conhecê-lo e nem lembrar-se de nada, embora o homem insista em recordar diversos detalhes da relação.

COMENTÁRIOS: Escrito por Alain Robbe-Grillet, que leva para o cinema a estética do nouveau roman francês, este filme é um magnífico exercício de linguagem cinematográfica, desenvolvendo a história a partir de elementos exclusivamente narrativos. Assim, todos os *flashbacks* são, na verdade, versões de uma história que não tem qualquer compromisso com os fatos reais, deixando no ar a questão de saber, realmente, se o esquecimento da protagonista é apenas efeito do seu desejo de eliminar um conflito doloroso ou se, na verdade, as narrativas do seu pretendente construíram a relação afetiva irreal. Com uma narrativa marcada pelo artificialismo e pela frieza, Resnais realiza uma de suas obras-primas, numa das mais perfeitas alianças entre a literatura e o cinema.

AVALIAÇÃO: *****

ANOTHER WOMAN

A OUTRA

DIRETOR: Woody Allen

PAÍS: Estados Unidos

COMPANHIA PRODUTORA: Jack Rollins and Charles H. Joffe Productions

ANO DE PRODUÇÃO: 1988

DURAÇÃO: 81'

IDIOMA ORIGINAL: Inglês

PRODUÇÃO: Robert Greenhut (executiva: Jack Rollins, Charles H. Joffe)

ARGUMENTO: Woody Allen

ROTEIRO: Woody Allen

FOTOGRAFIA: Sven Nykvist [cor]

MONTAGEM: Susan E. Morse

MÚSICA: Woody Allen (seleção)

ELENCO: Philip Bosco, Betty Buckley, Blythe Danner, Sandy Dennis, Mia Farrow, Gene Hackman, Ian Holm, John Houseman, Martha Plimpton, Gena Rowlands, David Ogden Stiers, Harris Yulin, Frances Conroy, Fred Melamed, Kenneth Welsh, Bruce Jay Friedman, Bernie Leighton, Jack Gelber, Paul Sills, John Schenck, Noel Behn, Gretchen Dahm, Janet Frank, Dana Ivey, Alice Spivak, Mary Laslo, Carol Schultz, Dax Munna, Heather Sullivan, Margaret Marx, Jennifer Lynn McComb, Caroline McGee, Stephen Mailer, Jacques Levy, Dee Dee Friedman, Josh Hamilton, Kathryn Grody, John Madden Towey, Michael Kirby, Fred Sweda, Jill Whitaker

GÊNERO: Drama de relacionamento

SINOPSE: Marion é uma professora de filosofia de meia-idade, bem-sucedida profissionalmente e com uma relação estável com o médico Ken. Um dia, ela resolve tirar umas férias para escrever um livro, alugando um apartamento para trabalhar com mais tranquilidade. Porém, seu apartamento é colado ao consultório de um psicanalista e, casualmente, Marion ouve uma das sessões, na qual a paciente faz algumas revelações que a inquietam. A insegurança de Marion aumenta quando ela começa a perceber que sua imagem, para todos que a rodeiam, é bem diferente daquela que ela sempre tentou forjar.

COMENTÁRIOS: Um dos mais interessantes exemplares da fase deprê-bergmaniana de Woody Allen (correspondente ao seu casamento com Mia Farrow). Através da figura de Marion, Allen mais uma vez aborda a dissolução da imagem ilusória que forjamos de nós mesmos, no jogo teatral de nossos relacionamentos afetivos (ou nem tanto). Essa imagem representa a linha de fuga para um plano de realidade mais adequado ao nosso modelo de mundo (tal como o cinema era a linha de fuga da protagonista de "A rosa púrpura do Cairo"). Com grande economia de recursos e sua notável habilidade narrativa, Allen mostra que sua criatividade pôde suportar até seus devaneios bergmanianos, antes da sua fase incestopedofílica que antecedeu à fase turística.

AVALIAÇÃO: ***

APARAJITO

O INVENCÍVEL

DIRETOR: Satyajit Ray

PAÍS: Índia

COMPANHIA PRODUTORA: Epic Films

ANO DE PRODUÇÃO: 1956

DURAÇÃO: 127'

IDIOMA ORIGINAL: Bengali

PRODUÇÃO: Satyajit Ray

ARGUMENTO: Bibhutibhushan Banerjee

ROTEIRO: Satyajit Ray

FOTOGRAFIA: Subrata Mitra [p&b]

MONTAGEM: Dulal Dutta

MÚSICA: Pandit Ravi Shankar

ELENCO: Kanu Banerjee, Karuna Banerjee, Pinaki Sen Gupta, Smaran Ghosal, Ramani Sen Gupta, Charaprakash Ghosh, Subodh Ganguly

GÊNERO: Drama

SINOPSE: Após a morte de seu pai, o menino Apu vai morar com sua mãe no interior da Índia, trabalhando como ajudante de um sacerdote da sua família. Apesar de seus muitos afazeres, Apu sente atração pelos estudos e consegue convencer sua mãe a matriculá-lo na escola local. Logo, Apu revela uma inteligência superior, tornando-se um jovem bastante promissor. Já adolescente, e graças aos seus longos anos dedicados ao estudo, Apu é indicado para entrar na universidade, conseguindo uma bolsa e também uma moradia – já que a escola é muito distante. Porém, a novidade perturba a mãe do rapaz, já que ele é o que resta da sua família e a separação será longa. Ansioso por aprofundar-se nos estudos,

Apu convence sua mãe e parte para a cidade grande. Mas sua tarefa não é fácil, pois, além de estudar, o rapaz ainda trabalha numa gráfica, a fim de pagar sua moradia. Em sua primeira visita à mãe, Apu percebe que já não suporta mais a vidinha sem perspectivas do campo e fica ansioso para retornar à "civilização", deixando a velha deprimida.

COMENTÁRIOS: Segunda parte da trilogia "O mundo de Apu", dando continuidade a "A canção da estrada". Os principais méritos dos filmes de Ray são a extrema economia de recursos e a fidelidade à cultura indiana, ricamente retratada em seus aspectos cotidianos.

AVALIAÇÃO: ****

ASHES TO ASHES

Columbo: De volta às cinzas

DIRETOR: Patrick McGoohan

PAÍS: Estados Unidos

COMPANHIA PRODUTORA: Universal TV

ANO DE PRODUÇÃO: 1998

DURAÇÃO: 90'

IDIOMA ORIGINAL: Inglês

PRODUÇÃO: Christopher Seiter, Jack Horger

ARGUMENTO: Richard Levinson, William Link

ROTEIRO: Jeffrey Hatcher

FOTOGRAFIA: Fred V. Murphy [cor]

MONTAGEM: Bill Parker

MÚSICA: Dick De Benedictis

ELENCO: Peter Falk, Patrick McGoohan, Rue McClanahan, Richard Riehle, Spencer Garrett, Aubrey Morris, Edie McClurg, Richard Libertini, Ron Masak, Catherine McGoohan, Scott N. Stevens, Sally Kellerman

GÊNERO: Drama criminal

SINOPSE: Eric Prince é um ex-ator que se tornou um milionário agente funerário em Hollywood. Porém, a origem de sua fortuna foi o roubo de um colar de diamantes, que havia sido deixado por descuido no cadáver de uma estrela de cinema. O segredo é descoberto por uma antiga amante de Eric, Verity Chandler, conhecida cronista de fofocas da TV. Quando Verity ameaça denunciar o caso em seu programa, Eric não hesita em matá-la, cremando o seu corpo no lugar de um cliente (que, por sua vez, é cremado no lugar de outros despojos). Depois, Eric vai à casa de Verity e arma o cenário de um sequestro, alterando o computador da morta e substituindo sua reportagem por um caso de tráfico de drogas. Porém, o detetive Columbo entra no caso e, apesar de seu jeito descuidado e patético, vai apertando o cerco sobre o papa-defunto picareta.

COMENTÁRIOS: Telefilme da série "Columbo", grande sucesso da TV dos anos 70 que retornou no final dos anos 90. Apesar da idade já estar pesando, Falk consegue manter o jeito nonsense de seu marcante personagem, numa história interessante e original.

AVALIAÇÃO: ***

L'ATLETA FANTASMA

O ATLETA FANTASMA

DIRETOR: Raimondo Scotti

PAÍS: Itália

COMPANHIA PRODUTORA: A. De Giglio

ANO DE PRODUÇÃO: 1919

DURAÇÃO: 90'

IDIOMA ORIGINAL: Mudo

PRODUÇÃO: Alfonso De Giglio

ROTEIRO: Renée De Liot

FOTOGRAFIA: [p&b]

ELENCO: Mario Guaita Ausonia, Elsa Zara, Dino Bonaiuti, Gaetano Rossi

GÊNERO: Drama de ação e aventura

SINOPSE: Aparentando ser mais um playboy rico e ocioso de uma sociedade entediada e decadente, Harry Audersen é, na verdade, o Atleta Fantasma, um herói mascarado que está realizando diversas façanhas na luta contra o crime. Seu grande desafio é cuidar da segurança de sua noiva Jenny – uma jovem aristocrata muito romântica que despreza Harry e sonha com o Atleta Fantasma. Tendo ganho de seu pai uma joia extremamente valiosa, Jenny se torna alvo de uma quadrilha de bandidos chefiada pelo gênio do crime conhecido como "Professor", que fará de tudo para conseguir seu objetivo.

COMENTÁRIOS: Bom exemplo do filme de aventura do cinema mudo, com um ritmo vertiginoso e um enredo repleto de absurdos e exageros. Fica difícil aceitar a ideia de que o Atleta Fantasma esteja sempre nos lugares certos nos momentos precisos, além de conhecer tudo sobre seus inimigos. No entanto, apesar de uma certa pobreza de recursos e efeitos, o filme é simpático e nos remete ao clima de ingenuidade dos primeiros tempos do cinema.

AVALIAÇÃO: ***

O trem atômico

DIRETOR: Dick Lowry, David Jackson

PAÍS: Estados Unidos

COMPANHIA PRODUTORA: NBC / Dennis Hammer Productions / Michael R. Joyce Productions

ANO DE PRODUÇÃO: 1999

DURAÇÃO: 122'/169'

IDIOMA ORIGINAL: Inglês

PRODUÇÃO: Michael R. Joyce (coprodução: Barbara Kelly)

ARGUMENTO: (1: Jeff Fazio, Armand Speca, D. Brent Mote) (2: D. Brent Mote, Phil Penningroth)

ROTEIRO: (1: D. Brent Mote, Phil Penningroth) (2: D. Brent Mote, Phil Penningroth, Rob Fresco)

FOTOGRAFIA: Steven Fierberg [cor]

MONTAGEM: Scott Powell, Adam Wolfe

MÚSICA: Lee Holdridge

ELENCO: Rob Lowe, Kristin Davis, Esai Morales, John Finn, Mena Suvari, Erik King, Blu Mankuma, Don S. Davis, Sean Smith, Eric Johnson, Jane Perry, Chris Ellis, Zack

Ward, Yanna McIntosh, Edward Herrmann, Karen Holness, Eric Keenleyside, Anthony Harrison, Colin Lawrence, Stephen Dimopoulos, Norman Armour, Michael Tomlinson, Henri Lubatti, Rebecca Toolan, Laurie Murdoch, William S, Taylor, Michael Puttonen, Michelle Skalnik, David Fredericks, Garvin Cross, Steven Wright, Rick Ravanello, Daryl Shuttleworth, Sean Campbell, Anna Hagan, Lesley Ewen, Terry David Mulligan, Rebecca Erickson, Darcy Laurie, Brad Loree, Tom McBeath, Aaron Pearl, Rafe McDonald, Kevin Conway, Ty Olsson, Rob Freeman, Mina Erian Mina, Harrison Robert Coe, Peter Flemming, Greg Michaels, Eileen Pedde, Angela Donahue, Brenda McDonald, John B. Lowe, Alfred Humphreys, Christopher Kennedy, Dmitry Chepovetsky, Ted Friend, Neil Pollock, Peter Lacroix

GÊNERO: Filme catástrofe

SINOPSE: Trem sem freios transporta uma bomba atômica rumo à cidade de Denver. Enquanto o governo entrega os pontos e evacua a população em pânico, um heróico funcionário público põe em risco a sua vida para tentar salvar a situação.

COMENTÁRIOS: Telefilme sem grandes méritos, que foi exibido originalmente em duas partes. Mesmo com a pobreza de recursos e o bom-mocismo geral, é uma boa diversão para os fãs deste subgênero, que teve o seu momento de glória nos anos 70.

AVALIAÇÃO: ***

DIE AUGEN DER MUMIE MA

OS OLHOS DA MÚMIA

DIRETOR: Ernst Lubitsch

PAÍS: Alemanha

COMPANHIA PRODUTORA: UFA

ANO DE PRODUÇÃO: 1918

DURAÇÃO: 63'

IDIOMA ORIGINAL: Mudo

ROTEIRO: Hans Kräly, Emil Rameau

FOTOGRAFIA: Alfred Hansen [p&b]

ELENCO: Max Laurence, Harry Liedtke, Emil Jannings, Pola Negri

GÊNERO: Drama romântico

SINOPSE: Albert, um pintor alemão, está fazendo estudos no Egito e, ao visitar a tumba de uma grande rainha, descobre que o local serve de cárcere para uma bela jovem, Ma, que foi sequestrada e transformada em escravamante pelo repulsivo árabe Radu. Albert resgata Ma e, totalmente apaixonado, a leva consigo para a Europa. Porém, Radu está obcecado pela ideia de se vingar da garota, partindo também para a Europa como criado de um aristocrata.

COMENTÁRIOS: A referência do título à uma múmia não deve enganar o espectador, já que este filme está bem longe de ser uma narrativa clássica de horror.

AVALIAÇÃO: ***

B14? – 1

B14

DIRETOR: Ninja

PAÍS: Gana

COMPANHIA PRODUTORA: Ninja Movies Productions

ANO DE PRODUÇÃO: 2012

DURAÇÃO: 76'

IDIOMA ORIGINAL: Akan

PRODUÇÃO: Samuel K. Nkansah

ARGUMENTO: Ninja

ROTEIRO: Ninja

FOTOGRAFIA: Ninja [p&b]

MONTAGEM: Ninja

ELENCO: Rose Mensah, Ebenezer Donkor, Osei Joseph [Joseph Osei], King Brenya, Emmanuel Afriyie, Francis Ofori, Isaac Fosu, Collins Otteng, Priscilla Ahaya Anabel, Ntul Andrew, Osei Owusu, Adams Ali Rusel, Evans Owusu-Addai, Vivian Agyei, Christiana Sarkodie, Rebbeca Achiaa, Sarah Gyamfi, Joyce Yeboah Lucy, Osei Linda, Mabel Bonsu, Akwasi Emmanuel, Ruth Abrafi, Hanna Boateng, Comfort Antwi, Issah Osman, Lydia Amoah Lawson, O. Kobi, T. Francis, Gabriel Badu, Yarima

GÊNERO: Drama de ação com elementos sobrenaturais

SINOPSE: Em Gana, o lucrativo comércio da cocaína é disputado pelas quadrilhas chefiadas por Storm e Lan Di (que leva vantagem por contar com um guarda-costas com poderes sobrenaturais). Enquanto os bandidos procuram liquidar seus rivais, jovens caem no vício e correm o risco de ter suas vidas destruídas.

COMENTÁRIOS: Produção em vídeo com um jeito de filme amador, embora não nos seja possível avaliar o nível técnico do cinema "profissional" ganês. Como deveria ter uma continuação (já realizada), este filme apenas esboça situações, sem que a trama e as subtramas sejam resolvidas. Curiosamente, boa parte da narrativa é gasta com conversas entre os jovens viciados e seus parentes mais velhos, que os advertem dos perigos das drogas.

AVALIAÇÃO: **

BAISERS VOLÉS

BEIJOS PROIBIDOS

DIRETOR: François Truffaut

PAÍS: França

COMPANHIA PRODUTORA: Les Films du Carrosse / Les Productions Artistes Associés

ANO DE PRODUÇÃO: 1968

DURAÇÃO: 87'

IDIOMA ORIGINAL: Francês

ROTEIRO: François Truffaut, Claude de Givray, Bernard Revon

FOTOGRAFIA: Denys Clerval [cor]

MONTAGEM: Agnès Guillemot

MÚSICA: Antoine Duhamel

ELENCO: Jean-Pierre Léaud, Delphine Seyrig, Claude Jade, Michel Lonsdale, Harry-Max, André Falcon, Daniel Ceccaldi, Claire Duhamel, Catherine Lutz, Martine Ferriere, Jacques Rispal, Serge Rousseau, Paul Pavel, François Darbon, Simono, Jacques Delord

GÊNERO: Drama de relacionamento

SINOPSE: Depois de ser expulso do exército, Antoine Doinel – jovem um tanto atrapalhado, que curte uma longa paixão por sua amiga Christine – consegue emprego como porteiro de um hotel e, após um incidente, é contratado por uma agência de detetives. Ele é designado para trabalhar disfarçado na sapataria de um dos clientes da agência – que deseja saber porque nenhum de seus funcionários vai com a sua cara – mas acaba tendo um caso amoroso com a esposa do sujeito.

COMENTÁRIOS: Doinel, personagem de diversos filmes de Truffaut, é um alter ego do diretor. Como sua maior característica, ele incorpora o paradoxo de ser essencialmente rebelde e revolucionário, mas ao mesmo tempo tímido e covarde demais para tomar atitudes firmes, sendo quase sempre arrastado pelos acontecimentos.

AVALIAÇÃO: ***

LA BANDERA

A BANDEIRA

DIRETOR: Julien Duvivier

PAÍS: França

COMPANHIA PRODUTORA: SNC – Société Nouvelle de Cinématographie

ANO DE PRODUÇÃO: 1935

DURAÇÃO: 96'

IDIOMA ORIGINAL: Francês

ARGUMENTO: Pierre MacOrlan

ROTEIRO: Julien Duvivier, Charles Spaak

FOTOGRAFIA: J. Kruger [Jules Kruger] [p&b]

MONTAGEM: Marthe Poncin

MÚSICA: Jean Wiener, Roland Manuel

ELENCO: Annabella, Jean Gabin, R. Le Vigan [Robert Le Vigan], Aimos [Raymond Aimos], Pierre Renoir, Gaston Modot, Margo Lion, Charles Granval, Reine Paulet, Viviane Romance, Castro Blanco, Robert Ozanne, Lagrenée, Florencie, Little Jacky

GÊNERO: Drama

SINOPSE: Após cometer um assassinato em Paris, Pierre foge para a Espanha e acaba caindo na miséria, após ser roubado por alguns conterrâneos. Quando a fome aperta, ele decide apelar e se alista na legião estrangeira espanhola (já que fôra militar). Ele é enviado, juntamente com outros legionários, para o Marrocos, a fim de receber seu treinamento. Lá, ele se apaixona pela bela dançarina Aisha e resolve casar-se com a moça. Tudo caminha bem para o casal, até que a situação política se agrava e eclode a guerra contra os árabes.

COMENTÁRIOS: Neste filme – que começa como um drama criminal e termina como um épico neocolonialista – Gabin interpreta o seu tipo clássico: o do homem com passado nebuloso e conflitos psicológicos profundos, atirado num caminho niilista e resgatado pela paixão, mas marcado pelo destino fatal dos heróis trágicos. Curiosamente, não se explica quase nada sobre o crime de Pierre, embora tenhamos certeza de que foi mais do que justificado. Outro detalhe importante é o destaque heróico dado à legião estrangeira, que não passava de um bando de mercenários foragidos a serviço de governos coloniais que, desta forma, livravam-se das máculas de seus crimes (já que a legião era de "estrangeiros" sem pátria e sem nome). Funciona como drama, embora seja politicamente abominável.

AVALIAÇÃO: ***

BARAKA

BARAKA

DIRETOR: Ron Fricke

PAÍS: Estados Unidos

COMPANHIA PRODUTORA: Magidson Films

ANO DE PRODUÇÃO: 1992

DURAÇÃO: 96'

IDIOMA ORIGINAL: Mudo

PRODUÇÃO: Mark Magidson

ARGUMENTO: Ron Fricke, Mark Magidson, Bob Green

ROTEIRO: Ron Fricke, Mark Magidson, Bob Green

FOTOGRAFIA: Ron Fricke [cor]

MONTAGEM: Ron Fricke, Mark Magidson, David E. Aubrey

MÚSICA: Michael Stearns

GÊNERO: Documentário

SINOPSE: O filme retrata, nas mais diversas partes do mundo (Estados Unidos, Argentina, Austrália, Brasil, Camboja, China, Equador, Egito, França, Havaí, Hong Kong, Índia, Indonésia, Irã, Israel, Itália, Japão, Quênia, Kuwait, Nepal, Polônia, Tailândia, Arábia Saudita, Tanzânia e Turquia), o relacionamento entre as culturas e entre o homem e a natureza.

COMENTÁRIOS: Utilizando o mesmo estilo de colagem dos filmes de Godfrey Reggio (como "Koyaanisqatsi" e "Powaqatsi"), "Baraka" parte de uma perspectiva bastante humanista, enfatizando o contraste entre o homem e a natureza e entre as culturas ocidental e oriental. Apesar de não conter qualquer parte narrativa, fica bastante clara a posição do diretor, que condena o ritmo frenético da vida moderna e a ambição desenfreada dos que só lutam pelo progresso material. Apesar de algumas imagens belíssimas (como a sequência inicial), o filme padece pela fraqueza da abordagem dos seus fundamentos, mais parecendo uma espécie de propaganda do budismo.

AVALIAÇÃO: ***

LA BATAILLE DU RAIL

A BATALHA DOS TRILHOS

DIRETOR: René Clément

PAÍS: França

COMPANHIA PRODUTORA: Coopérative Générale du Cinéma François

ANO DE PRODUÇÃO: 1946

DURAÇÃO: 85'

IDIOMA ORIGINAL: Francês

ROTEIRO: René Clément (diálogos: Colette Audry)

FOTOGRAFIA: Henri Alekan [p&b]

MONTAGEM: J. Desagneaux [Jacques Desagneaux]

MÚSICA: Yves Baudrier

ELENCO: Barnault [Marcel Barnault], Clarieux [Jean Clarieux], Daurand [Jean Daurand], Desagneaux [Jacques Desagneaux], Joux [François Joux], Latour [Pierre Latour], Tony Laurent, Leray [Robert Le Ray], Lozach [Pierre Lozach], Mindaist [Pierre Mindaist], Pauleon [Léon Pauléon], Rauzena [Fernand Rauzéna], Redon, Salina [Michel Salina], Max Woll, "les cheminots de France"

GÊNERO: Drama patriótico com elementos documentais

SINOPSE: Durante a ocupação alemã, na 2ª Guerra mundial, os ferroviários franceses fazem de tudo para prejudicar o exército nazista, sabotando os trens e as estradas de ferro, ajudando a resistência a transpor os bloqueios e complicando o sistema de transportes do exército invasor.

COMENTÁRIOS: Realizado logo após a liberação, o filme apresenta uma versão dos fatos passional e preconceituosa, com determinadas características que marcariam a abordagem francesa da sua participação na 2ª Guerra (uma mistura de sentimento de culpa pelo colaboracionismo generalizado e de vergonha pela impotência diante do invasor germânico). Pela ótica deste filme, os nazistas não passavam de um bando de histéricos incompetentes, enquanto a população francesa apoiava maciçamente a Resistência, repleta de heróis abnegados. Esta visão – admissível como propaganda de guerra – é bastante nociva no aspecto histórico, já que mascara realidades bem menos agradáveis.

AVALIAÇÃO: ***

BATMAN BEGINS

BATMAN BEGINS

DIRETOR: Christopher Nolan

PAÍS: Estados Unidos / Inglaterra

COMPANHIA PRODUTORA: Patalex III Productions / Syncopy

ANO DE PRODUÇÃO: 2005

DURAÇÃO: 140'

IDIOMA ORIGINAL: Inglês

PRODUÇÃO: Emma Thomas, Charles Roven, Larry Franco

ARGUMENTO: David S. Goyer (or: Bob Kane)

ROTEIRO: Christopher Nolan, David S. Goyer

FOTOGRAFIA: Wally Pfister [cor]

MONTAGEM: Lee Smith

MÚSICA: Hans Zimmer, James Newton Howard

ELENCO: Christian Bale, Michael Caine, Liam Neeson,

Katie Holmes, Gary Oldman, Cillian Murphy, Tom Wilkinson, Rutger Hauer, Ken Watanabe, Mark Boone Junior, Linus Roache, Morgan Freeman, Larry Holden, Gerard Murphy, Colin McFarlane, Sara Stewart, Gus Lewis, Richard Brake, Rade Sherbedgia, Emma Lockhart, Christine Adams, Catherine Porter, John Nolan, Karen David, Jonathan D. Ellis, Tamer Hassan, Ronan Leahy, Vincent Wong, Tom Wu, Mark Chiu, Turbo Kong, Stuart Ong, Chike Chan, Tenzin Clive Ball, Tenzin Gyurme, Jamie Cho, David Murray, John Kazek, Darragh Kelly, Patrick Nolan, Joseph Rye, Kwaku Ankomah, Jo Martin, Charles Edwards, Lucy Russell, Tim Deenihan, David Bedella, Flavia Masetto, Emily Steven Daly, Martin McDougall, Noah Lee Margetts, Joe Hanley, Karl Shiels, Roger Griffiths, Stephen Walters, Richard Laing, Matt Miller, Risteard Cooper, Shane Rimmer, Jeremy Theobald, Alexandra Bastedo, Soo Hee Ding, Con Horgan, Phill Curr, Jack Gleeson, John Judd, Sarah Wateridge, Charlie Kranz, Terry McMahon, Cedric Young, Tim Booth, Tom Nolan, Leon Delroy Williams, Roger Yuan, Joe Sargent, Mel Taylor, Ilyssa Fradin, Andrew Pleavin, Jeff Christian, John Burke, Earlene Bentley, Alex Moggridge, Jay Buozzi, Jordan Shaw, Omar Mostafa, Patrick Pond, Poppy Tierney, Rory Campbell, Fabio Cardascia, Spencer Wilding, Mark Smith, Khan Bonfils, Dave Legeno, Ruben Halse, Rodney Ryan, Dominic Burgess, Nadia Cameron-

Blakey, Mark Straker, T. J. Ramini, Kieran Hurley, Emmanuel Idowu, Jeff Tanner

GÊNERO: Drama de ação e aventura

SINOPSE: Após ver os seus pais multimilionários serem assassinados por um ladrão, o menino Bruce Wayne cresce com a obsessão de vingar-se de todos os malfeitores (por sorte, Bruce não era brasileiro, já que teria que viver uns 10 mil anos). Vagando a esmo pelo mundo, Bruce acaba detido em uma sórdida prisão oriental, de onde é resgatado por um homem misterioso, que o convida a se integrar a uma organização secreta que combate o mal desde o início dos tempos. Ao terminar sua formação, Bruce fica sabendo que o mais novo objetivo da organização é destruir Gotham City, sua cidade natal. Revoltado com a frieza de seus mestres, ele abandona o grupo e volta para Gotham, onde resolve utilizar os poderes que adquiriu para combater o crime, disfarçando-se como um misterioso morcego e utilizando a sofisticada tecnologia desenvolvida pelas suas próprias empresas.

COMENTÁRIOS: Esta superprodução tira um bom proveito de seus efeitos especiais, com uma perspectiva bem mais inteligente que a dos outros filmes protagonizados pelo mesmo personagem (com exceção do primeiro, de 1966, que continua sendo um clássico absoluto e insuperável).

AVALIAÇÃO: ***

Muito além do jardim

DIRETOR: Hal Ashby

PAÍS: Estados Unidos

COMPANHIA PRODUTORA: Northstar International Pictures

ANO DE PRODUÇÃO: 1979

DURAÇÃO: 130'

IDIOMA ORIGINAL: Inglês

PRODUÇÃO: Andrew Braunsberg

ARGUMENTO: Jerzy Kosinski

ROTEIRO: Jerzy Kosinski

FOTOGRAFIA: Caleb Deschanel [cor]

MONTAGEM: Don Zimmerman

MÚSICA: Johnny Mandel

ELENCO: Peter Sellers, Shirley MacLaine, Jack Warden, Melvyn Douglas, Richard Dysart, Richard Basehart, Ruth Attaway, Dave Clennon, Fran Brill, Denise DuBarry, Oteil Burbridge, Ravenell Keller III, Brian Corrigan, Alfredine Brown, Donald Jacob, Ernest M. McClure, Kenneth Patterson, Richard Venture, Arthur Grundy, W. C. 'Mutt' Burton,

Henry B. Dawkins, Georgine Hall, Nell P. Leaman, Villa Mae P. Barkley, Alice Hirson, James Noble, Timothy Shaner, William F. Williams, William Dance, Jim Aar, William Lubin, Gerald C. McNabb Jr., Hoyt Clark Harris Jr., Ned Wilson, Stanley Grover, John Harkins, Katherine DeHetre, William Larsen, Jerome Hellman, Arthur Rosenberg, Sam Weisman, Fredric Lehne, Gwen Humble, Laurie Jefferson, Allen Williams, Janet Meshad, Paul Marin, Melendy Britt, Hanna Hertelendy, Elya Baskin, Thann Wyenn, Richard McKenzie, Sandy Ward, Danna Hansen, Mitch Kreindel, Richard Seff, Terrence Currier, Leon Greenberg, Austin Hay, Mark Hammer, Maurice Copeland

GÊNERO: Drama alegórico crítico

SINOPSE: Chance é um retardado mental de meia-idade que passou toda a sua vida trabalhando como jardineiro na casa de um velho milionário, num distante subúrbio de Washington. Sem nunca ter aprendido a ler nem a escrever e sem nunca ter posto seus pés na rua, a única diversão de Chance é a TV, que ele assiste quase ininterruptamente. Incapaz de reter informações, ele comunica-se apenas através de clichês de jardinagem e do que vê na telinha. Um dia, seu protetor morre e Chance fica sabendo que terá que deixar a casa, que faz parte do espólio. Ele apressa-se a partir e vai ver a cidade, sem conhecer ninguém e sem um tostão. Para sua sorte, ele é atropelado pelo carro de Eve, esposa do poderoso milionário Ben Rand. Para evitar um processo legal, Eve leva Chance para ser tratado em sua casa, já que Ben está com os dias contados e recebe tratamento médico domiciliar constante. Sem entender bem as explicações de Chance, Eve pensa que ele se chama Chauncey Gardener (jardineiro) e que é um pequeno empresário falido. Ela o apresenta ao marido e os dois ficam impresionados com o hóspede, tomando suas observações banais como provas de grande sabedoria e bom senso. Ben afeiçoa-se a Chance, interpretando sua apatia como savoir-vivre, e decide apresentá-lo ao presidente dos Estados Unidos, seu amigo e afilhado político. O presidente também fica fascinado com a "perspicácia" de Chance e cita seu nome na TV, fazendo dele uma celebridade instantânea. Chance começa a ser comentado em todo o país e Ben decide torná-lo diretor de um fundo que pretende criar, a fim de auxiliar os pequenos empresários em dificuldades. Além disso, sabendo que vai morrer, ele estimula a atração que Eve sente pelo recém-chegado, achando-o um excelente partido para sua futura viúva. Logo a vida de Chance passa a ser investigada pelos jornalistas e pelo governo, mas o homem nunca teve qualquer registro legal de sua existência, deixando todos intrigados.

COMENTÁRIOS: A partir do romance *O videota*, best-seller de Jerzy Kosinski (também autor do roteiro), Hal Ashby realiza uma sensível e, ao mesmo tempo, aguda crítica aos meios de comunicação e à superficialidade do mundo moderno. Chance é um "videota", que nada mais faz do que repetir os clichês mais simplórios. Apesar disso, seu arremedo do senso comum conquista os poderosos e as multidões, todos ansiosos por interpretar as "mensagens" do novo guru. Mostrando como a celebridade, em nosso mundo, é um fenômeno de retro-alimentação, o filme descreve o acelerado processo que transforma, em poucas semanas, o jardineiro abestalhado num possível futuro presidente americano. Apesar da passagem do tempo, o filme conserva sua atualidade crítica e – talvez – seja muito mais pertinente no século 21, quando o fenômeno da superficialidade cultural atinge escalas inauditas.

AVALIAÇÃO: ****

LA BELLE ET LA BÊTE

A BELA E A FERA

DIRETOR: Jean Cocteau

PAÍS: França

COMPANHIA PRODUTORA: DisCina

ANO DE PRODUÇÃO: 1945

DURAÇÃO: 90'

IDIOMA ORIGINAL: Francês

PRODUÇÃO: André Paulvé

ARGUMENTO: Jean Cocteau (or: Leprince de Beaumont)

ROTEIRO: Jean Cocteau

FOTOGRAFIA: Henri Alekan [p&b]

MONTAGEM: Claude Ibéria

MÚSICA: Georges Auric

ELENCO: Jean Marais, Josette Day, Mila Parély, Nane Germon, Michel Auclair, Raoul Marco, Marcel André

GÊNERO: Fantasia romântica

SINOPSE: Um rico comerciante fica falido quando todos os seus navios desaparecem no mar. Com isso, sua família começa a passar necessidades e seus filhos entram em desespero, ao perderem o prestígio social. A exceção é Bela – a filha mais jovem – uma moça humilde e de bom coração. Ao saber que um de seus navios chegou ao porto, o comerciante se entusiasma e parte para a cidade, levando encomendas dos filhos. Porém, os credores chegam antes e limpam tudo, obrigando o comerciante a voltar de mãos vazias. Viajando à noite, por um caminho desconhecido, o homem vai parar num estranho jardim e resolve colher uma rosa para Bela, que havia pedido esta prenda. Porém, mal colhida a flor, surge a terrível Fera – o dono da propriedade – que se dispõe a matar o invasor. Apavorado, este implora pela vida e a Fera oferece-lhe uma chance: ele viverá se uma de suas filhas concordar em vir morar em seu castelo. O comerciante volta para casa acabrunhado e conta sua história. As filhas arrogantes logo descartam a alternativa da Fera, mas Bela se oferece para o sacrifício e parte escondida para o castelo do monstro. Lá, ela passa a viver com a Fera, que lhe proporciona uma vida de luxo e riqueza. Porém, a moça enfrenta uma dupla dificuldade: suportar a feiúra do monstro e as saudades de sua família.

COMENTÁRIOS: Poética e elaboradíssima versão da célebre história, que já virou até desenho da Disney. O filme surpreende principalmente por sua dimensão estética, superando as condições deficientes da produção do imediato pósguerra. Cocteau mergulha totalmente no conteúdo mágico da trama, construindo uma narrativa inesquecível.

AVALIAÇÃO: ****

BELLISSIMA

Belíssima

DIRETOR: Luchino Visconti

PAÍS: Itália

COMPANHIA PRODUTORA: Film Bellissima

ANO DE PRODUÇÃO: 1951

DURAÇÃO: 115'

IDIOMA ORIGINAL: Italiano

ARGUMENTO: Cesare Zavattini

ROTEIRO: Suso Cecchi D'Amico, Francesco Rosi, Luchino Viscont

FOTOGRAFIA: Piero Portalupi, Paul Ronald [p&b]

MONTAGEM: Mario Serandrei

MÚSICA: Franco Mannino

ELENCO: Anna Magnani, Walter Chiari, Tina Apicella, Gastone Renzelli, Tecla Scarano, Lola Braccini, Arturo Bragaglia, Nora Ricci, Vittorina Benvenuti, Linda Sini, Teresa Battaggi, Gisella Monaldi, Amalia Pellegrini, Luciana Ricci, Giuseppina Arena, Iris [Liliana Mancini], Alessandro Blasetti, Vittorio Glori, Mario Chiari, Filippo Mercati [Luigi Filippo D'Amico], Geo Tapparelli [George Tapparelli] "bambine della Scuola di Ballo del Teatro dell'Opera"

GÊNERO: Drama

SINOPSE: Maddalena é uma típica dona de casa italiana, obcecada pela ideia de transformar sua filhinha Maria em uma estrela de cinema. Apesar da oposição de seu marido Spartaco, Maddalena leva a menina para um teste na Cinecittà, que dará um importante papel para a criança vencedora no próximo filme do célebre diretor Blasetti. Gastando suas parcas economias com a preparação da menina, Maddalena acaba envolvendo-se com um empregado do estúdio, que lhe arranca dinheiro em troca de ajuda.

COMENTÁRIOS: Em seu terceiro longa, Visconti – ainda numa perspectiva neo-realista – realiza uma comédia dramática sobre os bastidores do cinema e a relação entre o imaginário cinematográfico e o homem comum. Maddalena sonha em ver a filha transformada numa Shirley Temple mediterrânica, até perceber que a indústria cinematográfica é bem diferente dos maravilhosos produtos que fabrica. Como detalhe interessante, a participação especial do diretor Alessandro Blasetti, uma das figuras exponenciais do cinema italiano dos anos 40.

AVALIAÇÃO: ***

THE BIG BOSS

(Cf. Tang shan da xiong)

THE BIG CLOCK

O RELÓGIO VERDE

DIRETOR: John Farrow

PAÍS: Estados Unidos

COMPANHIA PRODUTORA: Paramount Pictures

ANO DE PRODUÇÃO: 1947

DURAÇÃO: 95'

IDIOMA ORIGINAL: Inglês

PRODUÇÃO: Richard Maibaum

ARGUMENTO: Kenneth Fearing

ROTEIRO: Jonathan Latimer

FOTOGRAFIA: John F. Seitz [p&b]

MONTAGEM: Eda Warren

MÚSICA: Victor Young

ELENCO: Ray Milland, Charles Laughton, Maureen O'Sullivan, George Macready, Rita Johnson, Elsa Lanchester, Harold Vermilyea, Dan Tobin, Henry Morgan, Richard Webb, Elaine Riley, Luis Van Rooten, Lloyd Corrigan, Frank Orth, Philip Van Zandt, Henri Letondal, Douglas Spencer, Margaret Field, Bobby Watson, B. G. Norman, Joey Ray, Frances Morris, Harry Rosenthal, Erno Verebes, James Burke,

Lucille Barkley

GÊNERO: Drama de suspense

SINOPSE: George Stroud é um jornalista e dirige uma revista especializada em matérias criminais, que faz parte do império editorial do magnata Earl Janoth. Pressionado pela esposa Georgette – já que nunca tirou férias e nem ao menos teve lua de mel – George decide viajar com a família, deixando Janoth bastante contrariado. George discute com o patrão e acaba se demitindo. Aborrecido, ele sái para beber e encontra Pauline, a amante secreta de Janoth. A mulher também está aborrecida com o magnata e oferece a George a possibilidade de chantageá-lo. O jornalista não concorda e continua a beber, até que percebe que já passou da hora de sua viagem. Ao descobrir que a mulher perdeu a paciência e partiu sozinha, ele resolve tomar um porre de verdade, juntamente com Pauline. Já de madrugada, ele leva a moça para casa e os dois conversam, até que Pauline percebe que Janoth está para lhe fazer uma visita. George foge rapidamente e Janoth chega. Enciumado, o velho discute com Pauline e, num impulso passional, acaba assassinando-a. Em desespero, Janoth procura a ajuda do seu editor-chefe, que visita o apartamento e elimina as provas. Para escapar, Janoth se dispõe a incriminar o homem que viu sair do apartamento de Pauline, sem saber que se trata de George.

COMENTÁRIOS: Filme noir de 2ª linha, que se salva pelo

seu excelente elenco, utilizando o recurso de revelar todos os fatos ao espectador, deixando que ele participe das angústias do protagonista.

AVALIAÇÃO: ***

BIGGER THAN LIFE

Delírio de loucura

DIRETOR: Nicholas Ray

PAÍS: Estados Unidos

COMPANHIA PRODUTORA: Twentieth Century-Fox

ANO DE PRODUÇÃO: 1956

DURAÇÃO: 95'

IDIOMA ORIGINAL: Inglês

PRODUÇÃO: James Mason

ARGUMENTO: Cyril Hume, Richard Maibaum (or: Berton Roueché)

ROTEIRO: Cyril Hume, Richard Maibaum

FOTOGRAFIA: Joe MacDonald [cor]

MONTAGEM: Louis Loeffler

MÚSICA: David Raksin

ELENCO: James Mason, Barbara Rush, Walter Matthau, Robert Simon, Christopher Olsen, Roland Winters, Rusty Lane, Rachel Stephens, Kipp Hamilton

GÊNERO: Drama

SINOPSE: Ed é um esforçado professor primário que acumula dois empregos para sustentar a mulher Louise e seu filhinho. Porém, ele vem tendo constantes problemas de saúde e, ao ser examinado – após um violento ataque – os médicos descobrem que ele sofre de uma doença rara, que não lhe deixará mais que seis meses de vida. Em desespero, Ed aceita servir de cobaia para um novo medicamento – a cortisona – que pode resolver o seu problema. De fato, o remédio consegue controlar a doença de Ed, que pode retomar sua vida normal. Porém, a cortisona tem efeitos colaterais sobre o sistema nervoso e Ed começa a comportar-se de modo excêntrico, sentindo-se quase onipotente. Com isso, ele começa a aumentar por conta própria as doses do remédio, até embarcar num processo paranoico bastante perigoso.

COMENTÁRIOS: Curioso drama que aborda os efeitos colaterais da cortisona, um dos medicamentos "mágicos" do pós-guerra.

AVALIAÇÃO: ***

VINGANÇA DE MULHER

DIRETOR: Roger Vadim

PAÍS: França / Itália

COMPANHIA PRODUTORA: UCIL – Union Cinématographique Lyonnaise / Iena / CEIAP

ANO DE PRODUÇÃO: 1957

DURAÇÃO: 92'

IDIOMA ORIGINAL: Francês

PRODUÇÃO: Raoul J. Lévy

ARGUMENTO: Albert Vidalie

ROTEIRO: R. Vadim [Roger Vadim], J. Rémy [Jacques Rémy]

FOTOGRAFIA: Armand Thirard [cor]

MONTAGEM: Victoria Mercanton

MÚSICA: Georges Auric

ELENCO: Brigitte Bardot, Alida Valli, Stephen Boyd, Pepe Nieto, Fernando Rey, Maruschi Fresno

GÊNERO: Melodrama romântico

SINOPSE: Úrsula é uma jovem órfã francesa que sái de um

colégio de freiras e vai viver com sua tia Florentine, no interior da Espanha. Porém, a linda moça logo passa a ser cobiçada por seu tio tarado, o conde Miguel, um mau-caráter que costuma abusar de todas as jovens da região. Ao mesmo tempo, Úrsula toma-se de amores por Lamberto, jovem aventureiro que acaba de voltar de uma longa permanência no estrangeiro (sendo irmão de uma das vítimas de Miguel). O conde, temendo a vingança do rapaz – que já o espancara – pretende livrar-se dele com a ajuda de alguns amigos poderosos. Também curtindo uma paixão por Lamberto, Florentine marca um encontro com ele, para avisá-lo das maquinações de Miguel. Porém, o conde aparece e, numa luta, Lamberto o assassina. Quando Lamberto procura Florentine, ela pensa finalmente ter conseguido o sonhado amante. Porém, embora passe a noite com ela, o rapaz deseja apenas seu testemunho para inocentá-lo. Cheia de despeito, Florentine deixa que ele seja preso, mas Lamberto escapa e é socorrido por Úrsula, que foge com ele.

COMENTÁRIOS: Com locações na Espanha, esta produção traz a marca do cinema de Roger Vadim – ou seja, uma mistura de pseudo-erotismo e pseudo-refinamento. Além de sua historinha banal e do excesso de situações forçadas, o filme ainda conta com interpretações fracas, especialmente do canastrão norte-americano Stephen Boyd.

AVALIAÇÃO: ***

O CAMELO PRETO

DIRETOR: Hamilton MacFadden

PAÍS: Estados Unidos

COMPANHIA PRODUTORA: Fox Film Corporation

ANO DE PRODUÇÃO: 1931

DURAÇÃO: 71'

IDIOMA ORIGINAL: Inglês

PRODUÇÃO: William Sistrom (associado)

ARGUMENTO: Hugh Stange (or: Earl Derr Biggers)

ROTEIRO: Barry Conners, Philip Klein

FOTOGRAFIA: Joseph August, Daniel Clark [p&b]

MONTAGEM: Alfred DeGaetano

MÚSICA: Samuel Kaylin

ELENCO: Warner Oland, Sally Eilers, Bela Lugosi, Dorothy Revier, Victor Varconi, Murray Kinnell, William Post Jr., Robert Young, Violet Dunn, J. M. Kerrigan, Mary Gordon, Rita Rozelle, Otto Yamaoka

GÊNERO: Drama de suspense

SINOPSE: Shelah Fane, uma famosa estrela de Hollywood,

está filmando em Honolulu. Porém, longe de se preocupar com a realização do filme, ela está realmente interessada em seu romance com Alan Jaynes, um playboy milionário que se apaixonou perdidamente por ela durante a viagem de navio. Perturbada com a situação, Shelah manda buscar em Hollywood o seu guru Tarneverro, um médium que a orienta em seus problemas pessoais e profissionais. Na consulta com Tarneverro, a atriz confessa sua hesitação em aceitar o pedido de casamento de Alan, já que ela está envolvida no assassinato de Denny Mayo, um ator que morreu há alguns anos em cirscuntâncias nunca esclarecidas. Nessa mesma noite, Shelah é assassinada e o caso vai parar nas mãos do inspetor Charlie Chan, que se verá às voltas com um surpreendente número de suspeitos.

COMENTÁRIOS: Um dos primeiros filmes da série *Charlie Chan*, ainda utilizando (com infinita liberdade) as histórias originais de Earl Derr Biggers.

AVALIAÇÃO: ***

BLACK MAGIC

(Cf. Meeting at midnight)

Blow-up – Depois daquele beijo

DIRETOR: Michelangelo Antonioni

PAÍS: Inglaterra / Itália

COMPANHIA PRODUTORA: Premier Productions Co.

ANO DE PRODUÇÃO: 1966

DURAÇÃO: 108'

IDIOMA ORIGINAL: Inglês

PRODUÇÃO: Carlo Ponti

ARGUMENTO: Michelangelo Antonioni (or: Julio Cortazar)

ROTEIRO: Michelangelo Antonioni, Tonino Guerra

FOTOGRAFIA: Carlo di Palma [cor]

MONTAGEM: Frank Clarke (?)

MÚSICA: Herbert Hancock [Herbie Hancock]

ELENCO: Vanessa Redgrave, Sarah Miles, David Hemmings, John Castle, Jane Birkin, Gillian Hills, Peter Bowles, Verushka, Julian Chagrin, Claude Chagrin, "The Yardbirds", Julio Cortazar

GÊNERO: Drama de suspense

SINOPSE: Thomas, um jovem fotógrafo de sucesso, rico e assediado por belas garotas, vive insatisfeito com sua vida glamurosa. Um dia, ao visitar um antiquário nos arrabaldes de Londres, ele vai passar o tempo num parque público e aproveita para tirar algumas fotos. Sua curiosidade é atiçada pelo que parece ser um casal de namorados, que ele começa a fotografar. Ao perceber que é alvo de uma câmera, a mulher vem atrás do fotógrafo e exige a entrega de seu filme. Achando que está diante de um típico caso de adultério (já que o homem era bem mais velho), o rapaz recusa-se a atender, pois pretende utilizar as fotos para um livro que está organizando. Mais tarde, ele é procurado em seu estúdio pela mesma mulher, que misteriosamente descobriu seu endereço. Seduzido pela beleza da jovem, ele lhe entrega um outro rolo de filme e acaba tendo um rápido envolvimento com ela. Depois que ela parte, ele resolve revelar as fotos, ainda impressionado com sua profunda beleza. Porém, durante o trabalho de copiagem, o rapaz começa a analisar as fotografias e acaba desconfiando de que existe ali muito mais que um simples relacionamento extra-conjugal.

COMENTÁRIOS: Cineasta cujo trabalho sempre se caracterizou pelo inconformismo temático e estético, Antonioni entrega-se a algumas ousadias de estilo — que ele levaria ao ápice no polêmico "Zabriskie Point". Aparentemente, trata-se de uma simples trama criminal que gira em torno de um fotógrafo de moda enfastiado, casualmente envolvido com um crime misterioso. Porém, como facilmente constatamos, o crime, suas causas e seus responsáveis não têm realmente maior importância – servindo apenas como um pretexto para as próprias reflexões do protagonista. Trata-se de um importante documento da cultura pop dos anos 60, registrando alguns aspectos da mentalidade da "juventude dourada" da Europa. Baseado no conto "Las babas del Diablo", de Julio Cortazar.

AVALIAÇÃO: ****

BLUE STEEL

A LEI DO GATILHO

DIRETOR: Robert Bradbury [Robert North Bradbury]

PAÍS: Estados Unidos

COMPANHIA PRODUTORA: Lone Star Productions

ANO DE PRODUÇÃO: 1934

DURAÇÃO: 54'

IDIOMA ORIGINAL: Inglês

PRODUÇÃO: Paul Malvern

ARGUMENTO: Robert Bradbury [Robert North Bradbury]

ROTEIRO: Robert Bradbury [Robert North Bradbury]

FOTOGRAFIA: Archie Stout [p&b]

MONTAGEM: Carl Pierson

ELENCO: John Wayne, Eleanor Hunt, George Hayes [Gabby], Edward Peil, Yakima Canutt, Lafe McKee, George Cleveland, Earl Dwire

GÊNERO: Faroeste

SINOPSE: Carruthers, um jovem agente federal, é designado para acabar com uma quadrilha de ladrões que vêm atacando uma pequena cidade do Oeste. Incógnito, ele vigia um carregamento de ouro, que acaba sendo roubado. Na perseguição ao ladrão, Carruthers é visto pelo delegado Jake, que o confunde com um dos integrantes da quadrilha e decide prendê-lo na primeira oportunidade.

COMENTÁRIOS: Mais um média-metragem de uma série protagonizada por John Wayne na primeira metade dos anos 30 (antes que ele chegasse ao sucesso com "Stagecoach"). Trata-se de um filme dos mais convencionais, com uma trama que deve ter se repetido em centenas de faroestes.

AVALIAÇÃO: **

O HOMEM QUE VEIO DE LONGE

DIRETOR: Joseph Losey

PAÍS: Inglaterra / Estados Unidos

COMPANHIA PRODUTORA: World Film Services / Moonlake / Universal Pictures

ANO DE PRODUÇÃO: 1968

DURAÇÃO: 113'

IDIOMA ORIGINAL: Inglês

PRODUÇÃO: John Heyman, Norman Priggen

ARGUMENTO: Tennessee Williams

ROTEIRO: Tennessee Williams

FOTOGRAFIA: Douglas Slocombe [cor]

MONTAGEM: Reginald Beck

MÚSICA: John Barry

ELENCO: Elizabeth Taylor, Richard Burton, Noel Coward, Joanna Shimkus, Michael Dunn, Romolo Valli, Howard Taylor, Fernando Piazza, Veronica Wells

GÊNERO: Drama de relacionamento com elementos fantásticos

SINOPSE: Numa paradisíaca ilha do Mediterrâneo, a milionária Sissy Goforth – viúva de cinco ricaços – esconde-se do mundo, vitimada por uma grave e dolorosa enfermidade. Subitamente, surge na ilha o poeta vagabundo Chris, um homem cheio de mistérios. Não podendo expulsá-lo – já que ele foi mordido por seus cães de guarda e pode processá-la – Sissy começa a interessar-se pelo estranho sedutor. Porém, ela é tomada de temor ao descobrir que Chris tem o apelido de "Anjo da Morte", já que costuma se envolver com senhoras ricas e moribundas.

COMENTÁRIOS: Investindo na ambiguidade, a narrativa nunca se define entre o real e a fantasia e nunca define realmente o papel de Chris, que tanto pode ser um mero gigolô quanto a verdadeira encarnação do "Angelo della Morte". Um dos melhores trabalhos de Losey, unindo monstros sagrados como Liz, Burton e Tennessee Williams. Baseado na peça *The milk train doesn't stop here anymore*, com locações na Itália (Sardenha e Roma).

AVALIAÇÃO: ****

CANNIBAL HOLOCAUST 2

(Cf. Schiave bianche: violenza in Amazzonia)

A CARIBBEAN MYSTERY / AGATHA CHRISTIE'S A CARIBBEAN MYSTERY

MISTÉRIO NO CARIBE

DIRETOR: Robert Lewis [Robert Michael Lewis]

PAÍS: Estados Unidos

COMPANHIA PRODUTORA: Warner Bros.

ANO DE PRODUÇÃO: 1983

DURAÇÃO: 100'

IDIOMA ORIGINAL: Inglês

PRODUÇÃO: Stan Margulies

ARGUMENTO: Agatha Christie

ROTEIRO: Sue Grafton, Steven Humphrey

FOTOGRAFIA: Ted Voigtländer [cor]

MONTAGEM: Les Green

MÚSICA: Lee Holdridge

ELENCO: Helen Hayes, Barnard Hughes, Jameson Parker, Season Hubley, Swoosie Kurtz, Cassie Yates, Zakes Mokae, Stephen Macht, Beth Howland, Maurice Evans, Lynne Moody, George Innes, Brock Peters, Mike Preston, Bernard McDonald, Santos Morales, Sam Scarber, Cecil Smith

GÊNERO: Drama de suspense e mistério

SINOPSE: A velhota bisbilhoteira Jane Marple vai passar suas férias num hotel do Caribe recentemente adquirido por um casal britânico. No hotel, Miss Marple faz amizade com um velho militar reformado, que está escrevendo suas memórias. Um dia, durante uma conversa, o velho conta a história de um homem que assassinara a esposa e, subitamente, parece reconhecer o tal personagem entre seus vizinhos. Miss Marple fica intrigada e quando, no dia seguinte, o velho amanhece morto, ela tem certeza de que há um criminoso no hotel.

COMENTÁRIOS: Versão televisiva do romance homônimo. O filme segue o padrão mais do que surrado de seu gênero, com um bando de personagens que dividem entre si as suspeitas dos crimes. Quando bem executado, este modelo pode resultar em uma excelente diversão (como "Assassinato no Orient Express", baseado na mesma autora). Porém, não é este o caso: estamos diante de um filme dos mais medíocres, sem nada que nos salve do mais completo tédio.

AVALIAÇÃO: ***

CARRIED AWAY

ATOS DE AMOR

DIRETOR: Bruno Barreto

PAÍS: Estados Unidos

COMPANHIA PRODUTORA: CineTel Films

ANO DE PRODUÇÃO: 1995

DURAÇÃO: 108'

IDIOMA ORIGINAL: Inglês

PRODUÇÃO: Lisa Hansen, Paul Hertzberg (coprodutores: Catalaine Knell, Dale Herd)

ARGUMENTO: Jim Harrison

ROTEIRO: Ed Jones

FOTOGRAFIA: Declan Quinn [cor]

MONTAGEM: Bruce Cannon

MÚSICA: Bruce Broughton

ELENCO: Dennis Hopper, Amy Irving, Amy Locane, Julie Harris, Christopher Pettiet, Priscilla Pointer, Gary Busey, Hal Holbrook, Gail Cronauer, Alissa Alban, E. J. Morris, Joe Stevens, Connie Cooper, Eleese Lester, Doug Jackson, James Harrell, R. Bruce Elliott, Mark Walters, Todd Duffey, Linda Coleman, Josh Stoppelworth, Juston Cole Smith, Jack Brown

GÊNERO: Drama de relacionamento

SINOPSE: Joseph é um pequeno fazendeiro de meia-idade

que leciona há mais de 20 anos em uma pequena escola se-cundária do interior norte-americano. Ao mesmo tempo em que se defronta com a ameaça de fechamento da sua escola – devido ao fato dele não ter formação universitária – Joseph enfrenta uma crise ainda mais grave no campo afetivo: vi-vendo há seis anos com sua colega Rosealee, uma viúva com quem insiste em manter um relacionamento distanciado, ele se deixa seduzir por sua aluna Catherine, uma sensual ado-lescente com quem ele inicia um caso amoroso que poderá destruir a sua vida.

COMENTÁRIOS: Com locações no Texas, esta é mais uma tentativa frustrada de Bruno Barreto para inserir-se no ci-nema norte-americano.

AVALIAÇÃO: ***

CASTLE IN THE DESERT

CHARLIE CHAN E O CASTELO NO DESERTO

DIRETOR: Harry Lachmann

PAÍS: Estados Unidos

COMPANHIA PRODUTORA: Twentieth Century-Fox

ANO DE PRODUÇÃO: 1941

DURAÇÃO: 62'

IDIOMA ORIGINAL: Inglês

PRODUÇÃO: Ralph Dietrich

ARGUMENTO: Earl Derr Biggers

ROTEIRO: John Larkin

FOTOGRAFIA: Virgil Miller [p&b]

MONTAGEM: John Brady

MÚSICA: Emil Newman

ELENCO: Sidney Toler, Arleen Whelan, Richard Derr, Douglass Dumbrille, Henry Daniell, Edmund MacDonald, Sen Yung, Lenita Lane, Ethel Griffies, Milton Parsons, Steve Geray, Lucien Littlefield

GÊNERO: Drama criminal

SINOPSE: O detetive Charlie Chan é convidado a visitar um castelo isolado, construído pelo excêntrico historiador milionário Paul Manderley em pleno deserto de Mojave. O convite parte da esposa de Manderley, Lucy, já que um de seus convidados foi envenenado e ela é uma descendente direta de Lucrécia Borgia, sendo "logicamente" a principal suspeita do crime. No castelo, Chan será testemunha de uma complicada trama, envolvendo a fortuna de Manderley e o meio-irmão de Lucy, um louco que parecia estar morto.

COMENTÁRIOS: Nada de especial neste exemplar da série *Charlie Chan*, com um roteiro bastante capenga.

AVALIAÇÃO: ***

C'EST LA TANGENTE QUE JE PRÉFÈRE

Eu prefiro a tangente

DIRETOR: Charlotte Silvera

PAÍS: França / Bélgica / Suíça

COMPANHIA PRODUTORA: Louise Productions / CDP / Banana Films / Catpics Coproductions / CRRAV / R. T. B. F. Télévision Belge

ANO DE PRODUÇÃO: 1997

DURAÇÃO: 100'

IDIOMA ORIGINAL: Francês

PRODUÇÃO: Charlotte Silvera, Catherine Dussart, Catherine Burniaux, Alfi Sinniger

ARGUMENTO: Charlotte Silvera, Jean-Luc Nivaggioni

ROTEIRO: Charlotte Silvera, Jean-Luc Nivaggioni (colaboração: Alain Adijes, Jean-Jacques Zilbermann)

FOTOGRAFIA: Yves Cape [cor]

MONTAGEM: Ludo Troch

MÚSICA: Bernard Lubat

ELENCO: Julie Delarme, Georges Corraface, Marie-Christine Barrault, Agnès Soral, Christophe Malavoy, Marie Laforet, Anna Prucnal, Rufus, Suzie, Françoise Michaud, Maxime Lombard, Maurice Chevit, Louis Navarre, Alix de Konopka, Jean-Pierre Gos, Bernard Sens, Witold Heretynski, Catherine Lecoq, Karim Tayeb, Carol Styczen, Viridiana Hamnou, Luc Duvinage, Gregoire Maurice, Charlotte Dupla, Xavier Roge, Sophie Morel, Catherine Calvet, Frederic Tondeur, Faouzi Brahimi, Sefiane Belmahi, Ludovic Vandendaele, Jeremy Zylberberg, Rabi Benzakour, Rachid Amenzou, Marc Prin, Christophe Lambert, Julien Favreuille, Nicolas Mahieux, Laurent Robin

GÊNERO: Drama de relacionamento pedofílico

SINOPSE: Em Lille, a adolescente Sabine – uma pequena gênia da matemática – enfrenta problemas familiares, já que seu pai é viciado em jogo e sua mãe é uma semi-débil mental. Para ajudar no orçamento doméstico, Sabine cobra para fazer as lições de seus colegas e também pratica pequenos furtos – especialmente as gorjetas deixadas nas mesas dos cafés. Um dia, ela é flagrada pelo diretor teatral Jiri – um tcheco que está na cidade para encenar uma peça. Fascinada pelo estrangeiro madurão, Sabine vai para a cama com ele e perde sua virgindade. Ela se apaixona, ao mesmo tempo em que está envolvida com um concurso internacional de matemática e com as dificuldades financeiras de seus pais, ameaçados por seus credores.

COMENTÁRIOS: O filme aborda a iniciação sexoafetiva de uma adolescente super-dotada, que pensa todas as suas relações em termos matemáticos. Seu "príncipe encantado" é um intelectual do Leste europeu, bem mais velho, com quem ela viverá seus primeiros prazeres e decepções. Muitos clichês (como os diversos encontros casuais do casal) e situações forçadas (como a ingenuidade de Jiri, ao surpreender-se com a descoberta de que Sabine é menor de idade). Em suma, é difícil identificar uma razão de ser para este filme que, se fosse realizado por um homem, seria certamente acusado de explorar a pedofilia.

AVALIAÇÃO: ***

LA CHAMADE

A CHAMADA DO AMOR

DIRETOR: Alain Cavalier

PAÍS: França / Itália

COMPANHIA PRODUTORA: Les Films Ariane / Les Productions Artistes Associés / Produzioni Europee Associate de Grimaldi / Maria Rosaria e C.

ANO DE PRODUÇÃO: 1968

DURAÇÃO: 103'

IDIOMA ORIGINAL: Francês

ARGUMENTO: Françoise Sagan

ROTEIRO: Françoise Sagan, Alain Cavalier

FOTOGRAFIA: Pierre Lhomme [cor]

MONTAGEM: Pierre Gillette

MÚSICA: Maurice Le Roux

ELENCO: Catherine Deneuve, Michel Piccoli, Roger Van Hool, Amidou, Philippine Pascal, Louise Rioton, Monique Lejeune, Christiane Lasquin, Matt Carney, Jacques Sereys, Irène Tunc

GÊNERO: Drama romântico com toques de crítica social

SINOPSE: Lucille é uma jovem que vive uma vida de luxo, prazeres e despreocupação, ao lado de seu riquíssimo amante Charles. Porém, um dia, Lucille conhece o pé-rapado bonitão Antoine e apaixona-se por ele. Como todo o sofisticado corno manso francês, Charles deixa que sua mulher se envolva com Antoine, na esperança de que tudo não passe de um interesse passageiro. Porém, os dois acabam assumindo o romance a sério e Lucille deixa Charles, indo viver com Antoine. Mas a moça logo descobre a falsidade da bela história do "amor e uma cabana", o que vai abreviar bastante o período idílico de seu relacionamento.

COMENTÁRIOS: O filme é tão débil, inútil e tedioso quanto a vida de seus personagens.

AVALIAÇÃO: **

CHANDU THE MAGICIAN

CHANDU, O MÁGICO

DIRETOR: Marcel Varnel, William C. Menzies [William Cameron Menzies]

PAÍS: Estados Unidos

COMPANHIA PRODUTORA: Fox Film Corporation

ANO DE PRODUÇÃO: 1932

DURAÇÃO: 71'

IDIOMA ORIGINAL: Inglês

ARGUMENTO: Harry A. Earnshaw, Vera M. Oldham, R. R. Morgan

ROTEIRO: Barry Conners, Philip Klein

FOTOGRAFIA: James Howe [James Wong Howe] [p&b]

MONTAGEM: Harold D. Schuster (?)

MÚSICA: Louis De Francesco

ELENCO: Edmund Lowe, Irene Ware, Bela Lugosi, Herbert Mundin, Henry B. Walthall, Weldon Heyburn, June Vlasek [June Lang], Nestor Aber [Michael Stuart], Virginia Hammond

GÊNERO: Aventura com elementos fantásticos

SINOPSE: Frank Chandler é um playboy norte-americano que vai passar uma temporada na Índia. Tornando-se discípulo de um poderoso iogue, ele recebe o apelido de Chandu e aprende os multimilenares segredos da mágica, adquirindo fantásticos poderes hipnóticos com os quais pode iludir qualquer pessoa. Porém, longe de usar seus novos poderes para conquistar a fama e a fortuna no *show business* ou na política (como fazem alguns brasileiros), nosso herói terá que se superar para enfrentar uma terrível ameaça que paira sobre toda a humanidade. É que o insano e perverso Roxor, herdeiro bastardo dos faraós egípcios, sequestrou o inventor Robert – cunhado de Chandu – a fim de obter o controle de um devastador raio com o qual pretende dominar o mundo.

COMENTÁRIOS: Embora seja possível pensar que Chandu – personagem oriundo de um seriado radiofônico – não passe de uma modesta imitação de Mandrake, trata-se justamente do contrário, já que o primeiro estreou no rádio em 1931, enquanto o personagem de Lee Falk surgiu nos quadrinhos apenas em 1934. Além deste filme, Chandu também foi protagonista de um outro longa e de um seriado em 12 capítulos ("The return of Chandu").

AVALIAÇÃO: ***

CHAPPAQUA

DIRETOR: Conrad Rooks

PAÍS: Estados Unidos

ANO DE PRODUÇÃO: 1966

DURAÇÃO: 82'

IDIOMA ORIGINAL: Inglês

PRODUÇÃO: Conrad Rooks

ARGUMENTO: Conrad Rooks

ROTEIRO: Conrad Rooks

FOTOGRAFIA: Robert Frank [cor/p&b]

MONTAGEM: Kenout Peltier

MÚSICA: Ravi Shankar

ELENCO: Conrad Rooks, Jean-Louis Barrault, William S. Burroughs, Ravi Shankar, Allen Ginsberg, Paula Pritchett,

Jacques Seiler, Ornette Coleman, Moondog, Swami Satchidananda, Jill Lator. Moustique, Rita Renoir, Penny Brown, Sophie Steboun, Peter Orlovsky, Elder Wilder, France Crémieux, Pascal Aubier, "sr. & sra. René Serisier", "The Fugs", John Esam

GÊNERO: Drama psicodélico com elementos autobiográficos

SINOPSE: Consumido por longos anos de vício em drogas e em bebida, um jovem americano resolve tratar-se e vai para uma clínica em Paris, onde encontra o apoio de um psiquiatra de renome. Durante o tratamento, ele sofre com a abstinência e entra num estado semi-delirante.

COMENTÁRIOS: Um monumento à cultura beatnik e ao psicodelismo dos anos 60, com a participação de alguns de seus ícones, como William S. Burroughs e Allen Ginsburg. O filme não tem propriamente uma história linear, misturando acontecimentos reais com os delírios e alucinações do personagem. Um interessante exemplo do cinema experimental dos anos 60, num precioso documento sobre o espírito da época.

AVALIAÇÃO: ***

CHARLIE CHAN AT MONTE CARLO

Charlie Chan em Monte Carlo

DIRETOR: Eugene Forde

PAÍS: Estados Unidos

COMPANHIA PRODUTORA: Twentieth Century-Fox

ANO DE PRODUÇÃO: 1937

DURAÇÃO: 72'

IDIOMA ORIGINAL: Inglês

PRODUÇÃO: John Stone (associado)

ARGUMENTO: Robert Ellis, Helen Logan (or: Earl Derr Biggers)

ROTEIRO: Charles Belden, Jerry Cady

FOTOGRAFIA: Daniel B. Clark [p&b]

MONTAGEM: Nick DeMaggio

MÚSICA: Samuel Kaylin

ELENCO: Warner Oland, Keye Luke, Virginia Field, Sidney Blackmer, Harold Huber, Kay Linaker, Robert Kent, Edward Raquello, George Lynn, Louis Mercier, George Davis, John Bleifer, Georges Renavent

GÊNERO: Suspense criminal

SINOPSE: De passagem por Monte Carlo, Chan vai visitar um cassino e tem a oportunidade de ser testemunha da rivalidade entre dois milionários, o financista Victor Karnoff e o aventureiro Paul Savarin. Pouco depois, quando já está de partida, Chan se depara com o cenário de um crime, com um homem morto no banco de trás de um carro abandonado. Quando se descobre que a vítima era um agente de Karnoff, que levava um milhão de dólares em bônus de seu patrão – que desapareceram – Chan é chamado para investigar o caso, encontrando muitas pessoas suspeitas.

COMENTÁRIOS: Série *Charlie Chan.*

AVALIAÇÃO: ***

CHARLIE CHAN AT THE CIRCUS

CHARLIE CHAN NO CIRCO

DIRETOR: Harry Lachman

PAÍS: Estados Unidos

COMPANHIA PRODUTORA: Twentieth Century Fox

ANO DE PRODUÇÃO: 1936

DURAÇÃO: 72'

IDIOMA ORIGINAL: Inglês

PRODUÇÃO: John Stone

ARGUMENTO: Robert Ellis, Helen Logan (or: Earl Derr Biggers)

ROTEIRO: Robert Ellis, Helen Logan

FOTOGRAFIA: Daniel B. Clark [p&b]

MONTAGEM: Alex Troffey

MÚSICA: Samuel Kaylin

ELENCO: Warner Oland, Keye Luke, George Brasno, Olive Brasno, Francis Ford, Maxine Reiner, John McGuire, Shirley Deane, Paul Stanton, J. Carrol Naish, Boothe Howard, Drue Leyton, Wade Boteler, Shia Jung

GÊNERO: Drama criminal

SINOPSE: Um dos proprietários de um grande circo pede ajuda a Charlie Chan – que está tirando umas férias com a família – já que está recebendo ameaçadoras cartas anônimas. Chan vai encontrá-lo e, logo depois, o homem é assassinado, parecendo ter sido vítima de um gorila furioso que fugiu da sua jaula – o que seria uma coincidência bastante notável.

COMENTÁRIOS: Exemplar da melhor fase da série *Charlie Chan*, envolvendo o mundo do circo.

AVALIAÇÃO: ***

CHARLIE CHAN NOS JOGOS OLÍMPICOS

DIRETOR: H. Bruce Humberstone

PAÍS: Estados Unidos

COMPANHIA PRODUTORA: Twentieth Century-Fox

ANO DE PRODUÇÃO: 1937

DURAÇÃO: 71'

IDIOMA ORIGINAL: Inglês

PRODUÇÃO: John Stone

ARGUMENTO: Paul Burger (or: Earl Derr Biggers)

ROTEIRO: Robert Ellis, Helen Logan

FOTOGRAFIA: Daniel B. Clark [p&b]

MONTAGEM: Fred Allen

MÚSICA: Samuel Kaylin

ELENCO: Warner Oland, Katherine DeMille, Pauline Moore, Allan Lane, Keye Luke, C. Henry Gordon, John Eldredge, Layne Tom Jr., Jonathan Hale, Morgan Wallace, Fredrik Vogeding, Andrew Tombes, Howard Hickman

GÊNERO: Drama criminal

SINOPSE: Um piloto de testes norte-americano é assassinado e o aparelho que ele testava – um equipamento para
automatizar a pilotagem de aviões de guerra – é roubado.
Charlie Chan é chamado para investigar o caso, mas a principal suspeita escapa, viajando para Berlim, onde serão realizados os jogos olímpicos. Achando que a Olimpíada servirá
de cenário para a venda do aparelho para alguma nação ini-
miga, Chan parte para lá e chega junto com a delegação
norte-americana, da qual faz parte o seu filho mais velho.

COMENTÁRIOS: Exemplar da série *Charlie Chan* ambientado nos jogos olímpicos de Berlim, em 1936. Obviamente,
devido ao precário orçamento do filme, as Olimpíadas são
vistas apenas em cenas de cinejornais, sem qualquer referência ao nazismo. É, fundamentalmente, uma história de espionagem, com um enfoque típico dos anos 30.

AVALIAÇÃO: ***

CHARLIE CHAN AT THE OPERA

CHARLIE CHAN NA ÓPERA

DIRETOR: H. Bruce Humberstone

PAÍS: Estados Unidos

COMPANHIA PRODUTORA: Twentieth Century-Fox

ANO DE PRODUÇÃO: 1936

DURAÇÃO: 68'

IDIOMA ORIGINAL: Inglês

PRODUÇÃO: John Stone

ARGUMENTO: Bess Meredyth (or: Earl Derr Biggers)

ROTEIRO: Scott Darling, Charles S. Belden

FOTOGRAFIA: Lucien Andriot [p&b]

MONTAGEM: Alex Troffey

MÚSICA: Samuel Kaylin

ELENCO: Warner Oland, Boris Karloff, Keye Luke, Charlotte Henry, Thomas Beck, Margaret Irving, Gregory Gaye, Nedda Harrigan, Frank Conroy, Guy Usher, William Demarest, Maurice Cass, Tom McGuire

GÊNERO: Drama de suspense

SINOPSE: Após longos anos internado em um manicômio, sem nenhuma memória, o cantor lírico Gravelle reconhece, na primeira página de um jornal, o rosto de sua esposa Lilli, que ele acredita ter tentado matá-lo para ficar com seu amante, o também cantor Enrico Borelli. Gravelle foge do hospital e vai à procura de Lilli, que está participando da montagem de uma ópera. Quando a mulher é assassinada, chega a vez de Charlie Chan entrar em cena.

COMENTÁRIOS: Trata-se de um dos melhores exemplares da série *Charlie Chan*, com quase toda a ação concentrada em tempo real, nos bastidores de um teatro.

AVALIAÇÃO: ***

CHARLIE CHAN AT THE RACE TRACK

Charlie Chan nas corridas

DIRETOR: H. Bruce Humberstone

PAÍS: Estados Unidos

COMPANHIA PRODUTORA: Twentieth Century-Fox

ANO DE PRODUÇÃO: 1936

DURAÇÃO: 70'

IDIOMA ORIGINAL: Inglês

PRODUÇÃO: John Stone (associado)

ARGUMENTO: Lou Breslow, Saul Elkins (or: Earl Derr Biggers)

ROTEIRO: Robert Ellis, Helen Logan, Edward T. Lowe

FOTOGRAFIA: Harry Jackson [p&b]

MONTAGEM: Nick De Maggio

MÚSICA: Samuel Kaylin

ELENCO: Warner Oland, Keye Luke, Helen Wood, Thomas Beck, Alan Dinehart, Gavin Muir, Gloria Roy, Jonathan Hale, G. P. Huntley Jr., George Irving, Frank Coghlan Jr., Frankie Darro, John Rogers, John H. Allen, Harry Jans

GÊNERO: Drama de suspense

SINOPSE: O detetive Charlie Chan investiga o assassinato de um proprietário de cavalos de corrida, descobrindo que o crime pode estar ligado à máfia das apostas e da manipulação de resultados no turfe.

COMENTÁRIOS: Filme da série *Charlie Chan*, sem nenhuma novidade com relação aos seus congêneres.

AVALIAÇÃO: ***

CHARLIE CHAN AT THE WAX MUSEUM

CHARLIE CHAN NO MUSEU DE CERA

DIRETOR: Lynn Shores

PAÍS: Estados Unidos

COMPANHIA PRODUTORA: Twentieth Century-Fox

ANO DE PRODUÇÃO: 1940

DURAÇÃO: 63'

IDIOMA ORIGINAL: Inglês

PRODUÇÃO: (associados: Walter Morosco, Ralph Dietrich)

ARGUMENTO: John Larkin (or: Earl Derr Biggers)

ROTEIRO: John Larkin

FOTOGRAFIA: Virgil Miller [p&b]

MONTAGEM: James B. Clark

MÚSICA: Emil Newman

ELENCO: Sidney Toler, Sen Yung [Victor Sen Yung], C. Henry Gordon, Marc Lawrence, Joan Valerie, Marguerite Chapman, Ted Osborn, Michael Visaroff, Hilda Vaughn, Charles Wagenheim, Archie Twitchell, Edward Marr, Joe King, Harold Goodwin

GÊNERO: Suspense criminal

SINOPSE: Graças às provas apresentadas pelo detetive Charlie Chan, um perigoso assassino é condenado à morte. Porém, o criminoso escapa e vai se esconder em um museu de cera, cujo proprietário é um ex-cirurgião especializado em fazer plásticas clandestinas em criminosos procurados. Enquanto se recupera da cirurgia, o assassino elabora um plano para se vingar de Chan. Aproveitando-se do fato de que o museu é palco da transmissão de um programa de rádio, de-

dicado à discussão de casos criminais polêmicos, ele se propõe a atrair Chan para um debate, a fim de matá-lo.

COMENTÁRIOS: Exemplar da série *Charlie Chan*. Apesar
do ambiente favorável – um museu de cera – o filme não consegue entusiasmar, com uma trama confusa e situações sem
nenhuma lógica.

AVALIAÇÃO: ***

CHARLIE CHAN AT TREASURE ISLAND

CHARLIE CHAN NA ILHA DO TESOURO

DIRETOR: Norman Foster

PAÍS: Estados Unidos

COMPANHIA PRODUTORA: Twentieth Century-Fox

ANO DE PRODUÇÃO: 1939

DURAÇÃO: 75'

IDIOMA ORIGINAL: Inglês

PRODUÇÃO: Edward Kaufman

ARGUMENTO: John Larkin (or: Earl Derr Biggers)

ROTEIRO: John Larkin

FOTOGRAFIA: Virgil Miller [p&b]

MONTAGEM: Norman Colbert

MÚSICA: Samuel Kaylin

ELENCO: Sidney Toler, Cesar Romero, Pauline Moore, Sen Yung, Douglas Fowley, June Gale, Douglas Dumbrille, Sally Blane, Billie Seward, Wally Vernon, Donald McBride, Charles Halton, Trevor Bardette, Louis-Jean Heydt

GÊNERO: Drama de suspense

SINOPSE: Durante uma viagem de avião, o escritor Paul Essex morre de forma misteriosa, após receber um cabograma ameaçador de um famoso místico, o doutor Zodiac. Viajando no mesmo avião, o detetive Charlie Chan resolve investigar o caso e descobre que Paul acabara de escrever um romance onde, de forma alegórica, denunciava Zodiac como um charlatão e chantagista. Com a ajuda do mágico Rhadini, Chan tentará descobrir a verdade sobre o místico de araque.

COMENTÁRIOS: Exemplar da série *Charlie Chan*. A "Ilha do Tesouro" do título nada tem a ver com a história de Robert Louis Stevenson, sendo apenas uma ilha artificial na baía de San Francisco, construída para ser um dos cenários de uma exposição internacional.

AVALIAÇÃO: ***

CHARLIE CHAN IN EGYPT

CHARLIE CHAN NO EGITO

DIRETOR: Luis King [Louis King]

PAÍS: Estados Unidos

COMPANHIA PRODUTORA: Fox Film

ANO DE PRODUÇÃO: 1935

DURAÇÃO: 73'

IDIOMA ORIGINAL: Inglês

PRODUÇÃO: Edward T. Lowe

ARGUMENTO: Robert Ellis, Helen Logan (or: Earl Derr Biggers)

ROTEIRO: Robert Ellis, Helen Logan

FOTOGRAFIA: Daniel B. Clark [p&b]

MONTAGEM: Alfred DeGaetano (?)

MÚSICA: Samuel Kaylin

ELENCO: Warner Oland, Pat Paterson, Thomas Beck, Rita Cansino [Rita Hayworth], Stepin Fetchit

GÊNERO: Drama de suspense

SINOPSE: O detetive Charlie Chan vai ao Egito, a fim de investigar a venda ilegal dos objetos encontrados na tumba de um sacerdote, descoberta por uma equipe de arqueólogos norte-americanos. Porém, o caso se complica quando Chan descobre que o chefe da expedição, pretensamente desaparecido, foi assassinado e escondido no sarcófago do próprio sacerdote. O principal suspeito é um criado egípcio, que se julga (não sem uma certa razão) descendente da múmia, mas Chan também descobre que os objetos foram vendidos pelo cunhado do morto, a fim de saldar algumas dívidas contraídas pela expedição. Chan desconfia de que há algum segredo mais grave por trás do crime, o que é confirmado pela morte misteriosa do filho do arqueólogo, que parecia saber de alguma coisa.

COMENTÁRIOS: O maior destaque deste filme da série *Charlie Chan* é a presença da iniciante Rita Cansino, que mais tarde se tornaria a estrela Rita Hayworth. Ela está quase irreconhecível no papel de uma criada egípcia que pouco participa da trama.

AVALIAÇÃO: ***

CHARLIE CHAN IN HONOLULU

CHARLIE CHAN EM HONOLULU

DIRETOR: H. Bruce Humberstone

PAÍS: Estados Unidos

COMPANHIA PRODUTORA: Twentieth Century-Fox

ANO DE PRODUÇÃO: 1939

DURAÇÃO: 67'

IDIOMA ORIGINAL: Inglês

PRODUÇÃO: John Stone (Associado)

ARGUMENTO: Charles Belden (or: Earl Derr Biggers)

ROTEIRO: Charles Belden

FOTOGRAFIA: Charles Clarke [p&b]

MONTAGEM: Nick DeMaggio

MÚSICA: Samuel Kaylin

ELENCO: Sidney Toler, Phyllis Brooks, Sen Yung, Eddie Collins, John King, Claire Dodd, George Zucco, Robert Barrat, Marc Lawrence, Richard Lane, Layne Tom Jr., Philip Ahn, Paul Harvey

GÊNERO: Suspense criminal

SINOPSE: Enquanto espera a chegada do seu primeiro neto, Charlie Chan é convocado para se apresentar em um navio que está ancorado na baía de Honolulu, onde acaba de ocorrer um assassinato. Porém, como está no hospital, Chan é substituído sem saber pelo seu filho nº 2, que está ansioso por iniciar uma carreira de detetive. Quando Chan desfaz a confusão e assume as investigações, se vê às voltas não apenas com um assassinato, mas com o misterioso roubo de uma maleta com 300 mil dólares.

COMENTÁRIOS: Exemplar do início da fase decadente da série *Charlie Chan*, com um excesso de elementos humorísticos e uma trama que lembra mais uma comédia de quiproquós.

AVALIAÇÃO: ***

CHARLIE CHAN IN LONDON

Charlie Chan em Londres

DIRETOR: Eugene Forde

PAÍS: Estados Unidos

COMPANHIA PRODUTORA: Fox Film

ANO DE PRODUÇÃO: 1934

DURAÇÃO: 78'

IDIOMA ORIGINAL: Inglês

PRODUÇÃO: John Stone

ARGUMENTO: Philip MacDonald (or: Earl Derr Biggers)

ROTEIRO: Philip MacDonald

FOTOGRAFIA: L. W. O'Connell [p&b]

MÚSICA: Samuel Kaylin

ELENCO: Warner Oland, Drue Leyton, Raymond Milland [Ray Milland], Mona Barrie, Alan Mowbray, Murray Kinnell, Douglas Walton, Walter Johnson, E. E. Clive, George Barraud, Madge Bellamy, David Torrence, John Rogers, Paul England, Elsa Buchanan, Perry Ivins

GÊNERO: Drama de suspense

SINOPSE: Em visita a Londres, Charlie Chan recebe o pedido de ajuda de uma jovem, cujo irmão será enforcado em três dias, condenado pelo assassinato de um oficial da RAF. Chan aceita investigar o caso e, como não tem muito tempo, decide ir para a casa de campo onde ocorreu o crime, a fim de confrontar todos os demais possíveis autores do assassinato e obter alguma reação incriminadora.

COMENTÁRIOS: Um dos melhores exemplares da série *Charlie Chan* em sua fase de ouro (quando o protagonista era interpretado por Warner Oland).

AVALIAÇÃO: ***

CHARLIE CHAN IN PANAMA

CHARLIE CHAN NO PANAMÁ

DIRETOR: Norman Foster

PAÍS: Estados Unidos

COMPANHIA PRODUTORA: Twentieth Century-Fox

ANO DE PRODUÇÃO: 1940

DURAÇÃO: 68'

IDIOMA ORIGINAL: Inglês

PRODUÇÃO: Sol M. Wurtzel

ARGUMENTO: John Larkin, Lester Ziffren (or: Earl Der Biggers)

ROTEIRO: John Larkin, Lester Ziffren

FOTOGRAFIA: Virgil Miller [p&b]

MONTAGEM: Fred Allen

MÚSICA: Samuel Kaylin

ELENCO: Sidney Toler, Jean Rogers, Lionel Atwill, Mary Nash, Sen Yung, Kane Richmond, Chris-Pin Martin, Lionel Royce, Helen Ericson, Jack La Rue, Edwin Stanley, Don Douglas, Frank Puglia, Addison Richards, Edward Keane

GÊNERO: Suspense criminal

SINOPSE: Trabalhando na contra-espionagem, Charlie Chan está vivendo no Panamá, sob o disfarce de um comerciante de chapéus. Seu objetivo é impedir que um perigosíssimo espião inimigo consiga sabotar a frota norte-americana que se prepara para cruzar o canal. Porém, além de não conhecer a identidade de seu adversário, o detetive terá que enfrentar sua genialidade e sua disposição homicida.

COMENTÁRIOS: Exemplar pouco inspirado da série *Charlie Chan*, inserindo o detetive chinês no esforço de guerra.

AVALIAÇÃO: **

CHARLIE CHAN IN PARIS

CHARLIE CHAN EM PARIS

DIRETOR: Lewis Seiler

PAÍS: Estados Unidos

COMPANHIA PRODUTORA: Fox Film Corporation

ANO DE PRODUÇÃO: 1935

DURAÇÃO: 72'

IDIOMA ORIGINAL: Inglês

PRODUÇÃO: John Stone

ARGUMENTO: Philip MacDonald (or: Earl Derr Biggers)

ROTEIRO: Edward T. Lowe, Stuart Anthony

FOTOGRAFIA: Ernest Palmer [p&b]

MÚSICA: Samuel Kaylin

ELENCO: Warner Oland, Mary Brian, Thomas Beck, Erik Rhodes, John Miljan, Murray Kinnell, Minor Watson, John Qualen, Keye Luke, Henry Kolker, Dorothy Appleby, Ruth Peterson, Perry Evans

GÊNERO: Drama criminal

SINOPSE: Charlie Chan vai a Paris, a fim de investigar uma suspeita de fraude no Banco Lamartine, que vendeu em Londres algumas ações duplicadas, mas com a assinatura original do banqueiro Lamartine. Na mesma noite em que chega à cidade, a investigadora Nardi – que atuava sob o disfarce de uma dançarina de cabaré – é assassinada, enquanto o próprio Chan é vítima de outro atentado. Por sorte, Nardi deixa para Chan algumas anotações, nas quais demonstra desconfiar de Dufresne, o secretário de Lamartine, que está gastando muito mais do que ganha. Dufresne é realmente culpado, mas ele é assassinado e as suspeitas recaem sobre a filha de Lamartine, que estava no apartamento dele no momento do crime, a fim de recuperar algumas cartas comprometedoras. Chan acredita na sua inocência, mas terá que investigar o caso por conta própria, já que a fraude não pode se tornar pública para não provocar a falência do banco.

COMENTÁRIOS: Um bom exemplar da série *Charlie Chan*, a mais simpática e bem sucedida de todas as séries de detetives orientais (ou mesmo ocidentais) que inundaram o cinema americano dos anos 1930.

AVALIAÇÃO: ***

CHARLIE CHAN IN RENO

CHARLIE CHAN EM RENO

DIRETOR: Norman Foster

PAÍS: Estados Unidos

COMPANHIA PRODUTORA: Twentieth Century-Fox

ANO DE PRODUÇÃO: 1939

DURAÇÃO: 70'

IDIOMA ORIGINAL: Inglês

PRODUÇÃO: John Stone

ARGUMENTO: Philip Wylie (or: Earl Derr Biggers)

ROTEIRO: Frances Hyland, Albert Ray, Robert E. Kent

FOTOGRAFIA: Virgil Miller [p&b]

MONTAGEM: Fred Allen

MÚSICA: Samuel Kaylin

ELENCO: Sidney Toler, Ricardo Cortez, Phyllis Brooks, Slim Summerville, Kane Richmond, Sen Young, Pauline Moore, Eddie Collins, Kay Linaker, Louise Henry, Robert

Lowery, Charles D. Brown, Iris Wong, Morgan Conway, Hamilton MacFadden

GÊNERO: Drama criminal

SINOPSE: Charlie é levado à cidade de Reno (conhecida como a capital mundial dos divórcios, devido às suas leis que facilitam a dissolução de casamentos) por um amigo, cuja esposa – da qual ele está em vias de se separar – é a principal suspeita de ter assassinado a mulher com quem ele iria se casar após o divórcio.

COMENTÁRIOS: Exemplar padrão da série *Charlie Chan*. Como a base de trabalho de Chan era o Havaí, local pouco adequado às tramas de suspense, quase todas as histórias de Chan eram ambientadas em outras regiões dos Estados Unidos ou na Europa.

AVALIAÇÃO: ***

CHARLIE CHAN IN RIO

Charlie Chan no Rio

DIRETOR: Harry Lachman

PAÍS: Estados Unidos

COMPANHIA PRODUTORA: Twentieth Century-Fox

ANO DE PRODUÇÃO: 1941

DURAÇÃO: 60'

IDIOMA ORIGINAL: Inglês

PRODUÇÃO: Sol M. Wurtzel

ARGUMENTO: Earl Derr Biggers

ROTEIRO: Samuel G. Engel, Lester Ziffren

FOTOGRAFIA: Joseph P. MacDonald [p&b]

MONTAGEM: Alexander Troffey

MÚSICA: Emil Newman

ELENCO: Sidney Toler, Mary Beth Hughes, Cobina Wright Jr., Ted North, Victor Jory, Harold Huber, Sen Yung, Richard Derr, Jacqueline Dalya, Kay Linaker, Truman Bradley, Hamilton MacFadden, Leslie Denison, Iris Wong, Eugene Borden, Ann Codee

GÊNERO: Drama criminal

SINOPSE: Charlie Chan vai ao Rio de Janeiro, na América Latina, a fim de prender a famosa cantora Lola Dean, que cometeu um crime no Havaí (o assassinato de um amante que queria abandoná-la). Enquanto Chan aguarda a ocasião de realizar a prisão sem causar um escândalo, Lola consulta-se com o vidente Marana e acaba confessando seu crime, sob o efeito das drogas ministradas pelo místico. Preocupada, a garota decide largar tudo e fugir com Clarke, seu noivo milionário. Porém, quando Chan chega à mansão de Lola, a fim de prendê-la, encontra a moça assassinada, o que deixa o caso ainda mais sério e misterioso.

COMENTÁRIOS: Episódio menor da série *Charlie Chan*, ambientado num Rio de Janeiro cenográfico. A tal Lola é um clone de Carmem Miranda e o filme – com uma história cheia de clichês improváveis – aproveita para fazer alguma propaganda de guerra (o filho de Chan, ao final da trama, recebe a entusiástica notícia de que foi convocado pelo exército norte-americano). O enredo recicla a história de um dos primeiros filmes da série: "The black camel" (1931).

AVALIAÇÃO: ***

CHARLIE CHAN IN SHANGHAI

CHARLIE CHAN EM XANGAI

DIRETOR: James Tinling

PAÍS: Estados Unidos

COMPANHIA PRODUTORA: Fox Film

ANO DE PRODUÇÃO: 1935

DURAÇÃO: 71'

IDIOMA ORIGINAL: Inglês

PRODUÇÃO: John Stone (associado)

ARGUMENTO: Edward T. Lowe, Gerard Fairlie (or: Earl Derr Biggers)

ROTEIRO: Edward T. Lowe, Gerard Fairlie

FOTOGRAFIA: Barney McGill [p&b]

MONTAGEM: Nick De Maggio

MÚSICA: Samuel Kaylin

ELENCO: Warner Oland, Irene Hervey, Charles Locher [Jon Hall], Russell Hicks, Keye Luke, Halliwell Hobbes, Frederik Vogeding, Neil Fitzgerald, Max Wagner

GÊNERO: Suspense criminal

SINOPSE: O detetive Charlie Chan é chamado a Shanghai por um velho amigo, sir Stanley Woodland, que precisa consultá-lo sobre um assunto urgente. Porém, durante um banquete em homenagem a Chan, sir Stanley é assassinado antes de revelar o seu segredo. Vítima de um sequestro e de alguns atentados, a única fonte de referência para Chan é o norte-americano Andrews, que também chega à cidade para falar com sir Stanley. Andrews revela a Chan que ele e o falecido trabalhavam como agentes secretos e estavam investigando uma poderosa quiadrilha de traficantes de ópio que está inundando o mercado internacional.

COMENTÁRIOS: Exemplar mediano da série *Charlie Chan*, com bastante ação e uma história sem maiores virtudes.

AVALIAÇÃO: ***

CHARLIE CHAN IN 'THE CHINESE CAT'

CHARLIE CHAN EM "O GATO CHINÊS"

DIRETOR: Phil Rosen

PAÍS: Estados Unidos

COMPANHIA PRODUTORA: Monogram Pictures Corporation

ANO DE PRODUÇÃO: 1944

DURAÇÃO: 65'

IDIOMA ORIGINAL: Inglês

PRODUÇÃO: Philip N. Krasne, James S. Burkett

ARGUMENTO: George Callahan (or: Earl Derr Biggers)

ROTEIRO: George Callahan

FOTOGRAFIA: Ira Morgan [p&b]

MONTAGEM: Fred Allen

MÚSICA: David Chudnow

ELENCO: Sidney Toler, Joan Woodbury, Mantan Moreland, Benson Fong, Ian Keith, Cy Kendall, Weldon

Heyburn, Anthony Ward, John Davidson, Dewey Robinson, Stan Jolley, Betty Blythe, Jack Norton, Luke Chan

GÊNERO: Drama criminal

SINOPSE: O empresário Thomas Manning é misteriosamente assassinado em sua biblioteca, sem que a polícia consiga qualquer pista para descobrir o criminoso. Após alguns meses, o caso é arquivado, até que é lançado um livro sobre o crime, no qual um célebre criminalista acusa a esposa de Manning de ser a autora do assassinato. Desesperada com a situação de sua mãe, Leah, a enteada de Manning, vai procurar a ajuda do detetive Charlie Chan, pedindo que ele realize investigações particulares. Apesar de ter apenas dois dias livres, Chan aceita o trabalho. Porém, existem muitas pessoas que querem que este caso fique sem solução, e que estão dispostas a matar para isso.

COMENTÁRIOS: Exemplar da série *Charlie Chan*. A trama não é lá essas coisas, mas o trio de protagonistas – Toler, Benson Fong e Mantan Moreland – está bastante afinado na área do humor.

AVALIAÇÃO: ***

CHARLIE CHAN NO SERVIÇO SECRETO

DIRETOR: Phil Rosen

PAÍS: Estados Unidos

COMPANHIA PRODUTORA: Monogram Pictures Corporation

ANO DE PRODUÇÃO: 1944

DURAÇÃO: 63'

IDIOMA ORIGINAL: Inglês

PRODUÇÃO: Philip N. Krasne, James S. Burkett

ARGUMENTO: George Callahan (or: Earl Derr Biggers)

ROTEIRO: George Callahan

FOTOGRAFIA: Ira Morgan [p&b]

MONTAGEM: Martin G. Cohn

MÚSICA: Karl Hajos

ELENCO: Sidney Toler, Mantan Moreland, Arthur Loft, Gwen Kenyon, Sarah Edwards, George Lewis, Marianne Quon, Benson Fong, Muni Seroff, Barry Bernard, Gene Stutenroth, Eddie Chandler, Lelah Tyler

GÊNERO: Drama criminal

SINOPSE: O detetive Charlie Chan é encarregado de desvendar o assassinato de um famoso cientista e de recuperar os planos de um novo torpedo, que foram roubados do morto.

COMENTÁRIOS: Este exemplar segue o habitual modelo da série *Charlie Chan*, com a reunião de uma série de personagens suspeitos em um cenário restrito, no qual o obeso detetive chinês pode dar vazão à sua velha sabedoria oriental. Trata-se de uma peça de propaganda de guerra, com uma história tola e gritantes erros de continuidade (como o falso aleijado que é visto de pé antes da cena em que confessa sua farsa).

AVALIAÇÃO: ***

CHARLIE CHAN ON BROADWAY

Charlie Chan na Broadway

DIRETOR: Eugene Forde

PAÍS: Estados Unidos

COMPANHIA PRODUTORA: Twentieth Century-Fox

ANO DE PRODUÇÃO: 1937

DURAÇÃO: 68'

IDIOMA ORIGINAL: Inglês

PRODUÇÃO: John Stone

ARGUMENTO: Art Arthur, Robert Ellis, Helen Logan (or: Earl Derr Biggers)

ROTEIRO: Charles Belden, Jerry Cady

FOTOGRAFIA: Harry Jackson [p&b]

MONTAGEM: Al De Gaetano

MÚSICA: Samuel Kaylin

ELENCO: Warner Oland, J. Edward Bromberg, Joan Marsh, Louise Henry, Joan Woodbury, Donald Woods, Douglas Fowley, Harold Uber, Keye Luke, Leon Ames, Marc Lawrence, Tashia Mori, Charles Williams, Eugene Borden

GÊNERO: Drama criminal

SINOPSE: Viajando de navio para Nova York, Charlie Chan e seu filho Lee ajudam uma jovem cuja cabine foi roubada. Chegando ao porto, Chan descobre que a tal jovem é Billie Bronson, uma garota que andou envolvida com muitos dos corruptos poderosos da cidade e teve que fugir, já que tinha muitas informações valiosas e estava sendo procurada para depor na polícia. De fato, Billie traz consigo as tais informações, na forma de um diário, que ela pretende transformar em outro tipo de papel bem verdinho. Como sabe que está sendo permanentemente vigiada, ela resolve esconder o diário na bagagem de Lee, disposta a recuperar o material indo para o mesmo hotel que o rapaz. Porém, na mesma noite da sua chegada, Billie acaba sendo assassinada, e cabe a Charlie Chan descobrir quem é o responsável pelo crime e onde estão os documentos.

COMENTÁRIOS: Bom exemplar da série *Charlie Chan*, ambientado em Nova Iorque.

AVALIAÇÃO: ***

CHARLIE CHAN'S MURDER CRUISE

CHARLIE CHAN E O ESTRANGULADOR

DIRETOR: Eugene Forde

PAÍS: Estados Unidos

COMPANHIA PRODUTORA: Twentieth Century-Fox

ANO DE PRODUÇÃO: 1940

DURAÇÃO: 76'

IDIOMA ORIGINAL: Inglês

PRODUÇÃO: John Stone (associado)

ARGUMENTO: Earl Derr Biggers

ROTEIRO: Robertson White, Lester Ziffren

FOTOGRAFIA: Virgil Miller [p&b]

MONTAGEM: Harry Reynolds

MÚSICA: Samuel Kaylin

ELENCO: Sidney Toler, Marjorie Weaver, Lionel Atwill, Sen Yung, Robert Lowery, Don Beddoe, Leo Carroll, Cora Whiterspoon, Kay Linaker, Harlan Briggs, Charles Middleton, Claire DuBrey, Leonard Mudie, James Burke, Richard Keene, Layne Tom Jr., Montague Shaw

GÊNERO: Suspense criminal

SINOPSE: Em Honolulu, Chan é procurado por seu velho amigo, o inspetor Duff, da Scotland Yard. Duff revela a Chan que esta viajando disfarçado como membro de uma excursão turística que está dando a volta ao mundo, já que um dos seus integrantes é um perigoso estrangulador. Porém, enquanto Chan se ausenta, Duff é estrangulado no próprio gabinete do policial chinês, que decide vingar seu amigo e capturar o assassino antes que a excursão termine.

COMENTÁRIOS: Este exemplar da série *Charlie Chan* utiliza pela terceira vez o argumento do romance "Charlie Chan carries on" (as duas primeiras vezes foram em 1931, com "Charlie Chan carries on" e sua versão hispânica "Eran trece"). Felizmente, os roteiros são bastante diferentes e essa versão consegue ser bem superior a "Eran trece" (nada se pode dizer de "Charlie Chamn carrie on", dado como perdido).

AVALIAÇÃO: ***

CHARLIE CHAN'S SECRET

O segredo de Charlie Chan

DIRETOR: Gordon Wiles

PAÍS: Estados Unidos

COMPANHIA PRODUTORA: Twentieth Century-Fox

ANO DE PRODUÇÃO: 1935

DURAÇÃO: 71'

IDIOMA ORIGINAL: Inglês

PRODUÇÃO: John Stone (associado)

ARGUMENTO: Robert Ellis, Ellen Logan (or: Earl Derr Biggers)

ROTEIRO: Robert Ellis, Ellen Logan (colaboração: Joseph Hoffman)

FOTOGRAFIA: Rudolph Maté [p&b]

MONTAGEM: Nick DeMaggio

MÚSICA: Samuel Kaylin

ELENCO: Warner Oland, Rosina Lawrence, Charley Quigley, Henrietta Crosman, Edward Trevor, Astrid Allwyn, Herbert Mundin, Jonathan Hale, Egon Brecher, Gloria Roy, Ivan Miller, Arthur Edmund Carew

GÊNERO: Drama criminal

SINOPSE: O detetive Charlie Chan investiga o misterioso desaparecimento de um milionário, que voltava – depois de alguns anos de completo afastamento – para reclamar a sua imensa herança. Logo, o milionário é encontrado morto e muitos são os suspeitos do crime.

COMENTÁRIOS: Este exemplar da série *Charlie Chan* é temperado com uma boa dose de espiritismo, já que a tia do falecido é adepta das sessões mediúnicas e está sendo explorada por um casal de trapaceiros.

AVALIAÇÃO: ***

CHARULATA

A ESPOSA SOLITÁRIA

DIRETOR: Satyajit Ray

PAÍS: Índia

COMPANHIA PRODUTORA: RDB & Co.

ANO DE PRODUÇÃO: 1964

DURAÇÃO: 117'

IDIOMA ORIGINAL: Bengali

PRODUÇÃO: R. D. Bansal

ARGUMENTO: Rabindranath Tagore

ROTEIRO: Satyajit Ray

FOTOGRAFIA: Subrata Mitra [p&b]

MONTAGEM: Dulal Dutta

MÚSICA: Satyajit Ray

ELENCO: Madhabi Mukherjee, Soumitra Chatterjee, Sailen Mukherjee, Syamal Ghosal, Gitali Roy, Bholanath Koyal, Suku Mukherjee, Dilip Bose

GÊNERO: Drama de relacionamento

SINOPSE: Bengala, 1879: Charulata é uma mulher culta e refinada, casada com o rico Bhupati. Porém, sua vida é uma tediosa sucessão de dias intermináveis, já que não tem filhos nem afazeres domésticos e seu marido — fanático pela política e desprezando a cultura teórica — dedica todo o seu tempo ao jornal que dirige. A situação muda quando chega o seu cunhado Amol, um jovem estudante de literatura que vem trabalhar como revisor no jornal. Bhupati pede que seu irmão entretenha Charulata, incentivando-a a escrever. Amol procura cumprir o seu papel e encanta Charulata, já que representa os ideais de sua mentalidade romântica. Logo surge uma atração entre ambos, que eles não conseguem confessar e, muito menos, concretizar. Porém, quando um parente de Bhupati dá um desfalque no jornal, quase o levando à falência, Amol percebe que está sendo indigno com o irmão e parte em segredo, sem deixar endereço. O desaparecimento de Amol é um choque para Charulata, que entra em profundo desespero.

COMENTÁRIOS: Com seu estilo ao mesmo tempo simples e elaborado, Ray consegue compor um quadro sutil da elite indiana no auge do colonialismo britânico, mostrando também que as ricas burguesas do Oriente não ficaram imunes à influência mórbida do espírito romântico europeu.

AVALIAÇÃO: ***

THE CHINESE CONNECTION

(Cf. Jing wu men)

THE CHINESE RING

O ANEL CHINÊS

DIRETOR: William Beaudine

PAÍS: Estados Unidos

COMPANHIA PRODUTORA: Monogram Pictures Corporation

ANO DE PRODUÇÃO: 1947

DURAÇÃO: 68'

IDIOMA ORIGINAL: Inglês

PRODUÇÃO: James S. Burkett

ARGUMENTO: Earl Derr Biggers

ROTEIRO: W. Scott Darling

FOTOGRAFIA: William Sickner [p&b]

MONTAGEM: Richard Heermance

MÚSICA: Edward J. Kay

ELENCO: Roland Winters, Warren Douglas, Mantan Moreland, Louise Currie, Victor Sen Young, Philip Ahn, Byron Foulger, Thayer Roberts, Jean Wong, Chabing, George L. Spaulding

GÊNERO: Drama criminal

SINOPSE: Uma princesa chinesa vai consultar o detetive Charlie Chan, mas é assassinada antes que possa falar com ele. Por intermédio de uma repórter, Charlie fica sabendo que a mulher chegara recentemente aos Estados Unidos em um navio cargueiro. Ao aprofundar as investigações, Chan descobre que a falecida, irmã de um poderoso general chinês, viera aos Estados Unidos para comprar aviões e levá-los clandestinamente para o seu país. Assim, o assassinato pode estar ligado à imensa fortuna que ela trazia consigo, e que desapareceu misteriosamente.

COMENTÁRIOS: Lastimável exemplar da fase mais decadente da série *Charlie Chan*, protagonizada pelo ridículo Roland Winters. Na verdade, trata-se de uma reciclagem de um antigo roteiro da série Mr. Wong ("Mr. Wong in Chinatown", 1939), com uma história banal e sem maior interesse.

AVALIAÇÃO: ***

O IMPERADOR E O ROUXINOL

DIRETOR: Jiri Trnka (direção de atores: Milos Makovec)

PAÍS: Tchecoslováquia

COMPANHIA PRODUTORA: Loutkovy Film Praha

ANO DE PRODUÇÃO: 1949

DURAÇÃO: 72'

IDIOMA ORIGINAL: Inglês

PRODUÇÃO: William L. Snyder (versão em inglês)

ARGUMENTO: Hans Christian Andersen

ROTEIRO: Jirí Trnka, Jirí Brdecka (versão em inglês: Phyllis McGinley)

FOTOGRAFIA: Ferdinand Pecenka [cor]

MONTAGEM: Helena Lebduskova, Jiri Trnka

MÚSICA: Vaclav Trojan

ELENCO: Boris Karloff (voz), Helena Patockova, Jaromir Sobotoa

GÊNERO: Animação com bonecos e atores reais

SINOPSE: Um menino rico vive recluso em sua mansão, sem ter a companhia de nenhuma outra criança e sem liberdade para brincar nos bosques que cercam a propriedade. Com tanta solidão, o garoto cái profundamente doente e sonha com a conhecida história do *Imperador e o rouxinol*. Na fábula, o imperador da China vivia também recluso em seu palácio, só conhecendo o mundo através de imitações artificiais. Travando amizade com um marinheiro europeu, o Imperador recebe dele um livro com a gravura de um rouxinol e é tomado pelo desejo de conhecer a ave. Seus vassalos se põem imediatamente a procurar o rouxinol, mas têm muitas dificuldades pela total falta de experiência do mundo real. Finalmente, com a ajuda de uma criada do palácio, o rouxinol é encontrado e aceita ir apresentar-se no palácio. O canto da ave fascina o imperador, que adota o rouxinol e torna-se seu amigo. Porém, o marinheiro envia-lhe de presente um rouxinol mecânico e o imperador apaixona-se pelo brinquedo, negligenciando a ave verdadeira.

COMENTÁRIOS: Baseada no conto de Andersen, esta bela

fábula em estilo clássico foi realizada por um dos maiores mestres na animação com bonecos: Jiri Trnka. Hábil e refinado, Trnka constrói uma história repleta de sutilezas, oferecendo um espetáculo que ultrapassa o interesse de um público infantojuvenil (visado pelo filme). Como curiosidade, a versão internacional é narrada por Boris Karloff (numa função inusitada para o rei dos filmes de horror). Excelente exemplo do trabalho de um cineasta único.

AVALIAÇÃO: ****

THE COMFORT OF STRANGERS / CORTESIE PER GLI OSPITI

Uma estranha passagem em Veneza

DIRETOR: Paul Schrader

PAÍS: Itália / Inglaterra

COMPANHIA PRODUTORA: Erre Produzioni / Sovereign Pictures

ANO DE PRODUÇÃO: 1990

DURAÇÃO: 107'

IDIOMA ORIGINAL: Italiano / Inglês

PRODUÇÃO: Angelo Rizzoli

ARGUMENTO: Ian McEwan

ROTEIRO: Harold Pinter

FOTOGRAFIA: Dante Spinotti [cor]

MONTAGEM: Bill Pankow

MÚSICA: Angelo Badalamenti

ELENCO: Christopher Walken, Rupert Everett, Natasha Richardson, Helen Mirren, Manfredi Aliquo, David Ford, Daniel Franco, Rossana Canghiari, Fabrizio Castellani, Giancarlo Previati, Antonio Serrano, Mario Cotone

GÊNERO: Drama de relacionamento com vestígios de homossexualismo e sadismo

SINOPSE: Colin e Mary são um casal de ingleses turisteando por Veneza, a fim de reacenderem a chama do seu relacionamento marasmático. Porém, os dois vivem no maior tédio e tudo parece se encaminhar para a separação. Um dia, casualmente, os dois travam conhecimento com Robert, um veneziano educado na Inglaterra. Filho de um diplomata, Robert faz de tudo para cativar os dois turistas, que mesmo assim não simpatizam com seu jeito esquisitão. Apesar disso, os dois acabam aceitando um convite para jantar em sua casa, onde conhecem sua esposa canadense Caroline. Esta parece bem mais normal que o marido, embora também se mostre cheia de excentricidades. Agredido por Robert, sem qualquer motivo aparente, Colin decide se afastar do estranho casal, mas um encontro casual dará início a uma série de incidentes bizarros.

COMENTÁRIOS: Aproveitando-se das belas paisagens de Veneza, o diretor Schrader realiza um filme que tinha tudo para ser uma pequena obra-prima. No entanto, apesar de contar com um elenco primoroso e com um roteiro do consagrado Harold Pinter, o filme padece de uma obsessão pior que a do seu protagonista: a de rejeitar a objetividade e manter tudo no nível das insinuações, como se estivéssemos em um romance da Inglaterra vitoriana. Assim, as motivações das atitudes aberrantes de Robert permanecem no limbo, a não ser que enveredemos pelo mais caricato freudismo de boteco.

AVALIAÇÃO: ***

CONAN, THE DESTROYER

CONAN, O DESTRUIDOR

DIRETOR: Richard Fleischer

PAÍS: Estados Unidos

COMPANHIA PRODUTORA: Dino De Laurentiis Corporation

ANO DE PRODUÇÃO: 1984

DURAÇÃO: 103'

IDIOMA ORIGINAL: Inglês

PRODUÇÃO: Raffaella De Laurentiis

ARGUMENTO: Roy Thomas, Gerry Conway (or: Robert E. Howard)

ROTEIRO: Stanley Mann

FOTOGRAFIA: Jack Cardiff [cor]

MONTAGEM: Frank J. Urioste

MÚSICA: Basil Poledouris

ELENCO: Arnold Schwarzenegger, Grace Jones, Wilt Chamberlain, Mako, Tracey Walter, Olívia D'Abo, Sarah Douglas, Pat Roach, Jeff Corey, Ferdinand Mayne, Sven Ole Thorsen, Bruce Fleischer

GÊNERO: Aventura pseudomitológica

SINOPSE: Conan, misto de poderoso guerreiro e ladrão vulgar, é contratado pela rainha Taramis para escoltar sua protegida, a adolescente Jehnna, na busca de uma preciosa joia sagrada. Para convencer o rebelde Conan, Taramis promete ressuscitar sua companheira Valéria, morta no ataque à fortaleza de Tulsa Doom, no filme anterior. Como a jornada promete muitos perigos, Conan reúne um grupo, formado por seu parceiro de roubos Malak, o mago Akiro e a amazona Zula, partindo com Jehnna e seu guarda-costas Bombaata.

Porém, além dos perigos de sua missão, Conan terá que enfrentar a traição de Taramis, que tem planos tenebrosos para toda a humanidade.

COMENTÁRIOS: Continuação bastante inferior de "Conan, the barbarian" (John Milius, 1982), bem menos vibrante que o original e cheia de tentativas pueris de fazer humor. Locações no México.

AVALIAÇÃO: **

THE CONCORD – AIRPORT '79

AEROPORTO 1980 – O CONCORDE

DIRETOR: David Lowell Rich

PAÍS: Estados Unidos

COMPANHIA PRODUTORA: Universal Pictures

ANO DE PRODUÇÃO: 1979

DURAÇÃO: 113'

IDIOMA ORIGINAL: Inglês

PRODUÇÃO: Jennings Lang

ARGUMENTO: Jennings Lang (or: Arthur Hailey)

ROTEIRO: Eric Roth

FOTOGRAFIA: Philip Lathrop [cor]

MONTAGEM: Dorothy Spencer

MÚSICA: Lalo Schifrin

ELENCO: Alain Delon, Susan Blakely, Robert Wagner, Sylvia Kristel, Eddie Albert, Bibi Andersson, Charo, John Davidson, Andrea Marcovicci, Martha Raye, Cicely Tyson, Jimmie Walker, David Warner, Mercedes McCambridge, Avery Schreiber, Sybil Danning, Monica Lewis, Nicolas Coster, Robin Gammell, George Kennedy, Ed Begley Jr., Jon Cedar, Sheila DeWindt, Pierre Jalbert, Kathleen Maguire, Macon McCalman, Stacy Heather Tolkin, Selma Archerd, Brian Cutler, Michele Lesser, Conrad Palmisano, Jerry M. Prell, Bernard 'Gus' Rethwisch, Dick McGarvin, George Sawaya, Leonora Wolpe, David Matthau, Frank Parker, Mário Machado, Hettie Lynn Hurtes, Gabrielle Rossillon, Aharon Ipalé, Isobel Estorick, Laurie Hagen, James Parkes, James Leigh, Jean Turlier, Jean P. Ancelle, Uta Taeger, Robert Kerman, Doug Christenson, Harold 'Happy' Hairston, Robert Courts, Margolyn Curtis, Stoney Jackson, Glenn Michael Jones, Ken Medlock, Patti Pivaar, Dwan Smith, Alex Rodine, Anna Rodzianko, Daryl Lynn Wood, Victoria Woodbeck, James W. Gavin, Ross Reynolds, Jean Franchi, Clay Lacy, Frank L. Pine, Art Scholl, Louis Odell Burton

GÊNERO: Drama de suspense

SINOPSE: Uma empresa de aviação norte-americana adquire um Concorde e prepara-se para o voo inaugural até

Moscou, com escala em Paris. Ao mesmo tempo, a repórter de TV Maggie Whelan recebe sérias denúncias contra o poderoso cientista e industrial Kevin Harrison, cuja empresa estaria vendendo armamentos para grupos terroristas não americanos. Porém, como coincidentemente é amante de Kevin, Maggie mantém o caso em sigilo e exige que ele se explique até ela chegar à Rússia (já que ela está no voo do Concorde). Mas Kevin é mesmo culpado e, para evitar sua desgraça, decide eliminar Maggie. A forma encontrada é provocar a queda do Concorde utilizando um míssil que está sendo desenvolvido pela sua empresa.

COMENTÁRIOS: Quarto e último exemplar da série *Airport*, que fez muita gente passar a viajar de navio (pelo menos, até a estréia de "O destino do Poseidon"). Tentando inovar, o filme utiliza o Concorde, um prodígio da aviação francesa que teve os seus dias de glória, e alguns astros internacionais, como Alain Delon e Sylvia Kristel. Mas a tentativa fracassa e o que temos é mais um *disaster movie* divertido, mas sem qualquer conteúdo. Existe uma versão extendida feita para a TV.

AVALIAÇÃO: ***

CORTESIE PER GLI OSPITI

(Cf. The comfort of strangers)

Os primos

DIRETOR: Claude Chabrol

PAÍS: França

COMPANHIA PRODUTORA: Ajym-Films

ANO DE PRODUÇÃO: 1959

DURAÇÃO: 112'

IDIOMA ORIGINAL: Francês

PRODUÇÃO: Claude Chabrol

ARGUMENTO: Claude Chabrol

ROTEIRO: Claude Chabrol (diálogos: Paul Gegauff)

FOTOGRAFIA: Henri Decae [p&b]

MONTAGEM: Jacques Gaillard

MÚSICA: Paul Misraki

ELENCO: Gérard Blain, Jean-Claude Brialy, Juliette Mayniel, Guy Decomble, Geneviève Cluny, Michèle Méritz, Corrado Guarducci, Stéphane Audran, Paul Bisciglia, Jeanne Perez, Françoise Vatel, André Chanal, Gilçbert Edard, Clara Gansart, Jean-Louis Maury, Virginie Vitry, Jean-Marie Arnoux, Robert Barre, Michel Benoist, Gaby Blondé, Chantal Bouchon, Catherine Candida, Jacques Deschamps, Abdou

Filali, Yann Groël, André Jocelyn, Jacques Kemp, Jean-Pierre Moulin, Sabine Moussali, Christian Pezey, Emmanuel Pierson, Jacques Ralf, Taty Rocca, Colette Teissedre, Jean-Paul Thomas, Simone Vannier, Anne Zamire, Claude Gerval

GÊNERO: Drama de relacionamento

SINOPSE: Vindo da província, o jovem Charles chega a Paris para prestar seus exames para formar-se em direito, indo morar com seu primo Paul (que vive no luxuoso apartamento emprestado por um de seus tios). Extremamente exuberante, mas pouco ligado aos aspectos mais sérios da existência, Paul leva uma vida de prazeres e diversões, enquanto Charles – muito tímido e cheio de responsabilidades – dedica-se à sua futura carreira com a máxima seriedade. Quando o primo apaixona-se pela jovem Florence, Paul decide seduzir a moça para afasta-lá, achando que ela e Charles não combinam. Depositando suas crescentes frustrações nos estudos, Charles mesmo assim é reprovado, enquanto Paul passa sem dificuldades (com a "ajuda" de um amigo influente). Com isso, Charles cai em profunda depressão e chega a pensar em assassinar seu primo.

COMENTÁRIOS: Este clássico da Nouvelle Vague representa com brilhantismo o clima de decadência "chique" dos jovens existencialistas europeus do final da década de 50, quando o mundo parecia não fazer mais sentido (enquanto que, hoje em dia, o mundo não faz mesmo sentido, mas quase todos fingem não perceber isso).

AVALIAÇÃO: ****

LE CRIME DE MONSIEUR LANGE

O CRIME DO SR. LANGE

DIRETOR: Jean Renoir

PAÍS: França

COMPANHIA PRODUTORA: Obéron

ANO DE PRODUÇÃO: 1935

DURAÇÃO: 80'

IDIOMA ORIGINAL: Francês

PRODUÇÃO: André Halley des Fontaines

ARGUMENTO: Jean Renoir, Jean Castanyer

ROTEIRO: Jacques Prévert

FOTOGRAFIA: Jean Bachelet [p&b]

MONTAGEM: Marguerite [Marguerite Renoir], Mme. Hughet [Marthe Hughet]

MÚSICA: Joseph Kosma (?)

ELENCO: René Lefèvre, Florelle, Jules Berry, Marcel Lévesque, Odette Talazac, Henry Guisol, Maurice Baquet, J.

B. Brunius, Sylvain Itkine, Marcel Duhamel, Henri Saint-Isle, Pierre Huchet, Genin, Max Morise, Charbonnier, Jean Daste, Sylvia Bataille, Nadia Sibirskaia

GÊNERO: Drama com elementos de crítica social

SINOPSE: Amédée Lange é um modesto e tímido funcionário de uma editora pertencente ao inescrupuloso Batala. O rapaz dedica-se, em suas horas vagas, a escrever folhetins de aventura no estilo norte-americano, com histórias de faroeste que ele retira de sua pródiga imaginação, protagonizadas por seu alter ego, o caubói Arizona Jim. Pressionado por seus diversos credores, Batala resolve publicar as histórias de Lange, a fim de usá-las como propaganda para um laboratório farmacêutico. Porém, os negócios pioram cada vez mais e o malandro decide fugir, com medo de que a polícia o apanhe. Batala viaja num trem que sofre um terrível acidente e aproveita a tragédia para trocar de identidade com um padre morto. Crendo que o patrão faleceu, os funcionários da editora reúnem-se com os credores e com o herdeiro e conseguem autorização para dirigir o negócio como uma cooperativa. A iniciativa funciona e logo a editora torna-se um sucesso, tendo como carro-chefe a revista de Arizona Jim. Vendo que sua editora saiu da crise e que Lange recebeu uma gorda oferta para levar Arizona Jim para o cinema, Batala resolve reaparecer, a fim de embolsar os lucros.

COMENTÁRIOS: Estranha mistura de pregação socialista com melodrama, este filme cede claramente aos ditames do maniqueísmo ideológico.

AVALIAÇÃO: ***

CRIME OF PASSION

DA AMBIÇÃO AO CRIME

DIRETOR: Gerd Oswald

PAÍS: Estados Unidos

COMPANHIA PRODUTORA: Bob Goldstein Productions

ANO DE PRODUÇÃO: 1956

DURAÇÃO: 84'

IDIOMA ORIGINAL: Inglês

PRODUÇÃO: Herman Cohen

ARGUMENTO: Jo Eisinger

ROTEIRO: Jo Eisinger

FOTOGRAFIA: Joseph La Shelle [p&b]

MONTAGEM: Marjorie Fowler

MÚSICA: Paul Dunlap

ELENCO: Barbara Stanwyck, Sterling Hayden, Raymond Burr, Fay Wray, Virginia Grey, Royal Dano, Robert Griffin, Dennis Cross, Jay Adler, Stuart Whitman, Malcolm Atterbury, Robert Quarry, Gail Bonney, Joe Conley

GÊNERO: Drama criminal psicológico

SINOPSE: Kathy Ferguson é uma veterana jornalista que escreve uma afamada coluna de conselhos em um grande diário. Ao envolver-se casualmente em um caso policial, ela conhece o tenente Bill Doyle e os dois acabam se apaixonando. Com isso, Kathy muda-se para Los Angeles e casa-se, rompendo com seu longuíssimo celibato. Porém, entediada com a vidinha doméstica, já que abandonou seu emprego e não tem mais nada para fazer, Kathy passa a auxiliar secretamente seu marido – um homem honesto e modesto – a subir em sua carreira, o que vai se transformar em uma perigosa obsessão.

COMENTÁRIOS: O filme perde uma excelente oportunidade para discutir a temática do machismo e da condição feminina, perdendo-se completamente em personagens mal definidos e em atitudes sem qualquer justificativa dentro da trama. De ativa e militante jornalista, Kathy passa a ser uma dona de casa padrão e enlouquece com uma notável rapidez, sem que nunca seja cogitada a solução óbvia para os seus problemas: a volta ao trabalho.

AVALIAÇÃO: ***

CRIME SEM PAIXÃO

DIRETOR: Ben Hecht, Charles MacArthur

PAÍS: Estados Unidos

COMPANHIA PRODUTORA: Hecht-MacArthur

ANO DE PRODUÇÃO: 1934

DURAÇÃO: 70'

IDIOMA ORIGINAL: Inglês

PRODUÇÃO: Ben Hecht, Charles MacArthur

ARGUMENTO: Ben Hecht, Charles MacArthur

ROTEIRO: Ben Hecht, Charles MacArthur

FOTOGRAFIA: Lee Garmes [p&b]

MONTAGEM: Arthur Ellis

MÚSICA: Frank Tours

ELENCO: Claude Rains, Margo, Whitney Bourne, Stanley Ridges, Leslie Adams

GÊNERO: Drama criminal

SINOPSE: Lee Gentry é um advogado cínico e bem-sucedido, que não acredita na justiça e não hesita em forjar provas para salvar a pele dos seus clientes. Além de seu desprezo pela lei, Gentry também tem uma compulsão sádica por torturar psicologicamente suas amantes, levando-as ao desespero. Querendo livrar-se de seu caso atual, a bailarina espanhola Carmen Brown, para ficar com uma nova conquista, a jovem Katy, Gentry finge sentir-se traído, provocando um encontro entre Carmen e Eddie White (seu antigo amante, de quem Gentry a tirara). Desesperada, Carmen chama Gentry para visitá-la e ameaça suicidar-se se ele não for. Para evitar um escândalo, Gentry comparece e, aproveitando-se de um descuido de Carmen, apodera-se da arma que ele mesmo lhe dera. Quando Carmen tenta tomar-lhe a arma, os dois lutam e um tiro acidental atinge a moça. Achando que Carmen está morta e desesperado com a hipótese de ser acusado do crime – o que arruinaria sua carreira – Gentry decide utilizar os seus macetes de advogado picareta para livrar-se das provas e conseguir um bom álibi.

COMENTÁRIOS: Filme bastante moralista (foi uma das primeiras obras submetidas ao código Hays), embora ousado em sua temática. Gentry é um indivíduo tão refinado quanto cínico, que se diverte "flexibilizando" as leis e torturando as mulheres com as quais se envolve. Porém, esse monstro moral é vítima de seu próprio veneno, quando seu excesso de confiança o traí e ele se deixa apanhar por um descuido vulgar. Além da presença interessante da mexicana Margo e da interpretação superafetada de Rains, o ponto mais notável deste filme é a abertura, com um balé de Fúrias moralistas digno dos piores pesadelos dos maridos relapsos e das mocinhas arrivistas.

AVALIAÇÃO: ***

CRIMES AND MISDEMEANORS

CRIMES E PECADOS

DIRETOR: Woody Allen

PAÍS: Estados Unidos

COMPANHIA PRODUTORA: Orion Pictures

ANO DE PRODUÇÃO: 1989

DURAÇÃO: 107'

IDIOMA ORIGINAL: Inglês

PRODUÇÃO: Robert Greenhut (executiva: Jack Rollins, Charles H. Joffe)

ARGUMENTO: Woody Allen

ROTEIRO: Woody Allen

FOTOGRAFIA: Sven Nykvist [cor]

MONTAGEM: Susan E. Morse

MÚSICA: "diversos"

ELENCO: Caroline Aaron, Alan Alda, Woody Allen, Claire

Bloom, Mia Farrow, Joanna Gleason, Anjelica Huston, Martin Landau, Jenny Nichols, Jerry Orbach, Sam Waterston, Bill Bernstein, Stephanie Roth, Gregg Edelman, George Manos, Zina Jasper, Dolores Sutton, Joel S. Fogel, Donna Castellano, Thomas P. Crow, Martin Bergmann, Kenny Vance, Jerry Zaks, Barry Finkel, Steve Maidment, Nadia Sanford, Chester Malinowski, Stanley Reichman, Rebecca Schull, David S. Howard, Garrett Simowitz, Frances Conroy, Anna Berger, Sol Frieder, Justin Zaremby, Marvin Terban, Hy Anzell, Sylvia Kauders, Victor Argo, Lenore Loveman, Nora Ephron, Sunny Keyser, Merv Bloch, Nancy Arden, Thomas L. Bolster, Myla Pitt, Robin Bartlett, Grace Zimmerman, Randy Aaron Fink, rabbi Joel Zion, Major Halley Jr., Walter Levinsky, George Masso, Charles Miles, Derek Smith, Warren Vache, Pete Antell, Lee Musiker, Anthony Gorruso, Tony Sotos, Gary Allen Meyers, Tony Tedeasco

GÊNERO: Drama existencialista

SINOPSE: Judah Rosenthal é um afamado oftalmologista e membro de destaque da comunidade judaica de Nova Iorque, tendo uma família exemplar. Porém, Judah esconde um romance com Dolores, uma mulher psicologicamente instável. Apesar de não gostar mais da amante, o médico não consegue livrar-se dela, que está cada vez mais descontrolada e ameaça fazer um escândalo que arruinará a sua carreira e a sua vida. Em desespero, Judah consulta seu irmão – um mafioso pé de chinelo – que se oferece para livrar-se de Dolores pelo meio mais rápido e radical. Judah hesita, mas a pressão acaba fazendo com que ele encomende o assassinato. Dolores é morta, mas isso faz com que Judah entre numa séria crise moral, voltando a ser perseguido pelos preceitos religiosos que assombraram a sua infância. Ao mesmo tempo, o documentarista Cliff Stern enfrenta a decadência tediosa de seu casamento e as dificuldades profissionais. Por necessidade financeira, ele é obrigado a fazer um filme sobre seu cunhado Lester – um produtor de TV tão obtuso quanto bem-sucedido – que ele detesta. Enquanto filma, Cliff fica conhecendo a produtora Hally, por quem ele se apaixona. Porém, Hally está saindo de um relacionamento e hesita em assumir um novo romance.

COMENTÁRIOS: Uma das obras mais pessimistas e inteligentes de Woody Allen, este filme discute a ideia de que existe uma justiça superior que pode premiar ou castigar os seres humanos. Enquanto homens justos e inofensivos como Cliff sofrem tristezas, angústias e decepções, Judah – adúltero, fraudador e assassino – vive na santa paz de seu lar, rico, respeitado e feliz. Com isso, vemos que a aparente justiça "divina" nada mais é que uma estrutura mental incrustada em cada um de nós, com o nome de culpa, remorso ou

arrependimento. A "moralidade" do filme parece estar sinte-
tizada na fala da tia de Judah, em contraposição ao discurso
idealista do filósofo.

AVALIAÇÃO: ****

CYRANO DE BERGERAC

CYRANO DE BERGERAC

DIRETOR: Michael Gordon

PAÍS: Estados Unidos

COMPANHIA PRODUTORA: Stanley Kramer Productions

ANO DE PRODUÇÃO: 1950

DURAÇÃO: 113'

IDIOMA ORIGINAL: Inglês

PRODUÇÃO: Stanley Kramer

ARGUMENTO: Edmond Rostand

ROTEIRO: Carl Foreman

FOTOGRAFIA: Frank Planer [p&b]

MONTAGEM: Harry Gerstad

MÚSICA: Dimitri Tiomkin

ELENCO: José Ferrer, Mala Powers, William Prince, Morris Carnovsky, Ralph Clanton, Lloyd Corrigan, Virginia Farmer, Edgar Barrier, Elena Verdugo, Albert Cavens, Arthur Blake, Don Beddoe, Percy Elton, Virginia Christine, Gil Warren, Philip Van Zandt, Eric Sinclair, Richard Avonde, Paul Dubov, John Crawford, Jerry Paris, Robin Hughes, Francis Pierlot

GÊNERO: Drama romântico

SINOPSE: Na França do século 17, Cyrano é um oficial de exército culto, bravo e muito respeitado e querido pelos seus camaradas. Porém, um defeito físico – o seu monumental nariz – lhe parece um obstáculo intransponível para cativar sua bela prima Roxanne, que ele ama secretamente. Quando descobre que Roxanne está interessada em seu colega Christian, um bonitão cabeça-oca, Cyrano – temendo que ela tenha uma decepção – resolve usar a sua verve para ajudar o rapaz a conquistá-la.

COMENTÁRIOS: A narrativa não busca esconder sua origem teatral, apoiando-se fundamentalmente no trabalho de Ferrer (que havia sido premiado interpretando o mesmo papel na Broadway).

AVALIAÇÃO: ***

LES DAMES DU BOIS DE BOULOGNE

As damas do Bois de Boulogne

DIRETOR: Robert Bresson

PAÍS: França

COMPANHIA PRODUTORA: Les Films Raoul Ploquin

ANO DE PRODUÇÃO: 1945

DURAÇÃO: 86'

IDIOMA ORIGINAL: Francês

PRODUÇÃO: Raoul Ploquin

ARGUMENTO: Diderot [Denis Diderot]

ROTEIRO: Robert Bresson (diálogos: Jean Cocteau)

FOTOGRAFIA: Philippe Agostini [p&b]

MONTAGEM: Jean Feyte

MÚSICA: Jean-Jacques Grunenwald

ELENCO: Paul Bernard, Maria Casarès, Elina Labourde-tte, Lucienne Bogaert, Jean Marchat

GÊNERO: Drama passional

SINOPSE: Após um relacionamento de dois anos, Helène, uma sofisticada dama da alta sociedade parisiense, é subitamente abandonada por seu amante, o playboy Jean, que deseja tê-la apenas como amiga. Helène finge aceitar o rompimento com naturalidade, mas, corroída pelo despeito e pela humilhação, resolve se vingar de Jean de uma forma radical, destruindo aquilo que ele considera o seu bem mais precioso: a sua reputação na sociedade. Para isso, ela vai procurar uma velha conterrânea e sua filha Agnès, sabendo que elas estão em sérias dificuldades financeiras. Sem ter a quem recorrer e passando necessidades com sua mãe, Agnès tivera que ir ganhar sua vida dançando em cabarés e se prostituindo com os clientes ricos. Assumindo o papel de protetora das duas mulheres, Helène retira Agnès da vida noturna e leva ela e a mãe para um outro bairro, onde se dispõe a sustentá-las, exigindo que a moça passe a levar uma vida monástica. Toda essa súbita bondade, porém, é apenas um plano de Helène para fazer com que Jean se apaixone por Agnès e, ao contrário do que fizera com ela, se case com a moça, a fim de ser humilhado publicamente pelo passado dela.

COMENTÁRIOS: Uma das obras-primas de Bresson, esta crítica à duvidosa moralidade da alta burguesia tem, como destaque absoluto, a magnífica presença de Maria Casarès.

AVALIAÇÃO: ***

Dinheiro perigoso

DIRETOR: Terry Morse

PAÍS: Estados Unidos

COMPANHIA PRODUTORA: Monogram Pictures Corporation

ANO DE PRODUÇÃO: 1946

DURAÇÃO: 66'

IDIOMA ORIGINAL: Inglês

PRODUÇÃO: James S. Burkett

ARGUMENTO: Earl Derr Biggers

ROTEIRO: Miriam Kissinger

FOTOGRAFIA: William Sickner [p&b]

MONTAGEM: William Austin (supervisão: Richard Currier)

MÚSICA: Edward J. Kay

ELENCO: Sidney Toler, Gloria Warren, Victor Sem Young, Rick Vallin, Joseph Crehan, Willie Best, John Harmon, Bruce Edwards, Dick Elliott, Joe Allen Jr., Amira Moustafa, Tristram Coffin, Alan Douglas, Selmer Jackson, Dudley Dickerson, Rito Punay, Elaine Lange, Emmett Vogan,

Leslie Dennison

GÊNERO: Suspense criminal

SINOPSE: Chan está em um navio, a caminho da Austrália, quando é procurado por um agente secreto do governo americano, que está investigando a lavagem de dinheiro e o contrabando de obras de arte acumulados durante a guerra. Quando o agente é assassinado, Chan assume a investigação, procurando identificar, entre os seus companheiros de viagem, o criminoso responsável pelo golpe.

COMENTÁRIOS: Exemplar da fase decadente da série *Charlie Chan*.

AVALIAÇÃO: ***

DANTE'S PEAK

O INFERNO DE DANTE

DIRETOR: Roger Donaldson

PAÍS: Estados Unidos

COMPANHIA PRODUTORA: Pacific Western

ANO DE PRODUÇÃO: 1997

DURAÇÃO: 108'

IDIOMA ORIGINAL: Inglês

PRODUÇÃO: Gale Anne Hurd, Joseph M. Singer (coprodução: Marliese Schneider)

ARGUMENTO: Leslie Bohem

ROTEIRO: Leslie Bohem

FOTOGRAFIA: Andrzej Bartkowiak [cor]

MONTAGEM: Howard Smith, Conrad Buff, Tina Hirsch

MÚSICA: John Frizzell (tema: James Newton Howard)

ELENCO: Pierce Brosnan, Linda Hamilton, Charles Hallahan, Grant Heslov, Elizabeth Hoffman, Jeremy Foley, Jamie Renée Smith, Arabella Field, Tzi Ma, Brian Reddy, Kirk Trutner, Carol Androsky, Bill Bolender, Lee Garlington, Tim Haldeman, Peter Jason, Christopher Murray, Jeffrey L. Ward, Walker Brandt, Hansford Rowe, Susie Spear, David Lipper, Heather Stephens, R. J. Burns, Tammy L. Smith, Justin Williams, Donna Deshon, Tom Magnuson, Marilyn Leubner, Ed Stone

GÊNERO: Filme catástrofe

SINOPSE: Harry Dalton é um vulcanólogo galã que trabalha para o governo americano. Quando surgem alguns vestígios suspeitos em uma pequena cidade interiorana, Dante's Peak, ele é enviado para examinar o local. Descobrindo outros elementos indicadores de atividade vulcânica, Harry logo propõe à prefeita da cidade, Rachel, que acione um esquema preventivo, avisando a população da possibilidade de perigo. Porém, o relatório de Harry provoca a chegada de seus colegas de trabalho e o seu chefe logo recomenda que não seja dado o alarme (já que o risco de uma erupção é pequeno e o pânico pode causar grandes danos). Mas Harry, traumatizado pela perda de sua noiva (também vulcanóloga e morta numa erupção, há quatro anos) não se conforma e solicita exames mais sofisticados. Enquanto a equipe de vulcanólogos examina a montanha da cidade, Harry vai se envolvendo afetivamente com a prefeita, que é divorciada e tem um casal de filhos.

COMENTÁRIOS: Reciclagem dos velhos disaster-movies dos anos 70, este filme segue o filão telúrico de "Volcano – A fúria" (Mick Jackson, 1997). Com a hábil economia (ou malandragem) do cinema hollywoodiano, o filme promete muitos efeitos especiais, concentrando-os quase totalmente no terço final da narrativa.

AVALIAÇÃO: ***

DARK ALIBI

CHARLIE CHAN EM ALCATRAZ

DIRETOR: Phil Karlson

PAÍS: Estados Unidos

COMPANHIA PRODUTORA: Monogram Pictures Corporation

ANO DE PRODUÇÃO: 1946

DURAÇÃO: 62'

IDIOMA ORIGINAL: Inglês

PRODUÇÃO: James S. Burkett

ARGUMENTO: George Callahan (or: Earl Derr Biggers)

ROTEIRO: George Callahan

FOTOGRAFIA: William Sickner [p&b]

MONTAGEM: Ace Herman (supervisão: Richard Currier)

MÚSICA: Edward J. Kay

ELENCO: Suspense criminal

GÊNERO: Sidney Toler, Mantan Moreland, Ben Carter, Benson Fong, Teala Loring, George Holmes, Joyce Compton, John Eldredge, Russell Hicks, Tim Ryan, Janet Shaw, Edward Earle, Ray Walker, Milton Parsons, Edna Holland, Anthony Warde, George Eldredge, Meyer Grace

SINOPSE: Charlie Chan se dispõe a provar a inocência do pai de uma jovem, que foi condenado à morte por roubo e assassinato e será executado dentro de poucos dias. Porém, apesar de parecer inocente, o homem tem contra si uma prova bastante pesada, já que suas impressões digitais foram encontradas no local do crime.

COMENTÁRIOS: Exemplar padrão da série *Charlie Chan*, com destaque para os esquetes cômicos com Mantan Moreland e Ben Carter.

AVALIAÇÃO: ***

DEAD MEN TELL

Mortos que matam

DIRETOR: Harry Lachman

PAÍS: Estados Unidos

COMPANHIA PRODUTORA: Twentieth Century-Fox

ANO DE PRODUÇÃO: 1941

DURAÇÃO: 61'

IDIOMA ORIGINAL: Inglês

PRODUÇÃO: Walter Morosco, Ralph Dietrich

ARGUMENTO: John Larkin (or: Earl Derr Biggers)

ROTEIRO: John Larkin

FOTOGRAFIA: Charles Clarke [p&b]

MONTAGEM: Harry Reynolds

MÚSICA: Emil Newman

ELENCO: Sidney Toler, Sheila Ryan, Robert Weldon, Sen Yung, Don Douglas, Katharine Aldridge, Paul McGrath, George Reeves, Truman Bradley, Ethel Griffies, Lenita Lane, Milton Parsons

GÊNERO: Comédia dramática de suspense

SINOPSE: Em busca de seu filho nº 2, Charlie Chan penetra em um pequeno navio que está se preparando para partir em uma caça ao tesouro, patrocinada pela descendente de um célebre pirata, da qual farão parte alguns convidados. Porém, depois de encontrar o rapaz – que pretendia acompanhar a expedição como clandestino – Chan terá que lidar com o assassinato da patrocinadora da viagem e com o sumiço de um dos pedaços do mapa do tesouro, que ela havia partido em quatro.

COMENTÁRIOS: Exemplar da fase decadente da série *Charlie Chan*, quando o humor passou a levar vantagem sobre o suspense. Aqui, como costumava acontecer nos episódios dessa fase, toda a trama se passa em um cenário restrito e com um elenco limitado, onde a movimentação ininterrupta tenta remediar a pobreza da produção.

AVALIAÇÃO: ***

DEATH ON THE NILE

MORTE SOBRE O NILO

DIRETOR: John Guillermin

PAÍS: Inglaterra

COMPANHIA PRODUTORA: Mersham Productions

ANO DE PRODUÇÃO: 1978

DURAÇÃO: 140'

IDIOMA ORIGINAL: Inglês

PRODUÇÃO: John Brabourne, Richard Goodwin

ARGUMENTO: Agatha Christie

ROTEIRO: Anthony Shaffer

FOTOGRAFIA: Jack Cardiff [cor]

MONTAGEM: Malcolm Cooke

MÚSICA: Nino Rota

ELENCO: Peter Ustinov, Jane Birkin, Lois Chiles, Bette Davis, Mia Farrow, Jon Finch, Olivia Hussey, George Kennedy, Angela Lansbury, Simon MacCorkindale, David Niven, Maggie Smith, Jack Warden, Harry Andrews, I. S. Johar, Sam Wanamaker

GÊNERO: Drama de suspense

SINOPSE: Após perder seu noivo Simon para sua prima Linnet – bem mais rica e bonita do que ela – Jacqueline de Bellefort passa a perseguir os dois, que embarcam para sua viagem de lua de mel. O casal vai para o Egito e participa de uma excursão de barco pelo rio Nilo, juntamente com outros turistas europeus. Um deles é o famoso detetive particular Hercule Poirot, que acompanha o drama passional e teme um desfecho trágico. Em meio à viagem, Jacqueline perde o controle e atira em Simon. Enquanto os dois recebem seus respectivos tratamentos, Linnet é assassinada em sua cabine, com um tiro na cabeça. Como Simon estava ferido e Jacqueline tinha um álibi – já que havia ficado sob a vigilância de uma enfermeira – o caso é um total mistério, que só Hercule Poirot poderá resolver. Com a ajuda do coronel Race, agente secreto britânico, Poirot investiga o caso enquanto o navio termina sua viagem, descobrindo que vários passageiros tinham motivos para eliminar Linnet, uma mulher que gostava de se meter em confusões.

COMENTÁRIOS: Com locações no Egito, esta superprodução baseada no romance homônimo de Agatha Christie tem como grande destaque o elenco, repleto de veteranos astros do cinema internacional. Ustinov voltaria a interpretar Poirot em outros filmes, compondo o personagem com uma verve bastante aceitável.

AVALIAÇÃO: ***

Morte sobre o Nilo

DIRETOR: Andy Wilson

PAÍS: Inglaterra

COMPANHIA PRODUTORA: LWT – London Weekend Television / A & E Television Networks / Agatha Christie Ltd. / Granada

ANO DE PRODUÇÃO: 2004

DURAÇÃO: 98'

IDIOMA ORIGINAL: Inglês

PRODUÇÃO: Margaret Mitchell

ARGUMENTO: Agatha Christie

ROTEIRO: Kevin Elyot

FOTOGRAFIA: Martin Fuhrer [cor]

MONTAGEM: John Mayes

MÚSICA: Christopher Gunning

ELENCO: David Suchet, James Fox, Judy Parfitt, Alastair Mackenzie, Emma Malin, JJ Feild, Barbara Flynn, Steve Pemberton, Daniel Lapaine, Daisy Donovan, Emily Blunt, Zoe Telford, David Soul, Frances De La Tour, George Yiasoumi, Elodie Kendall, Félicité du Jeu

GÊNERO: Drama de suspense

SINOPSE: Hercule Poirot está de férias e embarca numa viagem pelo rio Nilo, na companhia de um complicado grupo de turistas ingleses. Em meio à viagem, uma rica herdeira é assassinada e a principal suspeita – uma amiga de quem ela havia roubado o noivo, agora seu marido – tem um álibi inquestionável (já que havia, poucos momentos antes, dado um tiro no noivo traidor). Porém, dois outros crimes – os assassinatos da camareira da morta e de uma velha escritora – conduzirão Poirot à solução do mistério.

COMENTÁRIOS: Telefilme da série "Agatha Christie's Poirot", baseado no romance homônimo. Produção de alto nível, que pode ser comparada, sem grandes problemas, com a versão cinematográfica realizada em 1978 (com Peter Ustinov). O maior problema é a repetição bastante literal da trama, que perde grande parte do interesse para quem já assistiu ao outro filme ou leu o romance. De resto, um espetáculo eficiente, valorizado por um bom elenco e pelo carisma de Suchet (sem dúvida, o melhor intérprete de Poirot).

AVALIAÇÃO: ***

O FUNDO DO MAR

DIRETOR: Peter Yates

PAÍS: Estados Unidos

COMPANHIA PRODUTORA: The Casablanca Filmworks

ANO DE PRODUÇÃO: 1977

DURAÇÃO: 123'

IDIOMA ORIGINAL: Inglês

PRODUÇÃO: Peter Guber

ARGUMENTO: Peter Benchley

ROTEIRO: Peter Benchley, Tracy Keenan Wynn

FOTOGRAFIA: Christopher Challis [cor]

MONTAGEM: David Berlatsky (supervisão: Robert L. Wolfe)

MÚSICA: John Barry

ELENCO: Robert Shaw, Jacqueline Bisset, Nick Nolte, Louis Gossett, Eli Wallach, Robert Tessier, Earl Maynard, Bob Minor, Lee McClain, Dick Anthony Williams, Teddy Tucker

GÊNERO: Aventura de caça ao tesouro

SINOPSE: David e Gail são um casal de namorados norte-
americanos em férias no Caribe, que se divertem buscando
tesouros em navios naufragados. Durante um mergulho, eles
encontram um estranho frasco de vidro e um velho meda-
lhão, sem saberem que estavam explorando o navio Goliath,
afundado durante a segunda guerra. Para avaliar seus acha-
dos, o casal resolve visitar Romer Treece, o maior especialista em tesouros submarinos da região. Romer se interessa
pelo frasco e o esconde, despachando seus visitantes. Logo
depois, David e Gail são sequestrados pelos capangas do misterioso Cloche, que deseja o frasco e ordena que eles sumam
da ilha. Furioso ao perceber que foi roubado, David vai procurar Romer, que esclarece o mistério: durante a guerra, o
Goliath afundara com um carregamento de 80 mil ampolas
de morfina (forma medicamentosa do ópio). O carregamento era dado como destruído, mas a descoberta dos turistas acendera o interesse de Cloche, um grande traficante.
Romer leva David para um mergulho e eles encontram mais
ampolas, além de peças aparentemente bem mais antigas.
Treece está disposto a explodir o navio, mas logo muda de
ideia quando descobre que – no mesmo ponto, sob o navio
moderno – há um galeão espanhol afundado (que pode conter um fabuloso tesouro).

COMENTÁRIOS: Mais uma aventura submarina escrita
pelo autor de *Tubarão*, que tenta aqui satanizar também as
moreias. Apesar de uma certa monotonia e da história cheia

de clichês, o filme marcou época pelo tema musical, pelas imagens submarinas e pela camiseta molhada de Jacqueline Bisset (em cenas bastante ousadas para este gênero de filme). Rodado no Caribe.

AVALIAÇÃO: ***

Enjaulados

DIRETOR: Andy Anderson

PAÍS: Estados Unidos

COMPANHIA PRODUTORA: Andersonfilm

ANO DE PRODUÇÃO: 1998

DURAÇÃO: 86'/108'

ANO DE PRODUÇÃO: 108'

IDIOMA ORIGINAL: Inglês

PRODUÇÃO: Kirksten C. Irick, Robert J. Castaldo (coprodução: J. R. Roberts)

ARGUMENTO: Andy Anderson

ROTEIRO: Andy Anderson

FOTOGRAFIA: Gary L. Watson [cor]

MONTAGEM: Robert J. Castaldo

MÚSICA: Johnny Reno

ELENCO: John S. Davies, Marsha Dietlein, Susana Gibb, Meason Wiley, Rebecca Sanabria, Brandy Little, Jonathan Brent, Kirk Kelly-Kahn, Gail Cronauer, Forrest Denbow, Lee Ritchey, Carolyn Wickwire, Steve Fromholz, Rene Moreno, Jodi Leigh, Charles Rees Davies, Stacy DeForest, Nick Kaba, Karen Stone, Kimberlyn Crowe, Bart Weiss, Allan Saxe, John Painter, Jay Crismon Vecchio, Jane Willingham, Liz Mikel, Kurt Kleinmann, Alexander Lyle III, Gray Palmer, Robert J. Castaldo, Kirksten C. Irick, Lou Michaels, Daniel DeLoach, Mark Mahlo, John Jon Perez, Doug Bruce, Cynthia Dorn, Daniel Alcorn, Janice Lynn Burns, Mark Burns, Joel DeLong, Reese Farmer, Richard Herrera, Bettye Hicks, Don Hicks, Nelda Hoover, Connie O'Brien, Harold Pace, Ginger Payne, Lou Rita Riesen, Howard Stone, Kara Sutherlin, Steve Waller

GÊNERO: Drama satírico

SINOPSE: Atravessando sérios problemas psicológicos, William aceita trabalhar como professor substituto em um colégio secundário, mas logo descobre que a moda do politicamente correto e a ameaça dos advogados de luxo transformaram os estudantes em monstros intocáveis, que não têm o mais remoto respeito pelos seus mestres. Percebendo que alguns de seus alunos são inteligentes e capazes, apesar de preguiçosos e vulgares, ele resolve sequestrá-los para ministrar algumas aulas particulares, levando-os para uma floresta remota e treinando-os como animais de circo.

COMENTÁRIOS: Apesar de seu gosto duvidoso, esta sátira ao sistema educacional norte-americano tem alguns pontos interessantes, especialmente para quem é professor. O título "Learning curve" se refere a uma versão consideravelmente ampliada, produzida em 2002.

AVALIAÇÃO: ***

DIABOLICAMENTE TUA

(Cf. Diaboliquement vôtre)

DIABOLIQUEMENT VÔTRE / DIABOLICAMENTE TUA / MIT TEUFLISCHEN GRÜSSEN

DIABOLICAMENTE TUA

DIRETOR: Julien Duvivier

PAÍS: França / Itália / Alemanha

COMPANHIA PRODUTORA: Lira Films / Copernic / Comacico / S.N.C. / Igor Film / Eichberg Film

ANO DE PRODUÇÃO: 1967

DURAÇÃO: 93'

IDIOMA ORIGINAL: Francês

PRODUÇÃO: Raymond Danon

ARGUMENTO: Louis C. Thomas

ROTEIRO: Roland Girard, Jean Bolvary, Julien Duvivier

FOTOGRAFIA: Henri Decae [cor]

MONTAGEM: Paul Cayatte

MÚSICA: François de Roubaix

ELENCO: Alain Delon, Senta Berger, Peter Mosbacher, Claude Piéplu, Albert Augier, Renate Birgo, Georges Montant, Sergio Fantoni

GÊNERO: Drama de suspense

SINOPSE: Ao despertar em um quarto de hospital, após passar várias semanas em coma devido a um acidente de automóvel, Georges Campo fica surpreso ao constatar que perdeu a memória, não se lembrando de sua esposa Christine, que vêm levá-lo para casa. Em sua mansão isolada, Georges fica sendo tratado por Frederic, seu médico particular, e pelo criado chinês Kiem, que tentam fazê-lo lembrar-se de seu passado. Segundo Christine e Frederic, Georges era um riquíssimo empresário em Hong Kong, tendo voltado para a França a fim de isolar-se com a esposa. Porém, o rapaz não consegue livrar-se de uma sensação de estranhamento, sendo atormentado por sonhos nos quais se vê lutando contra árabes desconhecidos. Ele tenta adaptar-se à vida com Christine, mas logo começa a pensar que está sendo enganado, embora não tenha nenhuma ideia do que está ocorrendo. Ao descobrir um cadáver enterrado no quintal, Georges fica perplexo e decide esclarecer o mistério.

COMENTÁRIOS: Interessante suspense que é o último longa do veterano Duvivier. Apesar de seus muitos absurdos (como a caracterização de um ator europeu como o empregado chinês), a trama não deixa de ser atraente, valendo-se de um bom clima de mistério, do carisma de Delon e da beleza sedutora de Senta Berger.

AVALIAÇÃO: ***

LES DIABOLIQUES

AS DIABÓLICAS

DIRETOR: H. G. Clouzot [Henri-Georges Clouzot]

PAÍS: França

COMPANHIA PRODUTORA: Filmsonor / Vera Films

ANO DE PRODUÇÃO: 1954

DURAÇÃO: 114'

IDIOMA ORIGINAL: Francês

PRODUÇÃO: H. G. Clouzot [Henri-Georges Clouzot]

ARGUMENTO: Boileau, Narcejac

ROTEIRO: H. G. Clouzot [Henri-Georges Clouzot], Jérôme Geronimi (colaboração: René Masson, Frédéric Grendel)

FOTOGRAFIA: Armand Thirard [p&b]

MONTAGEM: Madeleine Gug

MÚSICA: Georges Van Parys

ELENCO: Simone Signoret, Vera Clouzot, Paul Meurisse, Charles Vanel, Jean Brochard, Thérèse Dorny, Michel Serrault, Georges Chamarat, Robert Dalban, Camille Guerini, Jacques Hilling, Jean Lefebvre, Aminda Montserrat, Jean Temerson, Jacques Varennes, Georges Poujouly, Yves-Marie Maurin, Noël Roquevert, Pierre Larquey

GÊNERO: Drama de suspense

SINOPSE: Michel Delassalle é o inescrupuloso e cruel diretor de um internato para meninos que pertence à Cristina, sua esposa venezuelana. Aproveitando-se da fragilidade da mulher – que, além de muito religiosa, sofre de uma moléstia cardíaca – Michel comete toda espécie de abusos, mantendo inclusive um caso amoroso público com uma das professoras, Nicole. Esta, cansada de sofrer nas mãos do amante, convence Cristina a participar de um plano para assassiná-lo. Aproveitando um feriado, as duas mulheres viajam juntas e Cristina liga para o marido, comunicando que irá deixá-lo. Preocupado, já que a fortuna do casal pertence toda à mulher, Michel viaja para encontrá-la e acaba sendo narcotizado e afogado por Nicole. As duas levam seu corpo de volta para o colégio e o atiram numa piscina abandonada. Porém, quando Cristina manda limpar a piscina, fica perplexa ao descobrir que o corpo do marido desapareceu. Coisas misteriosas começam a ocorrer, fazendo com que ela fique cada vez mais abalada e doente. Desesperada, ela acaba contratando os serviços de um policial aposentado, que se propõe a investigar o caso.

COMENTÁRIOS: Um dos grandes clássicos do cinema policial francês e uma das obras-primas de Clouzot.

AVALIAÇÃO: ***

DIAMONDS ARE FOREVER

007 – OS DIAMANTES SÃO ETERNOS

DIRETOR: Guy Hamilton

PAÍS: Inglaterra

COMPANHIA PRODUTORA: Eon Productions / Danjaq

ANO DE PRODUÇÃO: 1971

DURAÇÃO: 119'

IDIOMA ORIGINAL: Inglês

PRODUÇÃO: Harry Saltzman, Albert R. Broccoli

ARGUMENTO: Ian Fleming

ROTEIRO: Richard Maibaum, Tom Mankiewicz

FOTOGRAFIA: Ted Moore [cor]

MONTAGEM: Bert Bates, John W. Holmes

MÚSICA: John Barry

ELENCO: Sean Connery, Jill St. John, Charles Gray, Lana Wood, Jimmy Dean, Bruce Cabot, Lois Maxwell, Joseph Furst, Putter Smith, Laurence Naismith, Sid Haig, Norman Burton, Bruce Glover, Marc Lawrence, David Bauer, Desmond Llewelyn, Bernard Lee, Leonard Barr, Margaret Lacey, Joe Robinson, David De Keyser

GÊNERO: Ação e aventura

SINOPSE: Está havendo um crescente contrabando de diamantes da África do Sul e, como as pedras não chegam ao mercado, o governo britânico desconfia que existe uma manobra para controlar os preços das gemas. O agente 007 é encarregado de descobrir o que está havendo, assumindo a identidade de um experiente contrabandista de joias e partindo para Amsterdam. James Bond encontra a bela Tiffany Case, agente dos contrabandistas, que lhe entrega uma fortuna em diamantes, que serão levados para os Estados Unidos. Bond realiza a missão, mas é capturado por seu arquiinimigo Blofeld, que chefia a coleta dos diamantes. Blofeld assumiu o lugar do excêntrico magnata Willard Whyte e está usando os laboratórios dele para construir uma poderosa arma laser, alimentada pela força de milhares de diamantes.

COMENTÁRIOS: Sétima aventura do agente secreto James Bond, novamente interpretado por Sean Connery (após o fracasso de George Lazenby, no filme anterior). Foi a última participação de Connery na série, substituído por Roger Moore (Connery voltaria a interpretar Bond em "Never say, never again", de 1982, mas fora da série regular). Buscando acompanhar as mudanças no gosto do público, o filme investe mais na violência e na sensualidade (com Jill St. John como a *bond girl* mais ativa, até então). Trata-se de uma trama interessante e movimentada, numa boa despedida para Sean Connery. Locações nos Estados Unidos, Alemanha, Holanda e França.

AVALIAÇÃO: ***

LES DISPARUS DE ST. AGIL

O MISTÉRIO DO COLÉGIO

DIRETOR: Christian-Jaque

PAÍS: França

COMPANHIA PRODUTORA: Dimeco

ANO DE PRODUÇÃO: 1938

DURAÇÃO: 94'

IDIOMA ORIGINAL: Francês

ARGUMENTO: Pierre Véry

ROTEIRO: J. H. Blanchon

FOTOGRAFIA: Marcel Lucien [p&b]

MONTAGEM: W. Barache [William Barache]

MÚSICA: H. Verdun [Henri Verdun]

ELENCO: Erich von Stroheim, Michel Simon, Armand Bernard, Aimé Clariond, Serge Grave, Marcel Mouloudji, Jean Claudio, Jean Buquet, Robert Rollys, Félix Claude, Claude Roy, R. Génin [René Génin], J. Derives [Jacques Derives], M. Rebe [Martial Rebe], P. Labry [Pierre Labry], Malbert [Albert Malbert], R. Le Vigan [Robert Le Vigan]

GÊNERO: Suspense e fantasia

SINOPSE: O colégio de Saint-Agil, um tradicional internato só para meninos, entra em polvorosa com o misterioso desaparecimento do aluno Sorge, que integrava – junto com seus colegas Baume e Macroy – uma fraternidade secreta. Porém, como Sorge manifestara o desejo de fugir para a América, o caso é logo esquecido. Mas o desaparecimento de Macroy vem complicar a situação, levando Baume a ficar muito assustado. Ele suspeita do misterioso professor Walter, um alemão de modos estranhos, e passa a se esconder. Mas o colégio é, logo depois, abalado pela morte do velho professor de desenho Lemel, desafeto de Walter. Baume descobre que foi um assassinato, mas guarda segredo, confiando apenas em Walter – já que estava com ele na hora do crime.

COMENTÁRIOS: Exercício de mistério que, segundo sua própria intenção, busca capturar o clima de aventura dos jovens colegiais de antanho. De fato, trata-se de um filme extremamente simpático, com a presença de personalidades notáveis como Stroheim e Michel Simon. Sem mergulhar muito fundo no suspense, o filme consegue cativar o espectador pelo seu clima.

AVALIAÇÃO: ***

DOCKS OF NEW ORLEANS

O RÁDIO DA MORTE

DIRETOR: Derwin Abrahams

PAÍS: Estados Unidos

COMPANHIA PRODUTORA: Monogram Pictures Corporation

ANO DE PRODUÇÃO: 1948

DURAÇÃO: 65'

IDIOMA ORIGINAL: Inglês

PRODUÇÃO: James S. Burkett

ARGUMENTO: W. Scott Darling (or: Earl Derr Biggers)

ROTEIRO: W. Scott Darling

FOTOGRAFIA: William Sickner [p&b]

MONTAGEM: Ace Herman (supervisão: Otho Lovering)

MÚSICA: Edward J. Kay

ELENCO: Roland Winters, Virginia Dale, Mantan Moreland, John Gallaudet, Victor Sen Young, Carol Forman, Douglas Fowley, Harry Hayden, Howard Negley, Stanley Andrews, Emmett Vogan, Boyd Irwin, Rory Mallinson, George J. Lewis

GÊNERO: Suspense criminal

SINOPSE: O detetive Charlie Chan é procurado pelo proprietário de uma indústria química, que diz estar sendo perseguido e ameaçado. Chan aceita o caso e marca um encontro com seu cliente para a manhã seguinte, no escritório da empresa. Porém, ao chegar ao local, Chan encontra o homem morto. Ao descobrir que ele foi assassinado por um gás venenoso fabricado pela sua própria empresa, que estava escondido em uma válvula de rádio, Chan resolve investigar e se defronta com diversos suspeitos: o inventor da fórmula do gás, que afirma ter sido ludibriado pelo morto, os outros sócios da indústria química, que ficarão com a parte do falecido, e um grupo de espiões internacionais.

COMENTÁRIOS: Um dos últimos exemplares da série *Charlie Chan*, atingindo a sua decadência máxima. Nesta fase, os filmes de Chan reciclavam os roteiros da extinta série *Mr. Wong* (neste caso, trata-se de "Mr. Wong detective", de 1938), embora os créditos apontem o roteiro como "original".

AVALIAÇÃO: ***

DR. NO

O SATÂNICO DR. NO

DIRETOR: Terence Young

PAÍS: Inglaterra

COMPANHIA PRODUTORA: Eon Productions

ANO DE PRODUÇÃO: 1962

DURAÇÃO: 110'

IDIOMA ORIGINAL: Inglês

PRODUÇÃO: Harry Saltzman, Albert R. Broccoli

ARGUMENTO: Ian Fleming

ROTEIRO: Richard Maibaum, Johanna Harwood, Berkely Mather

FOTOGRAFIA: Ted Moore [cor]

MONTAGEM: Peter Hunt

MÚSICA: Monty Norman

ELENCO: Sean Connery, Ursula Andress, Joseph Wiseman, Jack Lord, Bernard Lee, Anthony Dawson, John Kitzmuller, Zena Marshall, Eunice Gayson, Michel Mok, Lois Maxwell, Peter Burton, Yvonne Shima, Louis Blaazer, Reginald Carter, William Foster-Davis, Margaret Le Wars, Dolores Keator, Colonel Burton

GÊNERO: Ação e aventura

SINOPSE: Para solucionar o misterioso desaparecimento de um colega, que investigava uma sabotagem no programa espacial norte-americano, o agente secreto britânico James Bond vai para a Jamaica, onde descobre a existência de uma poderosa organização de criminosos. Para obter provas, ele invade uma ilha particular, pertencente ao excêntrico dr. No. Capturado, Bond descobre que a ilha é utilizada como centro de operações da organização, através da qual No – um china safado que adora usar maquiagem – pretende controlar o mundo.

COMENTÁRIOS: Primeira aventura do charmoso agente 007, protagonista de uma das mais longas séries da história do cinema. Neste filme, que reformulou todo o conceito da espionagem no cinema, são lançados alguns dos clichês que fariam de Bond o mais famoso – e imitado – agente secreto do mundo. Não se deixando levar pela pesada Guerra Fria que dominava o gênero no cinema americano, Bond é um personagem *bon vivant*, que se divide entre a defesa do mundo livre e o ataque a todas as beldades que atravessam seu caminho (na estreia, a principal delas é a robusta Ursula Andress). Graças à mistura de violência e bom humor, o filme resistiu ao tempo, sendo ainda um dos melhores da série.

AVALIAÇÃO: ***

DOGVILLE

DIRETOR: Lars von Trier

PAÍS: Dinamarca / Suécia / Inglaterra / França / Alemanha / Holanda

COMPANHIA PRODUTORA: Zentropa Entertainments8 APS / Isabella Films International / Something Else / Memfis Film International / Trollhättan Film / Pain Unlimited / Sigma Films / Zoma / Slot Machine / Liberator2

ANO DE PRODUÇÃO: 2003

DURAÇÃO: 177'

IDIOMA ORIGINAL: Inglês

PRODUÇÃO: Vibeke Windelov (coprodução: Gillian Berrie, Bettina Brokemper, Anja Grafers, Els Vandevorst)

ARGUMENTO: Lars von Trier

ROTEIRO: Lars von Trier

FOTOGRAFIA: Anthony Dod Mantle [cor]

MONTAGEM: Molly Malene Stensgaard

MÚSICA: Anders Valbro

ELENCO: Nicole Kidman, Harriet Andersson, Lauren Bacall, Jean-Marc Barr, Paul Bettany, Blair Brown, James

Caan, Patricia Clarkson, Jeremy Davies, Ben Gazzara, Philip Baker Hall, Thom Hoffman, Siobhan Fallon Hogan, John Hurt, Zeljko Ivanek, John Randolph Jones, Udo Kier, Cleo King, Miles Purinton, Bill Raymond, Chloë Sevigny, Shauna Shim, Stellan Skarsgard, Evelina Brinkemo, Anna Brobeck, Tilde Lindgren, Evelina Lundqvist, Helga Olofsson

GÊNERO: Drama moral

SINOPSE: Grace, uma jovem fugitiva, vai parar na decadente cidadezinha de Dogville, perdida nos cafundós do Colorado. Lá, ela é acolhida por Tom Edison, rapaz que tenta fazer de tudo para reanimar a comunidade onde vive. Já que Grace parece estar sendo perseguida pela polícia e por gângsteres, Tom resolve convencer os cidadãos a aceitá-la em Dogville. Para agradá-los, ele pede a Grace que lhes ofereça ajuda em pequenos trabalhos. Porém, logo Grace passa de visitante a ajudante imprescindível e quase escrava do povo de Dogville. Aos poucos, com o fim das barreiras morais, ela passa a sofrer abusos sexuais e a ser desprezada por todos. Quando ela tenta fugir, acaba acorrentada e transformada na prostituta oficial da cidade.

COMENTÁRIOS: Atingindo o extremo do despojamento (quase todos os cenários não passam de marcas de giz pintadas no chão), von Trier realiza um brilhante estudo psicológico sobre as profundezas tenebrosas da alma humana e sobre a capacidade – que todos nós possuímos – de revelar o que há de pior nos nossos semelhantes.

AVALIAÇÃO: *****

DOMICILE CONJUGAL

DOMICÍLIO CONJUGAL

DIRETOR: François Truffaut

PAÍS: França / Itália

COMPANHIA PRODUTORA: Les Films du Carrosse / Valoria Films / Fida Cinematografica

ANO DE PRODUÇÃO: 1970

DURAÇÃO: 98'

IDIOMA ORIGINAL: Francês

ROTEIRO: François Truffaut, Claude de Givray, Bernard Revon

FOTOGRAFIA: Nestor Almendros [cor]

MONTAGEM: Agnes Guillemot

MÚSICA: Antoine Duhamel

ELENCO: Jean-Pierre Léaud, Claude Jade, mademoiselle

Hiroko [Hiroko Berghauer], Barbara Laage, Daniele Girard, Daniel Ceccaldi, Claire Duhamel, Daniel Boulanger, Silvana Blasi, Pierre Maguelon, Jacques Jouanneau, Claude Vega, Jacques Rispal, Jacques Robiolles, Pierre Fabre, Christian de Tilière, Bill Kearns, Annick Asty, Marianne Piketti, Guy Pierault, Marie Dedieu, Marie Irakane, Yvon Lec, Menzer, Christophe

GÊNERO: Drama conjugal

SINOPSE: Antoine Doinel se casou com sua amada Christine e agora tem um filho e um bom emprego. Porém, todas essas belas coisas que encantam a burguesia trazem para Antoine um tédio irremediável. Esta situação acabará por levar nosso herói para o tatame de uma bela (e chatíssima) japonesa.

COMENTÁRIOS: Penúltimo dos seis filmes protagonizados por Doinel, o alter ego de Truffaut (sempre interpretado, durante 20 anos, por Jean-Pierre Léaud).

AVALIAÇÃO: ***

DON JUAN ou SI DON JUAN ÉTAIT UNE FEMME...

SE DON JUAN FOSSE MULHER

DIRETOR: Vadim [Roger Vadim]

PAÍS: França / Itália

COMPANHIA PRODUTORA: Filmsonor-Marceau / Paradox Production / Filmes

ANO DE PRODUÇÃO: 1973

DURAÇÃO: 94'

IDIOMA ORIGINAL: Francês

ROTEIRO: Jean Cau, Roger Vadim (colaboração: Jean-Pierre Petrolacci) (diálogos: Jean Cau)

FOTOGRAFIA: Henri Decae, Andreas Winding [cor]

MONTAGEM: Victoria Mercanton

MÚSICA: Michel Magne

ELENCO: Brigitte Bardot, Robert Hossein, Mathieu Carrière, Michele Sand, Robert Walker Jr., Jane Birkin, Maurice Ronet, Juan Alvarez, Lena Grinda, Silvie Reichenbach, Laurent Vergez, Robert Favart, Aldo Bastoni, Paul Bisciglia, Colette Mareuil, Robert Benoit, Samson Fainsilber, Antoine Fontaine, Toni Arasse, Paul Cambo, Edith Perret Devaux, Jean Rupert, Georges Lewis, Dominique Zardi, Henri Attal, Denise Rolland, James Campbel Badiane

GÊNERO: Drama erótico de misoginia

SINOPSE: Jeanne é uma jovem bela e rica, que gasta seu tempo divertindo-se e zombando dos homens que seduz. Com remorso por sentir-se culpada pela morte de seu último amante – um músico que se suicidou por sua causa – ela convida seu primo, o padre Paul, para ouvir sua confissão. Ela lhe conta como destruiu a vida de homens como Pierre – um juiz casado que apaixonou-se por ela e foi vítima de um escândalo, perdendo tudo e caindo no alcoolismo – e Louis, um milionário machista que se interessou por ela e foi feito de bobo, quando Jeanne não se entregou a ele e ainda seduziu sua esposa. Por fim, após a confissão, e para não desmentir sua fama, Jeanne acaba seduzindo Paul, que não resiste e se entrega às fraquezas da carne. Cansada de humilhar e abusar dos homens, Jeanne aceita um convite para encontrar-se com Pierre, mesmo sabendo que ele agora lhe dedica um ódio mortal.

COMENTÁRIOS: Mais um filme com a assinatura de Roger Vadim: belas mulheres, muita pretensão e pouquíssimo conteúdo. Querendo ser fiel ao espírito do personagem Don Juan, um conquistador que seduzia as mulheres pelo simples prazer de levá-las à perdição, Vadim realiza uma mistura de erotismo de perfumaria, moralismo e misoginia que se torna amarga demais para qualquer paladar. No reencontro com sua musa maior – Bardot – com quem realizou seus maiores sucessos, Vadim naufraga de uma maneira inapelável (o que pode ser atestado pelo fato de este ser um dos últimos trabalhos dele e de Bardot).

AVALIAÇÃO: **

GERAÇÃO MALDITA

DIRETOR: Gregg Araki

PAÍS: França / Estados Unidos

COMPANHIA PRODUTORA: UGC / The Teen Angst Movie Company / Why Not Productions

ANO DE PRODUÇÃO: 1995

DURAÇÃO: 83'

IDIOMA ORIGINAL: Inglês

PRODUÇÃO: Andrea Sperling, Gregg Araki

ARGUMENTO: Gregg Araki

ROTEIRO: Gregg Araki

FOTOGRAFIA: Jim Fealy [cor]

MONTAGEM: Gregg Araki, Kate McGowan

MÚSICA: Peter M. Coquillard (supervisão)

ELENCO: James Duval, Rose McGowan, Johnathon Schaech, Cress Williams, Skinny Puppy, Dustin Nguyen, Margaret Cho, Lauren Tewes, Christopher Knight, Nicky Katt, Johanna Went, Perry Farrell, Amanda Bearse, Parker Posey, Salvator Xuereb, Heidi Fleiss, Don Galloway, cão Bullet, Dewey Weber, Khristofor Rosslanov, Paul Fow

GÊNERO: Drama com elementos de crítica social

SINOPSE: Jordan e Amy são um casal de namorados adolescentes que curtem o submundo dos punks e doidões. Ao presenciarem uma briga, os dois acabam dando fuga ao excêntrico Xavier, perseguido por uma gangue. Após deixarem Xavier, os dois vão para uma loja de conveniência e, na saída, descobrem que não têm dinheiro para pagar o que consumiram. Ameaçados com uma arma pelo dono da loja, eles são salvos por Xavier, que acaba matando o homem. Em desespero, o trio inicia uma fuga, já que Jordan e Amy temem ser acusados de cumplicidade no crime. Ao longo da viagem, Xavier acaba matando outras pessoas e transando com Amy, ao mesmo tempo em que seduz Jordan com seu jeito ousado e libertário.

COMENTÁRIOS: Um retrato da "juventude transviada" versão anos 90. Simpatizando claramente com seus personagens, o filme mostra um trio de jovens que começam por ser vítimas de sua criação e terminam perseguidos pelas forças reacionárias da sociedade (terminando com um ataque de *skinheads*, apresentados como seu oposto). Misturando erotismo, escatologia e violência, o filme é bem o retrato de seus personagens, indo do nada para lugar nenhum. Trata-se da segunda parte da trilogia *Teenage apocalypse*.

AVALIAÇÃO: ***

Pacto de sangue

DIRETOR: Billy Wilder

PAÍS: Estados Unidos

COMPANHIA PRODUTORA: Paramount Pictures

ANO DE PRODUÇÃO: 1944

DURAÇÃO: 107'

IDIOMA ORIGINAL: Inglês

ARGUMENTO: James M. Cain

ROTEIRO: Billy Wilder, Raymond Chandler

FOTOGRAFIA: John Seitz [p&b]

MONTAGEM: Doane Harrison

MÚSICA: Miklos Rozsa

ELENCO: Fred MacMurray, Barbara Stanwyck, Edward G. Robinson, Porter Hall, Jean Heather, Tom Powers, Byron Barr, Richard Gaines, Fortunio Bonanova, John Philliber

GÊNERO: Drama criminal

SINOPSE: Walter Neff é um experiente vendedor de seguros que se deixa cativar pela voluptuosa Phyllis Dietrichson, esposa de um de seus clientes. Casada com um homem bem mais velho e avarento, a ambiciosa Phyllis sugere a Walter que eles apliquem um golpe, fazendo secretamente um seguro milionário para Dietrichson e assassinando-o depois. Walter hesita, mas seu desejo por Phyllis fala mais alto que a moralidade e ele resolve aceitar o plano, elaborando o assassinato para ocorrer em um trem em movimento (o que daria um álibi para Phyllis e ainda dobraria a indenização do seguro). O crime é executado conforme o planejado e Walter afasta-se de Phyllis até que tudo esteja resolvido, sabendo que seu chefe é uma raposa velha e que investigará o caso até as suas últimas consequências.

COMENTÁRIOS: Clássico absoluto do cinema noir, fundamentado na ideia misógina de que as mulheres são as grandes culpadas pelas maiores desgraças na vida de um homem. Aqui, a pequenina Barbara Stanwyck, que nunca foi propriamente uma deusa da beleza, consegue a proeza de acabar com dois homens adultos com a facilidade de quem rouba dinheiro público no Brasil.

AVALIAÇÃO: ****

A DOUBLE LIFE

FATALIDADE

DIRETOR: George Cukor

PAÍS: Estados Unidos

COMPANHIA PRODUTORA: Kanin Productions

ANO DE PRODUÇÃO: 1947

DURAÇÃO: 104'

IDIOMA ORIGINAL: Inglês

PRODUÇÃO: Michael Kanin

ARGUMENTO: Ruth Gordon, Garson Kanin

ROTEIRO: Ruth Gordon, Garson Kanin

FOTOGRAFIA: Milton Krasner [p&b]

MONTAGEM: Robert Parrish

MÚSICA: Miklos Rozsa

ELENCO: Ronald Colman, Signe Hasso, Edmond O'Brien, Shelley Winters, Ray Collins, Philip Loeb, Millard Mitchell, Joe Sawyer, Charles La Torre, Whit Bissell, John Drew Colt, Peter Thompson, Elizabeth Dunne, Alan Edmiston, Art Smith, Sid Tomack, Wilton Graff, Harlan Briggs, Claire Carleton, Betsy Blair, Janet Warren, Marjory Woodworth, Guy Bates Post, Fay Kanin, David Bond, Arthur Gould-Porter, Leslie Denison, Frederic Worlock, Virginia Patton, Boyd Irwin, Thayer Roberts, Percival Vivian, Elliott Reid, Mary Young, Georgia Caine

GÊNERO: Drama de suspense

SINOPSE: Célebre e veterano ator teatral sofre de um pequeno problema – que, na verdade, é o segredo do seu sucesso. É que ele mergulha tão fundo em seus papéis que adquire as características psicológicas de seus personagens. Quando vai interpretar Otelo, numa longa temporada, ele começa a alimentar ciúmes doentios de sua ex-esposa, o que o fará lentamente perder a razão e se transformar em um criminoso.

COMENTÁRIOS: A ideia de levar às suas últimas consequências o processo da vivência teatral até que é inteligente, mas o roteiro não é muito inspirado e a realização deixa muito a desejar.

AVALIAÇÃO: ***

DOUCE

Dulce, paixão de uma noite

DIRETOR: Claude Autant-Lara

PAÍS: França

COMPANHIA PRODUTORA: Industrie Cinématographique

ANO DE PRODUÇÃO: 1943

DURAÇÃO: 104'

IDIOMA ORIGINAL: Francês

PRODUÇÃO: Pierre Guerlais

ARGUMENTO: Michel Davet

ROTEIRO: Jean Aurenche, Pierre Bost

FOTOGRAFIA: Philippe Agostini [p&b]

MONTAGEM: Madeleine Gug

MÚSICA: René Cloerec

ELENCO: Odette Joyeux, Madeleine Robinson, Marguerite Moreno, Jean Debucourt, Roger Pigaut, Gabrielle Fontan, Francoeur [Richard Francoeur], Oettly [Paul Oettly], Bever [Georges Bever], Florencie [Louis Florencie], Fernand Blot, Marie-José, Lycette Darsonval

GÊNERO: Melodrama romântico

SINOPSE: Paris, 1887: Há poucos anos, Irène trabalha na mansão de uma velha condessa, como preceptora de sua neta Douce. Fazendo-se passar por um modelo de virtudes, a moça na verdade é amante de Marani, administrador das propriedades da condessa — que lhe conseguiu o emprego. Porém, a jovem Douce também alimenta uma paixão por Marani, que a vê como uma simples criança. Cheio de ressentimentos para com seus patrões, Marani pretende fugir com a amante para o Canadá, levando o dinheiro deles. Porém, Irène — acostumada à vida luxuosa dos aristocratas —

não concorda, deixando o rapaz furioso. Na mesma noite, Irène recebe uma proposta de casamento do pai de Douce, um velho militar aleijado. Vendo suas ambições se realizarem, Irène procura afastar-se de Marani, mas o rapaz perde o controle, chamando a atenção de Douce. Descobrindo o que está ocorrendo, Douce resolve apoiar o casamento de seu pai com Irène e se oferece para fugir com Marani.

COMENTÁRIOS: Narrativa bastante convencional e moralista, com personagens mal definidos e uma trama feita para quem gosta de ir ao cinema com uma caixinha de lenços de papel.

AVALIAÇÃO: ***

DRUMS OF FU MANCHU

Os tambores de Fu Manchu

DIRETOR: William Witney, John English

PAÍS: Estados Unidos

COMPANHIA PRODUTORA: Republic Pictures

ANO DE PRODUÇÃO: 1940

DURAÇÃO: 269'

IDIOMA ORIGINAL: Inglês

PRODUÇÃO: Hiram S. Brown Jr. (associado)

ARGUMENTO: Sax Rohmer

ROTEIRO: Franklin Adreon, Morgan B. Cox, Ronald Davidson, Norman S. Hall, Barney A. Sarecki, Sol Shor

FOTOGRAFIA: William Nobles [p&b]

MONTAGEM: Edward Todd, William Thompson

MÚSICA: Cy Feuer

ELENCO: Henry Brandon, William Royle, Robert Kellard, Gloria Franklin, Olaf Hytten, Tom Chatterton, Luana Walters, Lal Chand Mehra, George Cleveland, John Dilson, John Merton, Dwight Frye, Wheaton Chambers, George Pembroke, Guy D'Ennery

GÊNERO: Seriado de ação e aventura

SINOPSE: O pérfido supervilão Fu Manchu põe-se em ação para realizar o seu plano mais nefando: a conquista do poder supremo sobre toda a Ásia. Porém, como aquele povinho primitivo é cheio de superstições idiotas, Fu Manchu precisa atestar o seu poder apoderando-se do cetro de Genghis Khan, que se encontra na tumba do dito cujo. Para encontrar a tumba, Fu manchu precisa de três antigos pergaminhos que se encontram nas mãos de arqueólogos norte-americanos. Agindo nos Estados Unidos, juntamente com seus capangas escravos-zumbis e sua filha Fah-Lo-Suee, Fu manchu terá de enfrentar a astúcia de seu arquiinimigo Nayland

Smith e a disposição quase inesgotável do jovem Allan Parker.

COMENTÁRIOS: Seriado em 15 episódios. [1] FU MANCHU STRIKES; [2] THE MONSTER; [3] RANSOM IN THE SKY; [4] THE PENDULUM OF DOOM; [5] THE HOUSE OF TERROR; [6] DEATH DIALS A NUMBER; [7] VENGEANCE OF THE SI FAN; [8] DANGER TRAIL; [9] THE CRYSTAL OF DEATH; [10] DRUMS OF DOOM; [11] THE TOMB OF GHENGIS KHAN; [12] FIRE OF VENGEANCE; [13] THE DEVIL'S TATTOO; [14] SATAN'S SURGEON; [15] REVOLT. O filme segue rigorosamente a receita desse gênero, com um roteiro repleto de situações absurdas e um herói que não carece de nada para ser "super".

AVALIAÇÃO: ***

DUEL

Encurralado

DIRETOR: Steven Spielberg

PAÍS: Estados Unidos

COMPANHIA PRODUTORA: Universal Pictures

ANO DE PRODUÇÃO: 1971-1972

DURAÇÃO: 73'/90'

IDIOMA ORIGINAL: Inglês

PRODUÇÃO: George Eckstein

ARGUMENTO: Richard Matheson

ROTEIRO: Richard Matheson

FOTOGRAFIA: Jack A. Marta [cor]

MONTAGEM: Frank Morriss

MÚSICA: Billy Goldenberg

ELENCO: Dennis Weaver, Jacqueline Scott, Eddie Firestone, Lou Frizzell, Gene Dynarski, Lucille Benson, Tim Herbert, Charles Seel, Shirley O'Hara, Alexander Lockwood, Amy Douglass, Dick Whittington, Cary Loftin, Dale VanSickle

GÊNERO: Drama de suspense

SINOPSE: David Mann é um pequeno-burguês pacífico e comodista, que dá uma boiada e meia para não entrar numa briga. Um dia, percorrendo de carro uma imensa região desértica - numa viagem de negócios - ele passa a ser perseguido por um enorme caminhão, dirigido por alguém não identificado que parece disposto até a matá-lo. Sem nenhuma possibilidade de obter ajuda, Mann empreende uma fuga desesperada, enquanto tenta entender o que está acontecendo.

COMENTÁRIOS: Notável telefilme (mais tarde lançado nos cinemas, em versão ampliada) que marcou a estreia de Spielberg no longa-metragem. Com sua narrativa seca e despojada - misturando, em doses certas, o suspense, a ação e a crítica - este filme continua sendo uma das melhores obras de Spielberg (que, em seu começo de carreira, ainda não havia sido dominado pela sua segunda infância ou por suas raízes judaicas).

AVALIAÇÃO: ****

EARTHQUAKE

TERREMOTO

DIRETOR: Mark Robson

PAÍS: Estados Unidos

COMPANHIA PRODUTORA: The Filmakers Group / Universal Pictures

ANO DE PRODUÇÃO: 1974

DURAÇÃO: 129'

IDIOMA ORIGINAL: Inglês

PRODUÇÃO: Mark Robson

ROTEIRO: George Fox, Mario Puzo

FOTOGRAFIA: Philip Lathrop [cor]

MONTAGEM: Dorothy Spencer

MÚSICA: John Williams

ELENCO: Charlton Heston, Ava Gardner, George Kennedy, Lorne Greene, Geneviève Bujold, Richard Roundtree, Marjoe Gortner, Barry Sullivan, Lloyd Nolan, Victoria Principal, Monica Lewis, Gabriel Dell, Pedro Armendariz Jr., Lloyd Gough, John Randolph, Kip Niven, Scott Hylands, Tiger Williams, Donald Moffat, Jesse Vint, Alan Vint, Lionel Johnston, John Elerick, John S. Ragin, George Murdock, Donald Mantooth, Michael Richardson, Walter Matuschanskayasky, Alex A. Brown, Bob Cunningham, John Dennis, Gene Dynarski, Bob Gravage, H. B. Haggerty, Tim Herbert, Dave Morick, Inez Pedroza

GÊNERO: Disaster movie

SINOPSE: O povinho de Los Angeles está levando a sua vidinha pacata, com o cotidiano confortavelmente tedioso dos americanos médios, quando um violento terremoto sacode a cidade, causando pânico e destruição. Quando tudo parece ter ficado sob controle, um outro terremoto vem solapar de vez a cidade, ao mesmo tempo em que uma represa estoura e inunda tudo. Em meio a tanta desgraça, diversos veteranos decadentes de Hollywood lutam pela sobrevivência e por um generoso cachê.

COMENTÁRIOS: Um dos clássicos absolutos do cinema-catástrofe, subgênero cinematográfico que gerou muitas e variadas desgraças durante os seus poucos anos de domínio sobre Hollywood. Embalado pelo sistema Sensurround, que transmitia aos espectadores sensações sonoras quase reais, esta reunião de velhos astros e de novos efeitos especiais ainda oferece fartas doses de diversão.

AVALIAÇÃO: ***

L'ECLISSE

O eclipse

DIRETOR: Michelangelo Antonioni

PAÍS: Itália / França

COMPANHIA PRODUTORA: Interopa Film / Cineriz / Paris Film Production

ANO DE PRODUÇÃO: 1962

DURAÇÃO: 126'

IDIOMA ORIGINAL: Italiano

PRODUÇÃO: Robert Hakim, Raymond Hakim

ARGUMENTO: Michelangelo Antonioni, Tonino Guerra

ROTEIRO: Michelangelo Antonioni, Tonino Guerra (colaboração: Elio Bartolini, Ottiero Ottieri)

FOTOGRAFIA: Gianni di Venanzo [p&b]

MONTAGEM: Eraldo da Roma

MÚSICA: Giovanni Fusco

ELENCO: Alain Delon, Monica Vitti, Francisco Rabal, Lilla Brignone, Rossana Rory, Mirella Ricciardi, Louis Seigner

GÊNERO: Drama de relacionamento

SINOPSE: Após romper com seu amante, uma jovem angustiada acaba por envolver-se com um ambicioso corretor da bolsa, com quem tem um relacionamento conturbado.

COMENTÁRIOS: Última parte da trilogia da incomunicabilidade de Antonioni, este filme trata da difícil convivência humana em uma sociedade que rompeu com as antigas convenções sem conseguir elaborar novas formas mais satisfatórias de relacionamento.

AVALIAÇÃO: ****

THE EMPEROR'S NIGHTINGALE

(Cf. Cisaruv slavik)

Paixão de Ana

DIRETOR: Ingmar Bergman

PAÍS: Suécia

COMPANHIA PRODUTORA: Svensk Filmindustri / Cinematograph

ANO DE PRODUÇÃO: 1969

DURAÇÃO: 101'

IDIOMA ORIGINAL: Sueco

PRODUÇÃO: Lars-Owe Carlberg

ARGUMENTO: Ingmar Bergman

ROTEIRO: Ingmar Bergman

FOTOGRAFIA: Sven Nykvist [cor]

MONTAGEM: Siv Kanälv

ELENCO: Max von Sydow, Liv Ullmann, Bibi Andersson, Erland Josephson, Erik Hell, Sigge Fürst, Ingmar Bergman (voz)

GÊNERO: Drama de relacionamento existencial

SINOPSE: Andreas vive em uma pequena ilha, afastado das pessoas e traumatizado pelo fim de seu casamento. Casualmente, ele conhece Ana, uma mulher que ficou viúva após um acidente que causou também a morte de seu filho. Através de Ana, com quem inicia um envolvimento afetivo, Andreas faz amizade com Eva e Elis, um casal que o fará refletir bastante sobre os seus próprios problemas.

COMENTÁRIOS: Obra menor na qual Bergman recicla os seus temas prediletos (em especial, a proximidade física correspondendo a um completo distanciamento espiritual). Muitas cenas de violência contra animais.

AVALIAÇÃO: ***

L'ENFANT SAUVAGE

O GAROTO SELVAGEM

DIRETOR: François Truffaut

PAÍS: França

COMPANHIA PRODUTORA: Les Films du Carrosse / Les Productions Artistes Associés

ANO DE PRODUÇÃO: 1969

DURAÇÃO: 83'

IDIOMA ORIGINAL: Francês

ARGUMENTO: Jean Itard

ROTEIRO: François Truffaut, Jean Gruault

FOTOGRAFIA: Nestor Almendros [p&b]

MONTAGEM: Agnès Guillemot

MÚSICA: Antonio Vivaldi (direção: Antoine Duhamel)

ELENCO: Jean-Pierre Cargol, Françoise Seigner, François Truffaut, Paul Villé, Pierre Fabre, Jean Dasté

GÊNERO: Drama baseado em fatos reais

SINOPSE: França, 1798: Uma camponesa, recolhendo frutas na floresta, vislumbra uma estranha criatura e apressa-se a pedir ajuda. Os caçadores batem os matos e descobrem um menino mudo, que vive nu como um animal selvagem. Logo, a fama do "menino selvagem" corre o país, chamando a atenção do célebre psiquiatra Pinel. Este logo usa de seu prestígio para estudar a criança, que é mandada para Paris. Porém, Pinel desconfia de que o caso é de retardamento mental, havendo provas de que o menino foi abandonado na floresta. O médico está disposto a desistir do caso, até que um de seus assistentes, o dr. Itard, oferece-se para cuidar do menino, acreditando que possa devolvê-lo à humanidade através da educação. Pinel concorda e Itard assume a guarda do garoto, indo viver com ele e uma governanta numa casa de campo.

COMENTÁRIOS: O aspecto mais interessante do filme — que se desenvolve em um ritmo quase documental — é a polêmica em torno das qualidades inatas e adquiridas do ser humano. Na verdade, Itard é um cientista que utiliza o menino como sua cobaia, num intenso frenesi de testes e treinamentos. Com uma produção bastante modesta e fugindo de qualquer apelo comercial, Truffaut realiza um filme "limpo" e cativante. Toda a trama gira basicamente em torno dos três ocupantes da casa de campo e, principalmente, do relacionamento entre o mestre e seu rebelde discípulo (bom trabalho de Truffaut como ator e excelente desempenho do menino Jean-Pierre Cargol). Trata-se de um interessante episódio do processo de medicalização dos diversos aspectos da vida humana, que se iniciou justamente no final do século 18.

AVALIAÇÃO: ***

LES ENFANTS TERRIBLES

DIRETOR: Jean-Pierre Melville

PAÍS: França

COMPANHIA PRODUTORA: Melville Productions

ANO DE PRODUÇÃO: 1950

DURAÇÃO: 105'

IDIOMA ORIGINAL: Francês

PRODUÇÃO: Jean-Pierre Melville

ARGUMENTO: Jean Cocteau

ROTEIRO: Jean Cocteau

FOTOGRAFIA: Henri Decae [p&b]

MONTAGEM: M. Bonnot [Monique Bonnot]

MÚSICA: Paul Bonneau

ELENCO: Nicole Stéphane, Edouard Dermithe, Renée Cosima, Jacques Bernard, Melvyn Martin, Maria Cyliakus, Jean-Marie Robain, Maurice Revel, Rachel Devirys, Adeline Aucoc, Émile Mathys, Roger Gaillard, Jean Cocteau (voz)

GÊNERO: Drama de relacionamento

SINOPSE: Elisabeth e seu irmão Paul são dois jovens que vivem na companhia da mãe doente. Os dois são unidos de uma maneira bastante sólida, embora vivam em constantes brigas e discussões. Quando a mãe morre, Elisabeth resolve arranjar um emprego, já que Paul tem uma saúde frágil e não pode fazer esforço (conheço muita gente assim!). Ela vai trabalhar numa casa de modas e logo traz sua nova colega Agathe para morar com eles. Paul sente uma atração ambígua pela moça, já que esta é uma sósia de um colega de colégio – Dargelos – com quem ele tinha uma relação mórbida (se é que me entendem...). Algum tempo depois, Elisabeth decide casar-se com o rico judeu Michael, que leva os dois irmãos para morarem em sua mansão palaciana. Porém, logo depois do casamento, Michael faz uma viagem e morre num acidente, deixando Elisabeth viúva e rica.

COMENTÁRIOS: Baseado em uma novela de Jean Cocteau (que também faz a narração), o filme é cheio de insinuações de incesto e homossexualismo, obviamente disfarçadas para o padrão de consumo de 1950.

AVALIAÇÃO: ***

EL ENMASCARADO DE PLATA

DIRETOR: René Cardona

PAÍS: México

COMPANHIA PRODUTORA: Filmex

ANO DE PRODUÇÃO: 1953

DURAÇÃO: 125'

IDIOMA ORIGINAL: Espanhol

PRODUÇÃO: Antonio del Castillo

ARGUMENTO: René Cardona, José G. Cruz

ROTEIRO: Ramon Obon

FOTOGRAFIA: Raul Martinez Solares [p&b]

MONTAGEM: Rafael Ceballos

MÚSICA: Rafael Carrion

ELENCO: Victor Junco, Crox Alvarado, Luis Aldas, Aurora Segura, René Cardona Jr., El Médico Asesino, Carlos Múzquiz, Enrique Llanes, Jack O'Brien, Lobo Negro [Guillermo Hernández], Sergio Llanes, José Pulido, Mario Llanes, Elena Julián, Julio Ahuet, Francisco Llopis, Pedro Ortega, Roberto G. Rivera, "Hermanitas Julian", Alvarado

GÊNERO: Ação e aventura

SINOPSE: Um bizarro vilão mascarado deseja dominar o mundo com a ajuda de uma quadrilha de bandidos muito incompetentes. Porém, um lutador também mascarado, conhecido como O Médico Assassino, fará de tudo para frustrar os seus planos, apesar das suas evidentes limitações.

COMENTÁRIOS: Um dos primeiros filmes mexicanos de wrestlers mascarados, concebido originalmente na forma de um seriado (que parece nunca ter sido exibido nos cinemas). De fato, o filme segue o modelo dos seriados norte-americanos dos anos 30-40, com uma profusão de situações incrivelmente absurdas. Neste caso, o absurdo é levado às últimas consequências, com um roteiro que pode, sem favor, ser colocado entre os piores de todos os tempos (basta dizer que o herói tem enorme dificuldade para vencer qualquer briga, tendo que recorrer ao auxílio de uma criança). Esta deveria ser a estreia cinematográfica do Santo, o mais célebre dos lu-

tadores mascarados (justamente cognominado "El Enmas-
carado de Plata"). Porém, ainda indeciso quanto a uma carreira cinematográfica (que ele só iniciaria no começo dos
anos 60), o Santo foi substituído por outro *wrestler*, El Me-
dico Asesino (apesar da total inadequação deste nome para
um herói).

AVALIAÇÃO: ***

ENTER THE DRAGON

(Cf. Long zheng hu dou)

ENTRE LAS PIERNAS

ENTRE AS PERNAS

DIRETOR: Manuel Gómez Pereira

PAÍS: Espanha / França

COMPANHIA PRODUTORA: Bocaboca Producciones /
Aurum Producciones / DMVB Films

ANO DE PRODUÇÃO: 1998

DURAÇÃO: 120'

IDIOMA ORIGINAL: Espanhol

PRODUÇÃO: César Benítez, Joaquín Oristrell, Manuel Gómez Pereira

ARGUMENTO: Joaquín Oristrell

ROTEIRO: Joaquín Oristrell, Juan Luis Iborra, Yolanda García Serrano, Manuel Gómez Pereira

FOTOGRAFIA: Juan Amorós [cor]

MONTAGEM: José Salcedo

MÚSICA: Bernardo Bonezzi

ELENCO: Victoria Abril, Javier Bardem, Carmelo Gómez, Juan Diego, Sergi López, Javier Albalá, María Adánez, Carmen Balagué, Manuel Manquiña, Víctor Rueda, Salvador Madrid, Roberto Alvarez, Alberto San Juan, Charo Zapardiel, Angels Bassas, Beatriz Bergamín, Adolfo Fernández, Cristina Brondo, Alexandra Cobo, Juli Mira, Javier Anido, Pilar Puente, José Antonio Gallego, Antonio Bazaga, Fernando San Segundo, Chema Muñoz, Blanca Portillo, Ginés G. Millán, Maite Pastor, Ramiro Alonso, Joan Potau, Santiago La Justicia, Txema Sandoval, Gabriel Moreno, Antonio de la Torre, Blanca Apilánez, Dafne Fernández, Pedro Briales, Arantxa de Juan, Amelia Ochandiano, Marina San José, Chus Martín, Cristina Hortiguela, David Lorente, Carolina Bona, Conchita Collado, José Antonio Sánchez, Rosario Santesmases, Ana Calderón, Shona Dwyre, Silvia M. Gaton,

María Mar Guzmán, Marta Herrero, Natalia Urbina, Natalia Dicenta (voz), Iñaki Gabilondo (voz)

GÊNERO: Drama almodovariano

SINOPSE: Javier é um produtor cinematográfico que resolve procurar uma terapia de grupo, já que é viciado em sexo. No grupo, ele fica conhecendo Miranda, uma dona de casa que sofre do mesmo problema. Os dois iniciam um relacionamento, embora Miranda seja casada com o policial Félix, que a adora. Ao descobrir que está sendo traído, Félix resolve se vingar envolvendo o nome de Javier na investigação do assassinato de um roteirista homossexual, Jacinto Vega, que tivera seus trabalhos recusados pela sua produtora. Ao mesmo tempo, Javier fica sabendo que existe um comércio clandestino de cassetes eróticos, nos quais ele narra suas fantasias sexuais para Azucena, uma mulher misteriosa com a qual mantém apimentadas conversas telefônicas.

COMENTÁRIOS: Sem dúvida, o cinema espanhol dos anos 90 sofreu uma decisiva influência de Pedro Almodovar, sua mais importante e criativa personalidade. Diretores como Bigas Luna e Vicente Aranda se mostram aplicados seguidores do estilo de Almodovar, que recicla o melodrama latino à luz de uma fina e terna irreverência. Porém, nenhum dos imitadores alcançou o sucesso de Pereira que, com seu "Entre las piernas", incorpora todos os pontos que fizeram o sucesso de seu mestre.

AVALIAÇÃO: ***

ERAN TRECE

Eram treze

DIRETOR: David Howard

PAÍS: Estados Unidos

COMPANHIA PRODUTORA: Fox Film Corporation

ANO DE PRODUÇÃO: 1931

DURAÇÃO: 79'

IDIOMA ORIGINAL: Espanhol

PRODUÇÃO: William Fox

ARGUMENTO: Earl Derr Biggers

ROTEIRO: Barry Conners, Philip Klein

FOTOGRAFIA: Sidney Wagner [p&b]

ELENCO: Juan Torena, Ana Maria Custodio, Rafael Calvo, Raul Roulien, Blanca Castejon, Miguel Ligero, Amalia Santee, Carmen Rodriguez, Julio Villarreal, José Nieto, Carlos Diaz de Mendoza, Lia Torá, Martin Garralaga, Antonio Vidal, Ralph Navarro, Manuel Arbó

GÊNERO: Drama criminal

SINOPSE: Enquanto participava de uma volta ao mundo com um grupo de turistas, um velho milionário norte-americano é assassinado em um hotel londrino. O inspetor Duff, da Scotland Yard, tem certeza de que o culpado é um dos outros doze membros do seu grupo, mas não tem como provar nada. Assim, a excursão segue para a Riviera, onde Decker – outro dos participantes – também é assassinado. Entrevistando a esposa de Decker, Sybil, que não participava da excursão mas também estava na Riviera, Duff descobre que o provável assassino é o ex-marido dela, Jim Maynard, um contrabandista de diamantes que ela abandonou – e roubou – para fugir com Decker. Quando Sybil está sendo levada para reconhecer Maynard, que está na excursão com um nome falso, também é assassinada e Duff volta à estaca zero. Quando a excursão chega a Honolulu, Duff resolve viajar para lá e pedir ajuda ao seu velho amigo, o inspetor-chefe Charlie Chan. Quando Duff também sofre um atentado e quase morre, em pleno escritório de Chan, o detetive resolve vingar seu colega e se junta aos turistas, que estão seguindo para a última parte da viagem, em São Francisco.

COMENTÁRIOS: Versão em língua espanhola do filme "Charlie Chan carries on" (Hamilton MacFadden, 1931), com outro elenco e equipe técnica (nenhum membro desta última é mencionado nos créditos). Trata-se de um raro exemplar sobrevivente das versões estrangeiras feitas em

Hollywood, antes da popularização da dublagem e das legendas. O maior ponto de interesse deste filme, para nós, é a presença de dois atores brasileiros, Lia Torá e Raul Roulien (que apresenta até um pequeno show musical). De resto, Arbó interpreta um Chan demasiado caricato e bufão, sem nenhum talento ou carisma. Como curiosidade, o filme original (cujo protagonista era Warner Oland) é considerado perdido.

AVALIAÇÃO: ***

EROICA – SYMFONIA BOHATERSKA W DWOCH CZESCIACH

HERÓICA

DIRETOR: Andrzej Munk

PAÍS: Polônia

COMPANHIA PRODUTORA: Kadr

ANO DE PRODUÇÃO: 1957

DURAÇÃO: 87'

IDIOMA ORIGINAL: Polonês

ARGUMENTO: Jerzy Stefan Stawinski

ROTEIRO: Jerzy Stefan Stawinski

FOTOGRAFIA: Jerzy Wojcik [p&b]

MONTAGEM: Jadwiga Zajicek, Miroslawa Garlicka

MÚSICA: Jan Krenz

ELENCO: Edward Dziewonski, Barbara Polomska, Ignacy Machowski, Leon Niemczyk, Kazimierz Opalinski, Z. Czerwinska [Zofia Czerwinska], J. Felczynski [Jerzy Felczynski], R. Hubczenko [Roman Hubczenko], Z. Listkiewicz [Zygmunt Listkiewicz], E. Lorenz [Eleonora Lorenz], Kazimierz Rudzki, Henryk Bak, Mariusz Dmochowski, Roman Klosowski, Bogumil Kobiela, Józef Kostecki, Tadeusz Lomnicki, Józef Nowak, Wojciech Siemion

GÊNERO: Drama

SINOPSE: Em dois episódios, transcorridos durante a 2ª Guerra: 1) SCHERZO ALLA POLACCA – Dzidios é um membro da resistência polonesa que se cansa de correr perigo e volta para casa. Porém, ele descobre que sua mulher Zosia tornou-se amante de Isztvan, um oficial do exército húngaro que trabalha para os alemães. Apesar disso, ele faz amizade com Isztvan e recebe uma proposta: o exército húngaro prepara-se para partir e, simpatizando com os poloneses, deseja ajudar na sua luta oferecendo canhões como prova de boa-vontade; 2) OSTINATO-LUGUBRE – Na fase final da 2ª Guerra, um grupo de prisioneiros poloneses está num inexpugnável campo de concentração alemão, onde reina um clima de desânimo e desesperança. O único consolo dos prisioneiros é a fuga do tenente Zawistowski, único a conseguir abandonar o campo desde o início da guerra. Porém, um oficial recém-chegado logo descobre que a lenda de Zawistowski é uma farsa, já que o tenente – perseguido pela Gestapo – apenas se escondera na caldeira do alojamento, sendo alimentado por um companheiro.

COMENTÁRIOS: A primeira parte, mais leve, é também a mais patriótica, abordando o clichê do individualista que acaba por incorporar os valores da nacionalidade. Já a segunda é a mais rica, com uma história sensível e bem desenvolvida.

AVALIAÇÃO: ****

ET DIEU... CRÉA LA FEMME

E DEUS CRIOU A MULHER

DIRETOR: R. Vadim [Roger Vadim]

PAÍS: França

COMPANHIA PRODUTORA: IENA / U. C. I. L. / Cocinor

ANO DE PRODUÇÃO: 1956

DURAÇÃO: 95'

IDIOMA ORIGINAL: Francês

PRODUÇÃO: Raoul J. Lévy

ARGUMENTO: R. Vadim [Roger Vadim], R. Lévy [Raoul J. Lévy]

ROTEIRO: R. Vadim [Roger Vadim], R. Lévy [Raoul J. Lévy]

FOTOGRAFIA: Armand Thirard [cor]

MONTAGEM: Victoria Mercanton

MÚSICA: Paul Misraki (direção: Marc Lanjean)

ELENCO: Brigitte Bardot, Curd Jurgens, Jean-Louis Trintignant, Jeanne Marken, Jean Tissier, Isabelle Corey, Jacqueline Ventura, Jacques Ciron, Paul Faivre, Jany Mourey, Philippe Grenier, Jean Lefèvre, Léopoldo Frances, Toscano [André Toscano], Mary Glory, Georges Poujouly, Christian Marquand

GÊNERO: Drama de relacionamento

SINOPSE: Numa cidade do litoral francês, a jovem órfã Juliette é o objeto de desejo de todos os homens que não são decoradores ou cabeleireiros, com a sua sensualidade juvenil e o seu comportamento liberal. Os dois maiores interessados na moça são o milionário Carradine, que está planejando um empreendimento imobiliário na região, e Michel, o filho mais novo da dona de um pequeno estaleiro. Porém, a verdadeira paixão de Juliette é justamente Antoine, o irmão mais velho de Michel, que está trabalhando em outra cidade. Como Carradine deseja comprar o estaleiro – único terreno que falta para o seu empreendimento – o rapaz volta para casa e logo envolve-se com Juliette, querendo apenas um relacionamento rápido e rasteiro. Sentindo-se humilhada, Juliette rejeita o desejo puramente carnal, enquanto seus tutores resolvem devolvê-la para o orfanato, insatisfeitos com os seus modos. Para evitar a perda de sua amada, Carradine incentiva seu casamento com Michel, para que ela se emancipe. O casamento acontece e a moça tenta ser feliz e fiel ao seu novo marido, embora não o ame. Porém, quando a venda do estaleiro é fechada, Antoine exige que Carradine lhe entregue a direção do estaleiro e volta a morar na cidade, para desespero de Juliette – que ainda se sente atraída por ele.

COMENTÁRIOS: Clássico do erotismo perfumaria, que lançou para o estrelato o cineasta Vadim e sua esposa/musa Bardot (embora Brigitte já tivesse participado de diversas produções, desde o início dos anos 50). O sucesso de Vadim – e até mesmo um imerecido culto por parte de alguns cinéfilos – baseava-se na sua capacidade de tirar proveito do clima de moralismo extremado dos anos 50, oferecendo ao público filmes que pareciam ousados (a até eram, considerando-se o panorama do cinema da época), mas que estavam totalmente integrados aos valores moralistas tradicionais (com sua overdose de hipocrisia). Neste filme, Brigitte definiu sua imagem mítica: a da mulher infantilizada e extremamente

sensual, sempre oscilando entre a malícia espontânea e a inocência.

AVALIAÇÃO: ***

EVIL UNDER THE SUN

ASSASSINATO NUM DIA DE SOL

DIRETOR: Guy Hamilton

PAÍS: Inglaterra

COMPANHIA PRODUTORA: Titan Productions / Mersham Productions

ANO DE PRODUÇÃO: 1981

DURAÇÃO: 102'

IDIOMA ORIGINAL: Inglês

PRODUÇÃO: John Brabourne, Richard Goodwin

ARGUMENTO: Agatha Christie

ROTEIRO: Anthony Shaffer

FOTOGRAFIA: Christopher Challis [cor]

MONTAGEM: Richard Marden

MÚSICA: Cole Porter

ELENCO: Peter Ustinov, Jane Birkin, Colin Blakely, Nicholas Clay, James Mason, Roddy McDowall, Sylvia Miles, Denis Quilley, Diana Rigg, Maggie Smith, Emily Hone, John Alderson, Paul Antrim, Cyril Conway, Barbara Hicks, Richard Vernon, Robert Dorning, Dimitri Andreas

GÊNERO: Drama criminal de suspense

SINOPSE: Num hotel de veraneio – em uma ilha particular do Mediterrâneo – reúnem-se diversas personalidades, entre as quais se encontra o famoso detetive belga Hercule Poirot. Subitamente, descobre-se o cadáver de uma das hóspedes, a famosa atriz de teatro Arlena. Para complicar o caso, Arlena – que era casada com um milionário – era uma mulher devassa e cheia de desafetos, muitos dos quais estão justamente hospedados naquele hotel. Porém, o excesso de suspeitos não poderá ser um empecilho para o trabalho das veteranas células cinzentas de Poirot.

COMENTÁRIOS: Baseado na obra homônima de Agatha Christie, este exemplar das histórias de Hercule Poirot – mais uma vez interpretado por Peter Ustinov – não é dos melhores, com uma trama fraca que só se sustenta graças ao elenco de notáveis veteranos.

AVALIAÇÃO: ***

DE OLHOS BEM FECHADOS

DIRETOR: Stanley Kubrick

PAÍS: Inglaterra / Estados Unidos

COMPANHIA PRODUTORA: Warner Bros. / Pole Star

ANO DE PRODUÇÃO: 1999

DURAÇÃO: 159'

IDIOMA ORIGINAL: Inglês

PRODUÇÃO: Stanley Kubrick (coprodução: Brian W. Cook)

ARGUMENTO: Arthur Schnitzler

ROTEIRO: Stanley Kubrick, Frederic Raphael

FOTOGRAFIA: Larry Smith [cor]

MONTAGEM: Nigel Galt

MÚSICA: Jocelyn Pook

ELENCO: Tom Cruise, Nicole Kidman, Sydney Pollack, Marie Richardson, Rade Sherbedgia, Todd Field, Vinessa Shaw, Alan Cumming, Sky Dumont, Fay Masterson, Leelee Sobieski, Thomas Gibson, Madison Eginton, Jackie Sawiris, Leslie Lowe, Peter Benson, Michael Doven, Louise Taylor,

Stewart Thorndike, Randall Paul, Julienne Davis, Lisa Leone, Kevin Connealy, Mariana Hewett, Dan Rollman, Gavin Perry, Chris Pare, Adam Lias, Christian Clarke, Kyle Whitcombe, Gary Goba, Florian Windorfer, Togo Igawa, Eiji Kusuhara, Sam Douglas, Angus MacInnes, Abigail Good, Brian W. Cook, Leon Vitali, Carmela Marner, Phil Davies, Cindy Dolenc, Clark Hayes, Treva Etienne, Colin Angus, Karla Ashley, Kathryn Charman, James Demaria, Anthony Desergio, Janie Dickens, Laura Fallace, Vanessa Fenton, Georgina Finch, Peter Godwin, Joanna Heath, Lee Henshaw, Ateeka Poole, Adam Pudney, Sharon Quinn, Ben De Sausmarez, Emma Lou Sharratt, Paul Spelling, Matthew Thompson, Dan Travers, Russell Trigg, Kate Whalin

GÊNERO: Drama de suspense

SINOPSE: Bill e Alice, um casal da alta classe média americana, vive uma crise em seu relacionamento. Uma noite, Bill, médico jovem e bem-sucedido, vai fazer um atendimento domiciliar e encontra casualmente um velho amigo. Por intermédio dele, Bill fica sabendo que naquela mesma noite haverá uma orgia privê apenas para altos magnatas, em uma remota casa de campo. Cheio de tédio e sede de aventura, ele consegue penetrar clandestinamente na festa, mas logo é descoberto, o que vai lhe causar sérios aborrecimentos.

COMENTÁRIOS: Em seu último filme, Kubrick nos oferece um repugnante quadro da alta sociedade norte-americana, na qual indivíduos embotados pelos excessos usam os seus milhões para obterem emoções "diferentes", na forma de bizarrices sexuais. Mesmo sendo jovem e bem-sucedido, Bill Hartford padece desse mesmo mal do "tédio" dos que têm mais do que necessitam, o que o leva a se arriscar em busca de algo "diferente". Inspirado em *Traumnovelle*.

AVALIAÇÃO: ****

THE FATAL HOUR

A HORA FATAL

DIRETOR: William Nigh

PAÍS: Estados Unidos

COMPANHIA PRODUTORA: Monogram Pictures

ANO DE PRODUÇÃO: 1940

DURAÇÃO: 68'

IDIOMA ORIGINAL: Inglês

PRODUÇÃO: William Lackey (executivo: Scott R. Dunlap)

ARGUMENTO: Hugh Wiley

ROTEIRO: Scott Darling (adaptação: Joseph West [George Waggner])

FOTOGRAFIA: Harry Neumann [p&b]

MONTAGEM: R. F. Schoengarth

MÚSICA: Edward Kay

ELENCO: Boris Karloff, Marjorie Reynolds, Grant Withers, Charles Trowbridge, Frank Puglia, Craig Reynolds, Lita Chevret, Harry Strang, Hooper Atchley, Jason Robards, Richard Loo, Jack Kennedy

GÊNERO: Drama criminal

SINOPSE: O assassinato de um policial, que investigava o contrabando nas docas, leva o capitão Bill Street a solicitar a ajuda de James Lee Wong, um detetive particular chinês dos mais sábios e eficientes. Wong logo descobre que o caso está ligado ao contrabando de jade e chega à loja do sr. Belden, vendedor de imitações da pedra. Belden não parece estar envolvido e as investigações se voltam para um cabaré do cais, onde o morto fôra visto pela última vez. Visitando o cabaré, Wong reconhece o filho de Belden na companhia de Tanya Serova, uma conhecida vigarista internacional. O rapaz está apaixonado por Serova e desperta a fúria de seu pai, que de fato está trabalhando com os contrabandistas (já que está à beira da falência). Belden ameaça a quadrilha e acaba sendo assassinado, assim como a própria Serova, enquanto o rapaz se torna o principal suspeito dos dois crimes.

COMENTÁRIOS: Quarto dos seis exemplares das aventuras do detetive sino-americano James Lee Wong (personagem criado para competir com Mr. Moto e Charlie Chan, grandes bilheterias daquela época). A trama segue o padrão dos filmes B de mistério dos anos 30, com tipos clássicos como a mocinha jornalista enxerida, a vamp europeia arrependida, o escroque de cabaré e o policial cômico. Apesar da sua trama um tanto absurda, o filme pode ser um programa atraente.

AVALIAÇÃO: ***

FAUST / LEKCE FAUST

Fausto

DIRETOR: Jan Svankmajer

PAÍS: Tchecoslováquia / França / Inglaterra

COMPANHIA PRODUTORA: Athanor / Heart of Europe Prague K Productions / Lumen Films / BBC Bristol / Koninck / Pandora Film

ANO DE PRODUÇÃO: 1994

DURAÇÃO: 97'

IDIOMA ORIGINAL: Tcheco

PRODUÇÃO: Jaromir Kallista

ARGUMENTO: Jan Svankmajer

ROTEIRO: Jan Svankmajer

FOTOGRAFIA: Svatopluk Malý [cor]

MONTAGEM: Marie Zemanová

MÚSICA: Charles Gounod, Johann Sebastian Bach, Alan Vitous

ELENCO: Petr Cepek, Jan Kraus, Vladimír Kudla, Antonin Zacpal, Jirí Suchý, Viktorie Knotková, Jana Mézlová, Miluse Straková, Josef Fiala, Martin Radimecký, Ervín Tomenendál, Frantisek Polata, Josef Chodora, Karel Vidimský, Petr Meissel, Rudolf Ruzek, Milan Vyskocil, Pavel Marek, Dalibor Fencl, Robert Blanda, Michaela Tyllerová, Vendula Pecová, Berenika Strettiová, Zita Morávková, Gillian Wood, Zuzana Drazilová, Karel Hamr, Zbynek Mayer, Karel Vild, Martin Kublák, Monika Chlustinová, Jirí Liska, Josef Vedral, Václav Svankmajer, Pavel Valenta, Stanislava Babická, Lenka Havránková, Magda Horejsová, Petra Hrstková, Vera Masopustová

GÊNERO: Drama com elementos surrealistas

SINOPSE: Um cidadão comum recebe, na rua, um estranho convite e vai visitar o endereço contido nele. Lá, ele acaba tomando parte – sem saber como – numa encenação teatral da célebre lenda de Fausto. Aos poucos, o homem vai realmente se deixando seduzir pela ideia de vender a alma a Satã, a fim de conquistar poder e prazeres sem fim.

COMENTÁRIOS: Versão da conhecida lenda de Fausto utilizando muitos recursos do teatro medieval (especialmente os títeres animados). O filme tem uma concepção estética fascinante, misturando diferentes níveis de realidade e fantasia no mesmo plano dramático.

AVALIAÇÃO: ****

FELLINI – SATYRICON

SATIRICON

DIRETOR: Federico Fellini

PAÍS: Itália

COMPANHIA PRODUTORA: PEA – Produzioni Europee Associate

ANO DE PRODUÇÃO: 1968

DURAÇÃO: 129'

IDIOMA ORIGINAL: Italiano

PRODUÇÃO: Alberto Grimaldi

ARGUMENTO: Federico Fellini, Bernardino Zapponi (or: Petrônio)

ROTEIRO: Federico Fellini, Bernardino Zapponi

FOTOGRAFIA: Giuseppe Rotunno [cor]

MONTAGEM: Ruggero Mastroianni

MÚSICA: Nino Rota, Ilhan Mimaroglu, Tod Dockstader, Andrew Rudin

ELENCO: Martin Potter, Hiram Keller, Max Born, Salvo Randone, Il Moro, Magali Noël, Capucine, Alain Cuny, Fanfulla, Danica la Loggia, Giuseppe Sanvitale, Genius, Lucia Bosé, Joseph Weelher, Hylette Adolphe, Tanya Lopert, Gordon Mitchell, Luigi Montefiori, Marcello di Folco, Elisa Mainardi, Donyale Luna, Carlo Giordana

GÊNERO: Drama anárquico

SINOPSE: Na Roma para lá de decadente do século I, o jovem Encólpio vive uma vida nômade e aventureira, buscando emoções e riquezas na companhia de seu amigo Ascilto e de seu amante adolescente Gitão.

COMENTÁRIOS: A partir de um dos mais importantes monumentos literários do Império Romano, obra de Petrônio, Fellini realiza mais uma de suas fantasias bizarras. De fato, o próprio estilo fragmentário da obra original – além de seu tema: a sociedade decadente dos tempos de Nero – favorece os exercícios de imaginação do cineasta, que explora o grotesco e o insólito à saciedade. Uma autêntica féerie, com a qual Fellini consegue captar – através de seus filtros oníri-cos – todo o caos social e a perda de valores que marcou aquele período, e que não deixa de ter relação com o mundo atual.

AVALIAÇÃO: ***

LA FEMME DU 5ᴱᴹᴱ / THE WOMAN IN THE FIFTH

ESTRANHA OBSESSÃO

DIRETOR: Pawel Pawlikowski

PAÍS: França / Polônia

COMPANHIA PRODUTORA: Haut et Court / Film4 / SPI International Poland / The Council

ANO DE PRODUÇÃO: 2011

DURAÇÃO: 85'

IDIOMA ORIGINAL: Francês & Inglês

PRODUÇÃO: Caroline Benjo, Carole Scotta (coprodução: Piotr Reisch, Soledad Gatti-Pascual)

ARGUMENTO: Douglas Kennedy

ROTEIRO: Pawel Pawlikowski

FOTOGRAFIA: Ryszard Lenczewski [cor]

MONTAGEM: David Charap

MÚSICA: Max de Wardener

ELENCO: Ethan Hawke, Kristin Scott Thomas, Joanna Kulig, Samir Guesmi, Delphine Chuillot, Julie Papillon, Geoffrey Carey, Mamadou Minté, Mohamed Aroussi, Jean-Louis Cassarino, Judith Burnett, Marcela Iacub, Wilfred Benaïche, Pierre Marcoux, Rosine Favey, Anne Benoît, Grégory Gadebois, Donel Jacksman, Laurent Lévy, Doug Rand, Tercelin Kirtley, Nicolas Beaucaire

GÊNERO: Drama de suspense

SINOPSE: Tom Ricks, um escritor norte-americano com sérios distúrbios psicológicos, decide ir a Paris para reencontrar sua filhinha Chloe, que vive com sua mãe francesa. Além de ser pessimamente recebido por sua ex-esposa, que chama a polícia para afastá-lo, Tom ainda tem toda a sua bagagem roubada enquanto dormia. Desnorteado, o rapaz decide continuar na cidade e vai viver em um albergue de enésima categoria, dirigido pelo árabe Sezer. Como Tom não tem como pagar seu aluguel, Sezer lhe oferece um emprego de vigia noturno em um misterioso edifício, onde funciona um negócio ainda mais misterioso. Ao mesmo tempo em que tenta reaproximar-se da filha, Tom se envolve com Margit, uma tradutora viúva que exerce um estranho fascínio sobre ele, e com Ania, a esposa polaca de seu senhorio.

COMENTÁRIOS: Tentativa de realizar um filme de suspense que é tão bem-sucedida que deixa os espectadores em suspense pelo resto de suas vidas. Mais preocupado em criar uma atmosfera bizarra, especialmente na escolha de seus cenários e de seus personagens, Pawlikowski esquece da história – ou, pelo menos, se esquece de concluí-la.

AVALIAÇÃO: ***

FIST OF FURY

(Cf. Jing wu men)

FISTS OF FURY

(Cf. Tang shan da xiong)

FLESH AND FANTASY

Os mistérios da vida

DIRETOR: Julien Duvivier

PAÍS: Estados Unidos

COMPANHIA PRODUTORA: Universal Pictures

ANO DE PRODUÇÃO: 1943

DURAÇÃO: 94'

IDIOMA ORIGINAL: Inglês

PRODUÇÃO: Charles Boyer, Julien Duvivier

ARGUMENTO: Oscar Wilde, Laslo Vadnay, Ellis St. Joseph

ROTEIRO: Ernest Pascal, Samuel Hoffenstein, Ellis St. Joseph

FOTOGRAFIA: Paul Ivano, Stanley Cortez [p&b]

MONTAGEM: Arthur Hilton

MÚSICA: Alexander Tansman (direção: Charles Previn)

ELENCO: Robert Benchley, Betty Field, Robert Cummings, Edgar Barrier, Edward G. Robinson, Thomas Mitchell, C. Aubrey Smith, Anna Lee, Dame May Whitty, Charles Boyer, Barbara Stanwyck, Charles Winninger, David Hoffman

GÊNERO: Drama e fantasia

SINOPSE: Em três episódios. Preocupado com um amigo, que está assustado com as previsões de uma astróloga e com os pesadelos que vem tendo, um homem resolve contar-lhe algumas histórias relacionadas com a sua situação: 1) Henrietta – uma costureira horrorosa – não consegue arranjar homem e, por isso, tenta se suicidar. Porém, ela é salva por um estranho velho, que promete lhe dar uma chance de resolver o seu problema. Segundo ele, o mal da moça é seu egoísmo e os maus sentimentos, que se refletem em sua aparência. Como é carnaval, ele lhe dá uma bela máscara, com a qual a garota tenta seduzir seu vizinho Michael, por quem curte uma paixão platônica. 2) Durante uma festa na casa da aristocrata lady Pamela Hardwick, o rico advogado Marshall Tyler assiste a uma apresentação do paranormal Septimus Podgers, que faz revelações extraordinárias (inclusive ajustando seu casamento com a jovem Rowena, por quem ele alimentava uma paixão secreta). Porém, sentindo que Podgers não revelou tudo o que viu, Tyler vai procurálo e descobre, para seu horror, que seu destino é cometer um assassinato. 3) Paul Gaspar é um famoso equilibrista, célebre pelo seu número na corda-bamba sem rede de proteção. Um dia, antes de fazer seu show no circo, Paul sonha que seu número é perturbado pelo grito de uma jovem e que ele cai para a morte. Impressionado com o sonho, ele não consegue tentar um novo número e fica bastante deprimido. Embarcando com o circo para os Estados Unidos, Paul reconhece a moça do seu sonho como uma das passageiras do navio, Joan Stanley. Com a acúmulo de coincidências, ele fica cada fez mais apreensivo, embora isso não evite que ele se apaixone pela moça. Esta, no entanto, parece esconder um grave segredo e Paul, num novo sonho, a vê sendo presa ao sair do navio. Ele se propõe a evitar que isto aconteça, para provar que seus sonhos não são previsões inevitáveis.

COMENTÁRIOS: Reunião de três histórias de cunho fantástico, com a qual o diretor francês Duvivier (em seu exílio hollywoodiano) pretendeu dar sequência ao seu sucesso "Tales of Manhattan", realizado no ano anterior. Apesar de também contar, como este último, com um elenco de astros, os resultados aqui são consideravelmente inferiores, possivelmente pela troca de dramas reais pela fantasia. Mesmo assim, o resultado geral é simpático e agradável.

AVALIAÇÃO: ***

FOR EVER MOZART – 36 PERSONNAGES EN QUÊTE D'HISTOIRE

PARA SEMPRE MOZART

DIRETOR: Jean-Luc Godard

PAÍS: França / Suíça / Alemanha

COMPANHIA PRODUTORA: Avventura Films / Peripheria / CEC Rhône Alpes [Centre Européen Cinématographique Rhône-Alpes] / France 2 Cinéma / Canal Plus / CNC – Centre National de la Cinématographie / Vega Film / TSR – Télévision Suisse-Romande / Eurimages / DFI – Deutsches Film Insititut

ANO DE PRODUÇÃO: 1996

DURAÇÃO: 84'

IDIOMA ORIGINAL: Francês

PRODUÇÃO: Alain Sarde, Ruth Walburger

ARGUMENTO: Jean-Luc Godard

ROTEIRO: Jean-Luc Godard

FOTOGRAFIA: Christophe Pollock, Katell Djian, Jean-Pierre Fedrizzi [cor]

MONTAGEM: Jean-Luc Godard

MÚSICA: David Darling, Ketil Bjornstad, Jon Christensen, Ben Harper, Gyorgi Kurtag

ELENCO: Madeleine Assas, Ghalia Lacroix, Bérangère Allaux, Vicky Messica, Frédéric Pierrot, Harry Cleven, Michel Francini, Sabine Bail, Max André, Sylvie Herbert, Cécile Reigher, Dominique Pozzetto, Valérie Delangre, Xavier Boulanger, Yasna Zivanovic, Nathalie Dorval, Daniel Krellenstein, Jean Grecault, Béatrice Avoine, Marc Faure, François Savioz, Juliette Subira, Valérie Popesco, Euryale Winter, Gérard Baume, Norbert Krief, Erik Pichon, Boris Andersen, Pierre-Yves Boutrang, Cécile Caillaud, Alain Wilmet, Nedeljko Grujic, Dan Thorens, Sarah Bensoussan, Karine Belly, Claire Laroche, Hervé Langlois, Valérie Pelegatti, Alain Moussay, Stéphanie Lagarde, Zbiniew Horoks, André

Lacombe, Stanislas Gaczol

GÊNERO: Drama

SINOPSE: Em dois episódios: [1] Camille é uma professora francesa de filosofia que está desempregada e, para preencher o vazio de sua existência, decide ir até Sarajevo, a fim de encenar uma peça de teatro para a população em guerra. Com ela segue seu primo Jerôme e a jovem árabe Djamilla, empregada de sua mãe. Porém, após uma conturbada viagem, o trio é detido por um grupo de militares croatas, sofrendo violências e humilhações. [2] Em Paris, um veterano produtor cinematográfico esforça-se para realizar seu novo filme, apesar de seu assistente ter fugido com todo o dinheiro do orçamento.

COMENTÁRIOS: Mais um exercício narrativo com a marca do veterano Godard, cujo cinema coloca cada vez mais as palavras em primeiro plano (em detrimento da imagem, muitas vêzes implícita). Misturando histórias um tanto difusas, Godard aborda alguns problemas contemporâneos (como a guerra na Iugoslávia e a disputa franco-americana pelo mercado cinematográfico local). Trata-se de uma obra impermeável para o espectador médio, mas que agradará certamente aos godardianos históricos.

AVALIAÇÃO: ***

DIRETOR: Helmuth Richler [Shaun Costello]

PAÍS: Estados Unidos

COMPANHIA PRODUTORA: Boojum

ANO DE PRODUÇÃO: 1973

DURAÇÃO: 83'

IDIOMA ORIGINAL: Inglês

PRODUÇÃO: John Klugerman

ARGUMENTO: Helmuth Richler [Shaun Costello]

ROTEIRO: Helmuth Richler [Shaun Costello]

FOTOGRAFIA: Jayson Black [cor]

ELENCO: Laura Cannon, Tim Long [Harry Reems], Jutta David, Helmuth Richler [Shaun Costello], Ruby Runhouse, Nina Fawcett

GÊNERO: Pornodrama criminal psicológico

SINOPSE: Ex-militar norte-americano, veterano da guerra do Vietnã, torna-se um psicopata estuprador e homicida, descarregando sua necessidade de violência em mulheres desavisadas. Ele seleciona suas vítimas entre as clientes do posto de gasolina no qual é frentista, descobrindo seus endereços através dos cartões de crédito.

COMENTÁRIOS: Curiosa mistura de sexo explícito com drama criminal, típica da fase "ingênua" do pornô (quando os realizadores ainda se preocupavam com o enredo de suas produções). Protagonizado pelo legendário Harry Reems, um dos pioneiros do pornô em sua fase legalizada, o filme não deixa de ter sérias pretensões críticas, alternando as ações do maníaco com cenas originais da guerra do Vietnã, que representam as imagens que assombram a sua mente doentia. Esta ficha corresponde à versão restaurada de 2007.

AVALIAÇÃO: ***

FOREIGN CORRESPONDENT

CORRESPONDENTE ESTRANGEIRO

DIRETOR: Alfred Hitchcock

PAÍS: Estados Unidos

COMPANHIA PRODUTORA: Walter Wanger Productions

ANO DE PRODUÇÃO: 1940

DURAÇÃO: 120'

IDIOMA ORIGINAL: Inglês

PRODUÇÃO: Walter Wanger

ROTEIRO: Charles Bennett, Joan Harrison (diálogos: James Hilton, Robert Benchley)

FOTOGRAFIA: Rudolph Maté [p&b]

MONTAGEM: Dorothy Spencer (supervisão: Otho Lovering)

MÚSICA: Alfred Newman

ELENCO: Joel McCrea, Laraine Day, Herbert Marshall, George Sanders, Albert Basserman, Robert Benchley, Edmund Gwenn, Eduardo Cianelli, Harry Davenport, Martin Kosleck, Frances Carson, Ian Wolfe, Charles Wagenheim, Edward Conrad, Charles Halton, Barbara Pepper, Emory Parnell, Roy Gordon, Gertrude Hoffman, Martin Lamont, Barry Bernard, Holmes Herbert, Leonard Mudie, John Burton

GÊNERO: Aventura de espionagem com propaganda de guerra

SINOPSE: Preocupado com a possibilidade iminente da guerra e insatisfeito com seus correspondentes na Europa, diretor de um jornal americano resolve enviar para lá o repórter policial John Jones, confiando no seu faro de caçador de notícias. Jones vai para Londres, a fim de entrevistar o líder político holandês Van Meer, que participará de uma conferência de paz. Antes disso, Jones conhece casualmente Van Meer, enquanto apaixona-se pela jovem Carol, filha do líder pacifista britânico Stephen Fisher. Na chegada para a conferência, Jones presencia o assassinato de Van Meer e persegue o autor do atentado, juntamente com Carol e o jornalista inglês ffolliott. Enquanto seus companheiros vão buscar a polícia, Jones descobre que a vítima do atentado era apenas um sósia de Van Meer, que foi sequestrado por agentes estrangeiros. Porém, ninguém acredita em sua história e ele passa a ser perseguido.

COMENTÁRIOS: O maior problema deste filme – o primeiro trabalho hollywoodiano de Hitchcock – é a precariedade do roteiro, já que não existem explicações convincentes para as atitudes de alguns personagens.

AVALIAÇÃO: ***

FOURTEEN HOURS

Horas intermináveis

DIRETOR: Henry Hathaway

PAÍS: Estados Unidos

COMPANHIA PRODUTORA: Twentieth Century-Fox

ANO DE PRODUÇÃO: 1951

DURAÇÃO: 92'

IDIOMA ORIGINAL: Inglês

PRODUÇÃO: Sol C. Siegel

ARGUMENTO: Joel Sayre

ROTEIRO: John Paxton

FOTOGRAFIA: Joe MacDonald [p&b]

MONTAGEM: Dorothy Spencer

MÚSICA: Alfred Newman

ELENCO: Paul Douglas, Richard Basehart, Barbara Bel Geddes, Debra Paget, Agnes Moorehead, Robert Keith, Howard da Silva, Jeffrey Hunter, Martin Gabel, Grace Kelly, Frank Faylen, Jeff Corey, James Millican, Donald Randolph

GÊNERO: Drama de suspense

SINOPSE: Em plena manhã do feriado de São Patrício, em Nova York, um homem ameaça atirar-se do alto de um enorme prédio, onde se localiza um hotel. A polícia é chamada para intervir e descobre-se que o candidato a suicida é Robert Cosick, um homem que sofre de distúrbios emocionais devido à separação de seus pais (quando ele era criança). Enquanto a polícia elabora um plano para salvar Robert – em caso de queda – um policial de trânsito, Charlie Dunnigan, conquista a confiança do rapaz e tenta fazê-lo desistir de seus planos. O comparecimento dos pais de Robert só faz piorar as coisas, até que se descobre que o rapaz tem uma noiva. A presença dela reacende o ânimo do rapaz, que está prestes a deixar a sacada do prédio após quatorze horas de agonia.

COMENTÁRIOS: Filme de propaganda dos métodos da polícia de Nova York, no atendimento a casos de tentativa de suicídio. Apesar de derrapar em seu freudismo de boteco (com um par de psiquiatras que decoraram bem suas receitas de bolo), o filme consegue conservar o interesse e ainda tem, como brinde, duas beldades em início de carreira (Grace Kelly e Debra Paget).

AVALIAÇÃO: ***

FREUD

FREUD, ALÉM DA ALMA

DIRETOR: John Huston

PAÍS: Estados Unidos

COMPANHIA PRODUTORA: Universal International

ANO DE PRODUÇÃO: 1962

DURAÇÃO: 139'

IDIOMA ORIGINAL: Inglês

PRODUÇÃO: Wolfgang Reinhardt

ARGUMENTO: Charles Kaufman

ROTEIRO: Charles Kaufman, Wolfgang Reinhardt

FOTOGRAFIA: Douglas Slocombe [p&b]

MONTAGEM: Ralph Kemplen

MÚSICA: Jerry Goldsmith (supervisão: Joseph Gershenson)

ELENCO: Montgomery Clift, Susannah York, Larry Parks, Susan Kohner, Eileen Herlie, Fernand Ledoux, David McCallum, Rosalie Crutchley, David Kossoff, Joseph Furst, Alexander Mango, Leonard Sachs, Eric Portman

GÊNERO: Drama biográfico

SINOPSE: Viena, década de 1880: Intrigado com o fenômeno da histeria, diagnosticado pelos médicos como uma simples farsa feminina, o dr. Sigmund Freud resolve aprimorar seus conhecimentos indo estudar em Paris, com o famoso médico Charcot. De volta à sua terra, Freud pretende usar as teorias de Charcot no hospital onde trabalha, sendo energicamente combatido por seu superior. Suas ideias são acolhidas com zombaria, mas um colega – o dr. Breuer – resolve apoiá-lo e se oferece para custear suas pesquisas sobre a histeria, a fim de escreverem um livro sobre o assunto. No decorrer de suas pesquisas, Freud aprofunda-se cada vez mais na psique humana, identificando a possibilidade de que a histeria possa ser resultante de traumatismos infantis de natureza sexual. Percebendo onde suas pesquisas podem levá-lo, Freud interrompe o trabalho e retorna a uma carreira médica convencional, apesar das exortações de Breuer.

COMENTÁRIOS: Corajosa tentativa de apresentar uma síntese da vida e da obra de Sigmund Freud no cinema. Dentro das suas limitações (já que a narrativa se interrompe justamente antes do surgimento da psicanálise e da glorificação científica de Freud), o filme obtém um notável resultado, apesar das preocupações didáticas e de seu consequente reducionismo. O que poderia transformar-se em mais um inominável atentado histórico à la Hollywood vira, nas mãos do brilhante John Huston, uma obra refinada e um espetáculo bastante atraente.

AVALIAÇÃO: ****

LA FUGA DE SEGOVIA / SEGOVIAKO IHESA

A FUGA DE SEGÓVIA

DIRETOR: Imanol Uribe

PAÍS: Espanha

COMPANHIA PRODUTORA: Frontera Films Irún

ANO DE PRODUÇÃO: 1981

DURAÇÃO: 108'

IDIOMA ORIGINAL: Espanhol & Euskara

PRODUÇÃO: Angel Amigo

ARGUMENTO: Angel Amigo

ROTEIRO: Angel Amigo, Imanol Uribe

FOTOGRAFIA: Xabier Agirresarobe [cor]

MONTAGEM: Julio Peña

MÚSICA: Xabier Lasa, Amaya Zubiria

ELENCO: Xabier Elorriaga, Mario Pardo, José Maria Muñoz, Ramon Balenziaga, Imanol Gaztelumendi, José Pedro Carrión, Alex Angulo, Ramon Barea, Claudio Rodriguez, Klara Badiola, Elene Lizarralde, Arantxa Urretavizcaya, Josu Galarraga, Abel Vitón, Patxi Bisquert, Guillermo Montesinos, Fernando Vivanco, Jesus Maria Lasa, Santiago Ramos, José Manuel Cervino, Virginia Mataix, Ovidi Montllor, Emilio Álvarez, Jose Luis Aranburu, Julen Arregi, Iñaki Ayerra, Aitor Badiola, Txema Blasco, Santiago Borrutxaga, Juan Ignacio Carrasco, Francisco Catalá, Julio Chapper, Ángel de la Fuente, Mikel Mari Ezeiza, Ceferino Eskizabel, José Ignacio Etxaniz, Maritxu Etxaniz, Carlos Etxeberría, Maruja Fernández, Imanol Garmendia, José Antonio Garmendia, Juani Goenaga, Xabier Goenaga, Antonio González, Vicente Gesala, Damian Iradier, Iñaki Izagirre, Zacarias Jauregi, Jesus Juanotena, Ángel Marco, Xabier Martiarena, Vicente Martínez, Luciano Mitxelena, Carlos Montoya, Isidro Mugika, Pedro Murgiondo, Carlos Panera, Julio Perugorría, Ramón Reparaz, José Maria Riba, Peter Roberts, Xabier Sabadie, Francisco Sagarzazu, Juan María Segues, Yon Tolosa, Daniel Trepiana, Patxi Txapartegi, Mikel Unanue, Xabier Villalba

GÊNERO: Drama político

SINOPSE: Em 1975, enquanto o ditador Francisco Franco agoniza, um grupo de presidiários – integrantes do grupo terrorista basco ETA – decide empreender uma fuga da prisão de Segóvia. Durante longos meses, os presos cavam um túnel que os conduzirá à liberdade. A fuga é um sucesso e 30 presos escapam, indo em direção à fronteira com a França. Porém, uma confusão faz com que eles tenham que seguir a pé, perseguidos pela polícia.

COMENTÁRIOS: Reconstituição de um episódio verídico dos últimos tempos do franquismo, o filme prefere evitar uma abordagem claramente política – devido, principalmente, à época de sua produção (ainda muito próxima dos fatos) e à posição bastante incômoda do ETA junto à sociedade espanhola. Por isso, a trama é desenvolvida como um autêntico filme de suspense, mostrando o trabalho de construção do túnel e alguns episódios da "heróica" fuga. Porém, a narrativa deixa bastante a desejar como ficção, já que se utiliza de clichês desgastados e de muitos exageros (como nas

cenas em que os presos fazem barulho para disfarçar a esca-
vação). Baseado no livro "Operación Poncho".

AVALIAÇÃO: ***

GABBEH

GABBEH

DIRETOR: Mohsen Makhmalbaf

PAÍS: Irã / França

COMPANHIA PRODUTORA: Sanaye Dasti / MK2 Productions

ANO DE PRODUÇÃO: 1996

DURAÇÃO: 75'

IDIOMA ORIGINAL: Persa

PRODUÇÃO: Khalil Daroudchi, Khalil Mahmoudi

ARGUMENTO: Mohsen Makhmalbaf

ROTEIRO: Mohsen Makhmalbaf

FOTOGRAFIA: Mahmoud Kalari [cor]

MONTAGEM: Mohsen Makhmalbaf

MÚSICA: Hossein Alizadeh

ELENCO: Abbas Sayah, Shaghayeh Djodat, Hossein Moharami, Rogheih Moharami, Parvaneh Ghalandari

GÊNERO: Drama de costumes

SINOPSE: Na Pérsia, um casal de velhos ganha a vida fazendo a limpeza de tapetes, enfrentando dificuldades com o trabalho pesado. Um dia, eles são visitados magicamente pela jovem Gabbeh, que lhes conta sua história: vivendo com sua família – de pastores nômades dedicados à confecção de tapetes – ela desejava casar-se com um homem de outro povo, enfrentando a dura oposição de seu irascível pai. Este, para tranquilizá-la, prometia concordar com o casamento, mas sempre encontrava motivos para adiar o compromisso. Cansada de tanto esperar e diante da impaciência de seu pretendente, Gabbeh resolve fugir e seu pai vai atrás do casal, disposto a matá-los para dar um exemplo às suas outras filhas.

COMENTÁRIOS: Através das peripécias da jovem Gabbeh, às voltas com o ardente desejo de seguir seu pretendente, o filme mostra um pouco da vida e dos costumes dos pastores nômades, responsáveis pela produção de um célebre tipo de tapete persa (também denominado *gabbeh*). A história não obedece a uma conformação lógica convencional, misturando a sua heroína com o próprio tapete e a sua narrativa fantástica com os acontecimentos reais.

AVALIAÇÃO: ***

GENEALOGIAS DE UM CRIME

DIRETOR: Raoul Ruiz [Raúl Ruiz]

PAÍS: França / Portugal

COMPANHIA PRODUTORA: Gemini Films / Madragoa Filmes

ANO DE PRODUÇÃO: 1996

DURAÇÃO: 113'

IDIOMA ORIGINAL: Francês

PRODUÇÃO: Paulo Branco

ARGUMENTO: Raoul Ruiz [Raúl Ruiz], Pascal Bonitzer

ROTEIRO: Raoul Ruiz [Raúl Ruiz], Pascal Bonitzer

FOTOGRAFIA: Stefan Ivanov [cor]

MONTAGEM: Valeria Sarmiento

MÚSICA: Jorge Arriagada

ELENCO: Catherine Deneuve, Michel Piccoli, Melvil Poupaud, Andrzej Seweryn, Monique Melinand, Hubert Saint Macary, Jean-Yves Gautier, Mathieu Amalric, Jean Badin, Camila Mora, Jacques Pieiller, Bernadette Lafont, Patrick Modiano, Brigitte Sy, Laurence Clement, André Engel, Bernard Pautrat, Messaoud Hattou, Laurent Ziserman,

Lemmy Constantine, Pascal Bonitzer, Jean-François Lapalus, Oum' Dierryla, Katie Haigh, Camille Le Foll, Mick Collins, Lisa Swanson, James Thierree, Ivan Assouline, Theo Vives, Melinée Prochasson

GÊNERO: Drama criminal surrealista

SINOPSE: Logo após perder seu único filho, num acidente de motocicleta, a advogada Solange é chamada para defender outro jovem, René, acusado do assassinato de sua tia Jeanne. Apesar – ou por causa – da sua fama de advogada de causas perdidas, Solange concorda em defender o rapaz, que se diz inocente e atribui o crime a uma sociedade psicanalítica, da qual sua tia fazia parte. Começando a investigar o caso, Solange descobre que Jeanne criara René desde pequeno, utilizando-o como cobaia para seus experimentos sobre o comportamento humano. Ao mesmo tempo, ela confronta-se com Didier, diretor da sociedade psicanalítica e principal testemunha contra René.

COMENTÁRIOS: A partir de uma história sem maiores elementos inovadores (e utilizando alguns clichês do banalizado cinema policial contemporâneo), Ruiz – diretor chileno radicado na França desde a queda de Salvador Allende – constrói uma complicada trama de transferência de personalidades e atavismos psicanalíticos. Porém, com sua refinada concepção estética e um hábil jogo temporal, o filme transcende sua narrativa e torna-se um espetáculo bastante

sedutor (incluindo-se aí a presença da diva Catherine Deneuve).

AVALIAÇÃO: ***

GLEN OR GLENDA

Glen ou Glenda

DIRETOR: Edward D. Wood Jr.

PAÍS: Estados Unidos

COMPANHIA PRODUTORA: Screen Classics

ANO DE PRODUÇÃO: 1953

DURAÇÃO: 69'

IDIOMA ORIGINAL: Inglês

PRODUÇÃO: George Weiss

ARGUMENTO: Edward D. Wood Jr.

ROTEIRO: Edward D. Wood Jr.

FOTOGRAFIA: William C. Thompson [p&b]

MONTAGEM: Bud Schelling

MÚSICA: Sandford H. Dickinson

ELENCO: Bela Lugosi, Lyle Talbot, Timothy Farrell, Dolores Fuller, Tommy Haynes, Daniel Davis [Edward D.

Wood Jr.], Charles Crafts, Connie Brooks [Conrad Brooks]

GÊNERO: Drama psicológico crossdresser

SINOPSE: Famoso psiquiatra esquisitão narra a um policial dois casos — um de hermafroditismo e outro de travestismo — que mostram os profundos mistérios e paradoxos da sexualidade humana. O próprio Wood interpreta Glen, um homem que se desespera com o fato de que a data de seu casamento está se aproximando e sua noiva ignora o seu hábito de sair às ruas vestido de mulher.

COMENTÁRIOS: Filme incrivelmente ousado e bizarro, mostrando que Ed Wood não era apenas um simples cultor do cinema de horror *trash*.

AVALIAÇÃO: ***

THE GOLDEN EYE

O OLHO DE OURO

DIRETOR: William Beaudine

PAÍS: Estados Unidos

COMPANHIA PRODUTORA: Monogram Pictures Corporation

ANO DE PRODUÇÃO: 1948

DURAÇÃO: 70'

IDIOMA ORIGINAL: Inglês

PRODUÇÃO: James S. Burkett

ARGUMENTO: W. Scott Darling (or: Earl Derr Biggers)

ROTEIRO: W. Scott Darling

FOTOGRAFIA: William Sickner [p&b]

MONTAGEM: Ace Herman (supervisão: Otho Lovering)

MÚSICA: Edward J. Kay

ELENCO: Roland Winters, Wanda McKay, mantan Moreland, Victor Sen Young [Sen Yung], Bruce Kellogg, Tim Ryan, Evelyn Brent, Ralph Dunn, Lois Austin, Forrest Taylor, Lee 'Lasses' White

GÊNERO: Drama criminal de suspense

SINOPSE: Charlie Chan é chamado para ir ao Texas, a fim de proteger a vida do dono de uma mina de ouro, que está sofrendo atentados. Porém, logo que chega, Chan recebe a notícia de que o homem sofreu um grave acidente e está em coma. Assim, ele começa a investigar o caso, que parece estar ligado ao súbito aumento da produção da mina, que parecia estar quase esgotada.

COMENTÁRIOS: Um dos últimos exemplares da série *Charlie Chan*, com uma história idiota e banal.

AVALIAÇÃO: ***

GOLDFINGER

OO7 CONTRA GOLDFINGER

DIRETOR: Guy Hamilton

PAÍS: Inglaterra

COMPANHIA PRODUTORA: Eon Production / Danjaq

ANO DE PRODUÇÃO: 1964

DURAÇÃO: 111'

IDIOMA ORIGINAL: Inglês

PRODUÇÃO: Albert R. Broccoli, Harry Saltzman

ARGUMENTO: Ian Fleming

ROTEIRO: Richard Maibaum, Paul Dehn

FOTOGRAFIA: Ted Moore [cor]

MONTAGEM: Peter Hunt

MÚSICA: John Barry

ELENCO: Sean Connery, Honor Blackman, Gert Froebe, Shirley Eaton, Tania Mallet, Harold Sakata, Bernard Lee, Martin Benson, Cec Linder, Austin Willis, Lois Maxwell, Bill

Nagy, Michael Mellinger, Peter Cranwell, Nadja Regin, Richard Vernon, Burt Kwouk, Desmond Llewelyn, Mai Ling, Varley Thomas, Margaret Nolan, John McLaren, Robert MacLeod, Victor Brooks, Alf Joint, Gerry Duggan

GÊNERO: Ação e espionagem

SINOPSE: O agente 007 investiga as atividades do milionário Goldfinger, que parece estar envolvido em uma mega-operação de contrabando de ouro que pode abalar a economia do mundo ocidental. Sabendo que Goldfinger é obcecado pelo metal amarelo, Bond apresenta-se a ele como um contrabandista, oferecendo-lhe um imenso tesouro nazista. Mas Goldfinger não cai na trama e Bond é capturado, ficando preso no seu haras. Lá, o agente 007 descobre o maléfico plano do vilão: com a ajuda de uma bomba nuclear, Goldfinger pretende atacar o Fort Knox (o maior depósito de ouro do mundo), contaminando todo o metal com radioatividade e, assim, inutilizando os estoques do Ocidente e assumindo o controle de todo o mercado mundial.

COMENTÁRIOS: Terceira aventura do agente 007, seguindo rigorosamente o modelo de suas antecessoras. Locações na Suíça.

AVALIAÇÃO: ***

GÓLGOTA

DIRETOR: Julien Duvivier

PAÍS: França

COMPANHIA PRODUTORA: Gray-Film

ANO DE PRODUÇÃO: 1935

DURAÇÃO: 95'

IDIOMA ORIGINAL: Francês

PRODUÇÃO: A. D'Aguiar

ARGUMENTO: "Novo Testamento"

ROTEIRO: Julien Duvivier (?)

FOTOGRAFIA: G. J. Kruger [Jules Kruger] [p&b]

MONTAGEM: Marthe Poncin

MÚSICA: Jacques Ibert

ELENCO: Harry Baur, Jean Gabin, Robert Le Vigan, Charles Granval, André Bacque, Hubert Prelier, Lucas Gridoux, Van Daele, Edwige Feuillère, Juliette Verneuil, Chabrier [Marcel Chabrier], Saillard [Georges Saillard], Marcel Carpentier, Victor Vina, Viguier [François Viguier], Jean Forest, Philippe Hersent, Maurice Lagrenée, Paul Asselin, Robert Ozanne, Georges Péclet

GÊNERO: Drama bíblico

SINOPSE: Indo pregar em Jerusalém, Cristo logo enfrenta a hostilidade dos velhos rabinos, que temem sua popularidade e, principalmente, suas críticas à corrupção dos costumes. Quando Jesus expulsa os mercadores do templo, os rabinos procuram o administrador romano, Pôncio Pilatos, pedindo que ele condene o falso messias à morte. Em cima do muro, Pilatos recusa-se a julgar Jesus, mas promete confirmar a sentença que os rabinos lhe derem.

COMENTÁRIOS: Versão bastante sintética e despojada dos últimos dias de Jesus Cristo, com uma perspectiva claramente anti-semita. Sem demasiadas concessões melodramáticas, o filme vale principalmente pelas presenças de Gabin e Baur, com atuações precisas.

AVALIAÇÃO: ***

GOSFORD PARK

ASSASSINATO EM GOSFORD PARK

DIRETOR: Robert Altman

PAÍS: Estados Unidos

COMPANHIA PRODUTORA: Sandcastle 5

ANO DE PRODUÇÃO: 2001

DURAÇÃO: 137'

IDIOMA ORIGINAL: Inglês

PRODUÇÃO: Robert Altman, Bob Balaban, David Levy (coprodução: Jane Frazer, Joshua Astrachan)

ARGUMENTO: Robert Altman, Bob Balaban

ROTEIRO: Julian Fellowes

FOTOGRAFIA: Andrew Dunn [cor]

MONTAGEM: Tim Squyres

MÚSICA: Patrick Doyle

ELENCO: Eileen Atkins, Bob Balaban, Alan Bates, Charles Dance, Stephen Fry, Michael Gambon, Richard E. Grant, Tom Hollander, Derek Jacobi, Kelly MacDonald, Helen Mirren, Jeremy Northam, Clive Owen, Ryan Phillippe, Maggie Smith, Geraldine Somerville, Kristin Scott Thomas, Sophie Thompson, Emily Watson, James Wilby, Camilla Rutherford, Natasha Wightman, Claudie Blakley, Laurence Fox, Trent Ford, Ron Webster, Jeremy Swift, Meg Wynn Owen, Adrian Scarborough, Frances Low, Joanna Maude, Teresa Churcher, Sarah Flind, Finty Williams, Emma Buckley, Lucy Cohu, Laura Harling, Tilly Gerrard, Will Beer, Leo Bill, Gregor Henderson Begg, John Atterbury, Frank Thornton, Ron Puttock, Adrian Preater, John Cox, Ken Davies, Tony Davies, Steve Markham, Terry Sturmey, Julian Such, Alan Bland, Peter Champion, Geoff Double, Robin Devereux, John Fountain, Richard Gamble, Brian Rumsey, George Sherman, cão Widget

GÊNERO: Drama de suspense pomposo

SINOPSE: Inglaterra, 1932: Diversas figuras da aristocracia britânica reúnem-se em Gosford Park, casa de campo de sir William McCordle, para uma caçada. Em meio aos convidados e à sua vasta criadagem, ocorrem toda espécie de pequenos conflitos e paixões subterrâneas. Sujeito arrogante, egocêntrico e intratável, sir William consegue irritar tantas pessoas que acaba sendo assassinado na biblioteca da casa. Logo, a polícia começa a investigar os diversos suspeitos, com o caso se complicando pela dupla *causa mortis* (já que o aristocrata foi envenenado e esfaqueado).

COMENTÁRIOS: Voltando ao seu estilo preferido de cinema – a análise crítica da sociedade, concentrada em um microcosmo – o diretor Altman constrói um drama de suspense em que o suspense é a menor das atrações. Deixando os aristocratas na sala de visitas, o diretor se volta literalmente para a cozinha, para os bastidores de um mundo de aparências que, muitas vezes, se sustentam no mais absoluto vazio. Enquanto os aristocratas preocupam-se em manter um mínimo de dignidade, a criadagem constitui-se num autêntico exército, determinado a manter a ordem a qualquer preço. Neste mundo de funções e organização, a morte de sir

William McCordle é apenas um desequilíbrio momentâneo.
Mas Altman opta por um caminho perigoso: preocupado em
mostrar o vazio interior de seus personagens, ele acaba construindo um filme igualmente vazio, onde nada de importante realmente acontece. Locações em Londres.

AVALIAÇÃO: ***

GREEN INFERNO

(Cf. Paradiso infernale)

HABLE CON ELLA

FALE COM ELA

DIRETOR: Pedro Almodóvar

PAÍS: Espanha

COMPANHIA PRODUTORA: El Deseo

ANO DE PRODUÇÃO: 2002

DURAÇÃO: 114'

IDIOMA ORIGINAL: Espanhol

PRODUÇÃO: Pedro Almodóvar

ARGUMENTO: Pedro Almodóvar

ROTEIRO: Pedro Almodóvar

FOTOGRAFIA: Javier Aguirresarobe [cor]

MONTAGEM: José Salcedo

MÚSICA: Alberto Iglesias

ELENCO: Javier Cámara, Darío Grandinetti, Leonor Watling, Rosario Flores, Mariola Fuentes, Geraldine Chaplin, Pina Bausch, Malou Airaudo, Caetano Veloso, Robert Alvárez, Elena Anaya, Lola Dueñas, Adolfo Fernández, Ana Fernández, Chus Lampreave, Loles León, Fele Martinez, Helio Pedregal, José Sanche, Paz Vega, Beatriz Santiago, Juan Fernández, Carmen Machi, Ismael Martínez, Joserra Cadiñanos, Ángel Infantes [Yiyo], Agustín Almodóvar, Adela Donamaría, Carlos García Cambero, Esther García, Lola García, Sonia Grande, Ben Lindbergh, Carlos Miguel Miguel, Michel Ruben, Ana Sanz, Jaques Morelenbaum, Jorge Helder, Pedro Sá, Jean-Laurent Sasportes, Nazareth Panadero, Dominique Mercy, Michael Strecker, Ruth Amarante, Aida Vainieri, Rainer Behr, Stephan Brinkmann, Jorge Puerta, Daphnis Kokkinos, Fernando Suels, Fabien Prioville, Cristiana Morganti, Julie Shanahan, Melanie Maurin, Ditta Jasjfi, Azusa Seyama, Barbara Hampel, Regina Advento, Andrey Berezin, Catalina Arteaga, Víctor Matos, Raquel Aguilera, Vicente Palomo, Lucía Barbadillo, Raquel Rey, Miguel Ángel Bolo, Raúl Montes, Rayco Cano, Natalia Rook, Lara Hernandorena, Benoit Causse, Isaac

Monllor, Marina Jiménez

GÊNERO: Drama de relacionamento

SINOPSE: Marco é um jornalista que inicia um caso amoroso com Lydia González, uma célebre toureira. Quando Lydia é gravemente ferida na arena e cai num coma profundo, Marco passa a acompanhá-la no hospital e faz amizade com Benigno, um enfermeiro que cuida exclusivamente da jovem Alicia, que está em coma há quatro anos. Numa confidência, Benigno, conta a Marco que se apaixonara por Alicia quando a moça estudava balé numa academia em frente ao seu apartamento, conseguindo o emprego de enfermeiro para poder dedicar-se a ela. Porém, algum tempo depois, Marco descobre que Lydia, antes do acidente, pretendia abandoná-lo e voltar para seu antigo amante, o toureiro Niño. Como Niño quer passar a cuidar da enferma, Marco decide viajar e esquecer-se de tudo. Alguns meses depois, ele recebe a notícia da morte de Lydia e procura obter mais informações, descobrindo que Benigno foi preso por ter engravidado Alicia.

COMENTÁRIOS: Almodóvar parte de uma ideia bastante original e consegue realizar um filme consistente, apesar de sua temática duvidosa. O maior problema do cinema de Almodóvar é que o diretor, em sua fase madura, tem mantido o seu estilo, mas modificado seu ponto de vista. Aquilo que, nos anos 80, era um cinema marginal e paródico, transformou-se em coisa séria, embora conservando a mesma linguagem (parece que, infelizmente, Almodóvar assimilou ao seu estilo a respeitabilidade que lhe foi conferida pela indústria cinematográfica). Como curiosidade, Caetano Veloso faz uma apresentação inserida na narrativa ficcional. Cenas de violência contra animais.

AVALIAÇÃO: ***

HAMLET

HAMLET

DIRETOR: Laurence Olivier

PAÍS: Inglaterra

COMPANHIA PRODUTORA: Two Cities Film

ANO DE PRODUÇÃO: 1948

DURAÇÃO: 153'

IDIOMA ORIGINAL: Inglês

ARGUMENTO: William Shakespeare

ROTEIRO: Laurence Olivier (?)

FOTOGRAFIA: Desmond Dickinson [p&b]

MONTAGEM: Helga Cranston

MÚSICA: William Walton

ELENCO: John Laurie, Esmond Knight, Anthony Quayle, Niall MacGinnis, Harcourt Williams, Patrick Troughton, Tony Tarver, Peter Cushing, Stanley Holloway, Russell Thorndike, Basil Sydney, Eileen Herlie, Laurence Olivier, Norman Wooland

GÊNERO: Drama psicológico

SINOPSE: Através de uma visão do fantasma de seu pai, o falecido rei da Dinamarca, o príncipe Hamlet fica sabendo que ele foi assassinado por seu tio, que se apossou do trono e se casou com sua cúmplice, a própria rainha. Cheio de desejo de vingança, Hamlet acaba inadvertidamente assassinando um conselheiro da corte, pai de sua amada Ofélia. Para abafar o crime, ele é mandado para a Inglaterra, enquanto seu tio, corroído pelos remorsos, planeja eliminá-lo. Desesperada com sua perda, Ofélia enlouquece e morre afogada. Quando Hamlet volta para casa, seu tio planeja sua morte, com a cumplicidade com o irmão de Ofélia.

COMENTÁRIOS: A mais célebre versão cinematográfica do clássico de Shakespeare, dirigida e interpretada pelo genial Laurence Olivier. Num inteligente aproveitamento dos recursos do teatro e da dinâmica cinematográfica, Olivier realiza uma obra simples e despojada, aliando a riqueza do texto de Shakespeare ao desempenho de um elenco excepcional. Com forte influência da estética expressionista, trata-se de uma das mais marcantes obras cinematográficas dos anos 40.

AVALIAÇÃO: *****

DAS HANDBUCH DES JUNGEN GIFTMISCHERS

(Cf. The young poisoner's handbook)

HI DE HO

Hi de ho

DIRETOR: Josh Binney

PAÍS: Estados Unidos

COMPANHIA PRODUTORA: All American News

ANO DE PRODUÇÃO: 1947

DURAÇÃO: 72'

IDIOMA ORIGINAL: Inglês

PRODUÇÃO: E. M. Glucksman

ARGUMENTO: Hal Seeger

ROTEIRO: Hal Seeger

FOTOGRAFIA: Don Malkames [p&b]

MONTAGEM: Louis Hess

MÚSICA: Elton Hill (?)

ELENCO: Cab Calloway, Ida James, Jeni Le Gon, William Campbell, Virginia Girvin, George Wiltshire, James Dunmore, Augustus Smith, Edgar Martin, Leonard Rogers, David Bethea, Shepard Roberts, Frederick Johnson

GÊNERO: Drama musical

SINOPSE: Com ciúmes de seu namorado Cab, que resolveu entregar sua carreira artística nas mãos da bela empresária Nettie, Minnie pede a um chefão criminoso que mande eliminar o cantor.

COMENTÁRIOS: Com elenco totalmente negro (e fraquíssimo), o arremedo de história serve para justificar uma grande quantidade de números musicais, quase sempre com o genial Cab Calloway, cujo carisma sustenta o filme.

AVALIAÇÃO: ***

THE HIGH AND THE MIGHTY

UM FIO DE ESPERANÇA

DIRETOR: William A. Wellman

PAÍS: Estados Unidos

COMPANHIA PRODUTORA: Wayne – Fellows / Warner Bros. Pictures

ANO DE PRODUÇÃO: 1954

DURAÇÃO: 147'

IDIOMA ORIGINAL: Inglês

PRODUÇÃO: John Wayne, Robert Fellows

ARGUMENTO: Ernest K. Gann

ROTEIRO: Ernest K. Gann

FOTOGRAFIA: Archie Stout [cor]

MONTAGEM: Ralph Dawson

MÚSICA: Dimitri Tiomkin

ELENCO: John Wayne, Claire Trevor, Laraine Day, Robert Stack, Jan Sterling, Phil Harris, Robert Newton, David Brian, Paul Kelly, Sidney Blackmer, Julie Bishop, Gonzalez Gonzalez, John Howard, Wally Brown, William Campbell, Ann Duran, John Qualen, Paul Fix, George Chandler, Joy Kim, Michael Wellman, Douglas Fowley, Regis Toomey, Carl Switzer, Robert Keys, William Dewolf Hopper, William Schallert, Julie Mitchum, Doe Avedon, Karen Sharpe, John Smith

GÊNERO: Drama de suspense

SINOPSE: Durante um voo de rotina entre o Hawaii e os Estados Unidos, a tripulação e os passageiros se veem ameaçados pela explosão de uma turbina. Sem poderem retornar e sobrevoando o oceano, eles dependerão da coragem e da iniciativa de um veterano piloto militar para escaparem da morte.

COMENTÁRIOS: Drama que pode ser considerado um legítimo antecessor do célebre "Aeroporto" (1969), com os mesmos elementos que dariam origem ao cinema catástrofe dos anos 70.

AVALIAÇÃO: ***

DER HIMMEL ÜBER BERLIN / LES AILES DU DÉSIR

Asas do desejo

DIRETOR: Wim Wenders

PAÍS: Alemanha / França

COMPANHIA PRODUTORA: Road Movies / Argos Films

ANO DE PRODUÇÃO: 1987

DURAÇÃO: 128'

IDIOMA ORIGINAL: Alemão

PRODUÇÃO: Wim Wenders, Anatole Dauman

ARGUMENTO: Wim Wenders, Peter Handke

ROTEIRO: Wim Wenders, Peter Handke

FOTOGRAFIA: Henri Alekan [p&b/cor]

MONTAGEM: Peter Przygoda

MÚSICA: Jürgen Knieper

ELENCO: Bruno Ganz, Solveig Dommartin, Otto Sander, Curt Bois, Peter Falk, Hans Martin Stier, Elmar Wilms, Sigurd Rachman, Beatrice Manowski, Lajos Kovacs, Bruno Rosaz, Laurent Petitgand, Chico Rojo Ortega, Otto Kuhnle, Christoph Merg, Peter Werner, Susanne Vierkötter, Paul Busch, Karin Busch, Irene Mössinger, Franky, Teresa Harder, Daniela Nasincova, Bernard Eisenschitz, Didier Flamand, Rolf Henke, Scott Kirby, Franck Glemin, Jerry Barrish, Jeanette Pollak, Christian Bartels, David Crome, Käthe Fürstenwerth, Werner Schönrock, Bernd Ramien, Erika Rabau, Silvia Blagojeva Itscherenska, Sultan Meral, Olivier Picot, Jochen Gliscinsky, Erich Schupke, Margarete Hafner, Oliver Herder, Margitta Haberland, Jürgen Heinrichs, Ralf Strathmann, Walter Ratayszak, Charlotte Oberberg, Lubinka Kostic, Gisela Westerboer, Andreas Valentin, Anne Gerstl, Dirk Vogeley, Ruth Rischke, "family Ayik", Simon Bonney, Mick Harvey, Harry Howard, Rowland Howard, Kevin Godfrey, "Nick Cave and the Bad Seeds" [Nick Cave, Thomas Wydler, Mick Harvey, Blixa Bargeld, Roland

Wolf, Kid Congo], Denis Rodriguez, Dieta von Aster, Gustav Geisler, Paul Geisler, Lorenz Geisler, Sladjana Kostic, Benedikt Schumann, Nicolas Roth, Marcus Stenzel, Benjamin Ferchow, Mario Meyer, Mark Leuschner, Tibor Dahlenburg, Lia Harder, Mascha Noak, Vera Butzek, Donald Behrendt, Patric Kreuzer, Simone Säger, Gerdi Hofmann, Ulrike Schirm, Hans Marquard, Heimke Carl, Klaus Mausolf, Özyer Hüsinye, Jean-Claude Lezin, Thierry Noir, Matthias Maass, Henry Luczkow

GÊNERO: Drama existencialista teológico

SINOPSE: Damiel é um anjo que, sem muito o que fazer, vive bisbilhotando a vida dos seres humanos. Porém, vendo o mundo em preto-e-branco e não podendo ouvir senão os pensamentos das pessoas, ele anseia por conhecer melhor a vida concreta, com as emoções, sentimentos e sensações que ele pode apenas pressentir. Em suas andanças metafísicas, o anjo apaixona-se pela trapezista Marion, uma mulher solitária e carente. Um dia, Damiel consegue tornar-se humano, descobrindo que muitos de seus companheiros seguiram o mesmo caminho. Então, chega a hora de buscar a sua amada e de conhecer os horrores e maravilhas da carnalidade sensual.

COMENTÁRIOS: Homenagem do diretor Wenders ao aniversário de Berlim, com uma religiosidade xaroposa que seria levada a níveis extremos na continuação ("Faraway, so close!", 1993).

AVALIAÇÃO: ***

HIROSHIMA MON AMOUR

DIRETOR: Alain Resnais

PAÍS: França / Japão

COMPANHIA PRODUTORA: Argos Films / Como Films / Daiei Motion Picture / Pathé Overseas

ANO DE PRODUÇÃO: 1959

DURAÇÃO: 88'

IDIOMA ORIGINAL: Francês

ARGUMENTO: Marguerite Duras

ROTEIRO: Marguerite Duras

FOTOGRAFIA: Sacha Vierny, Michio Takahashi [p&b]

MONTAGEM: Henri Colpi, Jasmine Chasney

MÚSICA: Georges Delerue, Giovanni Fusco

ELENCO: Emmanuele Riva, Eiji Okada, Stella Dassas, Pierre Barbaud, Bernard Fresson

GÊNERO: Drama de relacionamento existencialista

SINOPSE: Passando uma temporada na cidade japonesa de

Hiroshima, onde está trabalhando em um filme pacifista, uma atriz francesa envolve-se com um arquiteto nipônico. Apesar de começar sendo uma aventura ocasional – já que os dois são casados e a atriz vai voltar para a Europa no dia seguinte – o relacionamento se intensifica, movido pelas traumáticas recordações que ambos carregam dos tempos da 2ª Guerra.

COMENTÁRIOS: Um dos maiores clássicos da Nouvelle Vague, com um clima envolvente e uma brilhante atuação de Emmanuele Riva.

AVALIAÇÃO: ****

THE HOUND OF THE BASKERVILLES

O cão dos Baskervilles

DIRETOR: Sidney Lanfield

PAÍS: Estados Unidos

COMPANHIA PRODUTORA: Twentieth Century-Fox

ANO DE PRODUÇÃO: 1939

DURAÇÃO: 80'

IDIOMA ORIGINAL: Inglês

PRODUÇÃO: Darryl F. Zanuck (associado: Gene Markey)

ARGUMENTO: Arthur Conan Doyle

ROTEIRO: Ernest Pascal

FOTOGRAFIA: Peverell Marley [p&b]

MONTAGEM: Robert Simpson

MÚSICA: Cyril J. Mockridge

ELENCO: Richard Greene, Basil Rathbone, Wendy Barrie, Nigel Bruce, Lionel Atwill, John Carradine, Barlowe Borland, Beryl Mercer, Morton Lowry, Ralph Forbes, E. E. Clive, Eily Malyon, Lionel Pape, Nigel de Brulier, Mary Gordon, Ian MacLaren

GÊNERO: Drama de mistério e suspense

SINOPSE: Após a morte do seu tio, o jovem Henry Baskerville sai do Canadá e volta para a Inglaterra, a fim de tomar posse de sua herança. Parte desta herança é um solar multisecular em uma região remota, que pertence à família Baskerville desde os seus primórdios. Porém, antes da chegada de Henry, o dr. Mortimer, amigo do falecido, vai procurar o detetive Sherlock Holmes, já que está receoso de que algo aconteça ao rapaz. Mortimer explica a Holmes que pesa sobre a família Baskerville uma velha maldição, segundo a qual seus membros seriam vítimas de mortes violentas causadas por um cão demoníaco. Já na Inglaterra, Henry ouve a história, mas não se impressiona, dispondo-se a partir imediatamente para a sua nova casa. Como está muito ocupado,

Holmes não pode acompanhá-lo, mas envia o dr. Watson em seu lugar, para que ele faça companhia a Henry e envia as informações que obtiver.

COMENTÁRIOS: Baseado no romance homônimno, esse é o primeiro dos 14 filmes de Sherlock Holmes protagonizados por Basil Rathbone. Curiosamente, devido à censura da época, a história original é bastante suavizada.

AVALIAÇÃO: ***

HOUSE OF DREAMS

A ANFITRIÃ DA CASA DOS SONHOS

DIRETOR: Andrew Blake

PAÍS: Estados Unidos

COMPANHIA PRODUTORA: Caballero Home Video

ANO DE PRODUÇÃO: 1990

DURAÇÃO: 80'

IDIOMA ORIGINAL: Inglês

PRODUÇÃO: Patti Rhodes, Howard Klein

ROTEIRO: Andrew Blake, Montgomery Plum

FOTOGRAFIA: Andrew Blake [cor]

MONTAGEM: Andrew Blake

MÚSICA: Rock Hard

ELENCO: Zara Whites, Jeanna Fine, Raven, Veronica Dol, Saber, Ashlyn Gere, Danielle Rodgers, Randy West, Valerie Stone, Sebastian, Nicole Wild, Randy Spears, Kristen, Rocco Siffredi

GÊNERO: Pornô onírico

SINOPSE: Bela jovem, viciada em masturbação, tem um alucinante sonho erótico, no qual assiste ou se vê envolvida em diversos atos sexuais.

COMENTÁRIOS: Filme "perfumaria" do especialista Andrew Blake, que realizou diversos trabalhos para a Penthouse. Tão chato quanto premiado, o filme usa e abusa dos principais clichês do cinema de Blake: belas modelos, lingerie sexy, lesbianismo chique, cenas em câmera lenta, muita fumaça e um fundo de música eletrônica. Nem a belíssima Zara Whites consegue salvar este enfadonho exercício estilístico de pornografia, adequado para casais com insônia.

AVALIAÇÃO: **

THE HOUSE OF FEAR

A CASA DO MEDO

DIRETOR: Roy William Neill

PAÍS: Estados Unidos

COMPANHIA PRODUTORA: Universal Pictures

ANO DE PRODUÇÃO: 1944

DURAÇÃO: 69'

IDIOMA ORIGINAL: Inglês

PRODUÇÃO: Roy William Neill

ARGUMENTO: Arthur Conan Doyle

ROTEIRO: Roy Chanslor

FOTOGRAFIA: Virgil Miller [p&b]

MONTAGEM: Saul Goodkind

MÚSICA: Paul Sawtell

ELENCO: Basil Rathbone, Nigel Bruce, Aubrey Mather, Dennis Hoey, Paul Cavanagh, Holmes Herbert, Harry Cording, Sally Shepherd, Gavin Muir, Florette Hillier, David Clyde

GÊNERO: Drama de suspense criminal

SINOPSE: Uma empresa de seguros contrata Sherlock Holmes para investigar as mortes de dois membros de um clube de excêntricos, cuja sede é um velho casarão no interior da Escócia. Os dois homens morreram em circunstâncias trágicas, depois de receberem envelopes anônimos contendo caroços de laranja. Como os sete membros do clube têm gordas apólices de seguro, cujos beneficiários são os seus colegas, Holmes logo desconfia de que as mortes podem ser assassinatos cometidos por ganância. Ao chegar ao casarão, o detetive se depara com um novo crime, o que vai tornando o caso cada vez mais complicado.

COMENTÁRIOS: Um dos melhores exemplares da série "Sherlock Holmes", composta por 14 filmes realizados entre 1939 e 1946. Este filme tem como principais virtudes fugir da propaganda de guerra, que arruinou boa parte da série, e da própria história original ("The adventure of the five orange pips"), com a qual tem pouquíssimas semelhanças.

AVALIAÇÃO: ***

THE HOUSE ON 92ND STREET

A CASA DA RUA 92

DIRETOR: Henry Hathaway

PAÍS: Estados Unidos

COMPANHIA PRODUTORA: Twentieth Century-Fox

ANO DE PRODUÇÃO: 1945

DURAÇÃO: 88'

IDIOMA ORIGINAL: Inglês

PRODUÇÃO: Louis de Rochemont

ARGUMENTO: Charles G. Booth

ROTEIRO: Barre Lyndon, Charles G. Booth, John Monks Jr.

FOTOGRAFIA: Norbert Brodine [p&b]

MONTAGEM: Harmon Jones

MÚSICA: David Buttolph

ELENCO: William Eythe, Lloyd Nolan, Signe Hasso, Gene Lockhart, Leo G. Carroll, Lydia St. Clair, William Post, Harry Bellaver, Bruno Wick, Harro Meller, Charles Wagenheim, Alfred Linder, Renée Carson

GÊNERO: Drama de espionagem com elementos documentais

SINOPSE: No início da 2ª Guerra os Estados Unidos ainda mantêm sua neutralidade, embora as autoridades do FBI empenhem-se em investigar as atividades da espionagem alemã no país. Para isso, eles infiltram um agente amador — o engenheiro Bill Dietrich, de origem germânica — numa escola de espionagem nazista, onde ele é treinado para agir nos Estados Unidos. Voltando à América, Dietrich é encarregado de contatar os agentes alemães, ao mesmo tempo em que passa informações para seu chefe, George Briggs, encarregado da contra-espionagem. Com documentos forjados pelo FBI, Dietrich torna-se um importante agente alemão, fazendo contatos com todos os espiões e reunindo todas as informações recolhidas por eles.

COMENTÁRIOS: O filme é uma reconstituição dramatizada das atividades de contra-espionagem do FBI nos primeiros anos da segunda guerra. Trata-se de uma peça de propaganda patriótica, exaltando os feitos dos agentes secretos americanos no combate aos espiões nazistas e aos traidores locais. Na verdade, "agente secreto" e "espião" são termos que servem para designar a mesma atividade: o primeiro é utilizado para definir aqueles que estão do "nosso" lado e o segundo serve para os "inimigos". O maior problema deste filme – além da abordagem maniqueísta e de uma ironia não proposital (já que o grande mérito dos G-men teria sido conseguir proteger o segredo da bomba atômica) – é a escolha de um péssimo protagonista, que não consegue nenhuma empatia com o espectador.

AVALIAÇÃO: ***

LE HUSSARD SUR LE TOIT

O CAVALEIRO DO TELHADO E A DAMA DAS SOMBRAS

DIRETOR: Jean-Paul Rappeneau

PAÍS: França

COMPANJHIA PRODUTORA: Hachette Première et Cie. / France 2 Cinéma / Centre Européene Cinématographique Rhone-Alpes

ANO DE PRODUÇÃO: 1995

DURAÇÃO: 135'

IDIOMA ORIGINAL: Francês

ARGUMENTO: Jean Giono

ROTEIRO: Jean-Paul Rappeneau, Nina Companeez, Jean-Claude Carrière

FOTOGRAFIA: Thierry Arbogast [cor]

MONTAGEM: Noelle Boisson

MÚSICA: Jean-Claude Petit

ELENCO: Juliette Binoche, Olivier Martinez, Pierre Arditi, François Cluzet, Jean Yanne, Claudio Amendola, Isabelle Carré, Carlo Cecchi, Christiane Cohendy, Jacques Sereys, Nathalie Krebs, Laura Marinoni, Elizabeth Margoni, Yolande Moreau, Christophe Odent, Hervé Pierre, Daniel Russo, Richard Sammel, Jean-Marie Winling, Paul Freeman, Michèle Addala, Marie Albe, Alice Aniel, Alain Aparis, Alain Bauguil, Gérard Bayle, Michel Bellier, Beatrice Bertrand, Françoise Blanc, Stéphane Boucher, Denyse Boulet, Didier Bourguignon, Jacques Brun, Brigitte Canaan, Jocelyne Carmichael, Dany Castaing, Joëlle Cattino, Viviane

Cayol, Bruno Cécillon, Paul Chevillard, Michel Cordes, Isabelle Dangerfield, Norbert Daverio, Christian David, Eric Debrosse, Gérard Dubouché, Jean-Claude Dumas, Nadine Dumonceau, René-André Fernandez, Jean-Michel Fête, Yvonne Gamy, Viviane Garcia, Christian Garde, Philippe Gleyze, Philippe Guégan, Azur Guillier, Florence Hautier, Michel Hulot, Jean-Paul Journot, Gérard Lacombe, Antonin Lebas-Joly, Christophe Lemasne, Tony Lemiere, Bernard Liger, Suzy Lorraine, Robert Lucibello, Claire Massabo, Virginie Matheron, Patrick Médioni, Claude Mismaque, Carlos Moreno, Georges Neri, Alexis Nitzer, Dominique Noé, Jean-François Pages, Henriette Palazzi, Christine Paolini, Jacques Pater, Serge Pauthe, Christophe Pierot, Anne-Marie Ponsot, Yves Pujol, Jacob Reymond, Julien Rivière, Lionel Robert, Pascal Rozand, Frédérique Ruchaud, Norbert Sammut, Desire Saorin, Joëlle Sevilla, Jean-Pierre de Tugny, Celita Villar, Roseline Villaume, Fany Watier, Gérard Depardieu, Jacques Weber (voz), Alain Zaepfell

GÊNERO: Romance e aventura

SINOPSE: Aix, França, 1832: Enquanto a França é atingida por uma violenta epidemia de cólera, o jovem Angelo — refugiado italiano que luta contra o domínio austríaco sobre seu país — vê-se perseguido por agentes que desejam eliminá-lo. O rapaz inicia uma peregrinação pela França, em busca de seus aliados. Enfrentando inúmeras dificuldades – devidas aos horrores da peste – Angelo consegue finalmente encontrar os resistentes italianos. Disposto a voltar para sua terra, a fim de iniciar logo a luta pela libertação e pela unificação, Angelo recebe de seus amigos uma grande quantia em ouro, acumulada para financiar a revolução. Porém, antes de sua partida, ele resolve escoltar a jovem Pauline, que o acolheu num de seus momentos mais críticos e que está em busca de seu marido, o marquês de Théus. Apesar das resistências de Pauline, Angelo insiste em acompanhá-la e a salva de inúmeros perigos – protelando sua partida para a Itália.

COMENTÁRIOS: Romance de aventuras em estilo de folhetim, colocando um jovem casal em meio aos horrores do cólera e aos perigos de um processo revolucionário. De fato, tal como nas velhas novelas, a trama se arrasta por um número interminável de situações, que terminam por tornar-se exaustivas. Além disso, apesar da produção requintada, o ponto fraco do filme é o galã: um jovem ator medíocre e totalmente inexpressivo.

AVALIAÇÃO: ***

A HIPÓTESE DO QUADRO ROUBADO

DIRETOR: Raoul Ruiz [Raul Ruiz]

PAÍS: França

COMPANHIA PRODUTORA: Institut National de l'Audiovisuel

ANO DE PRODUÇÃO: 1978

DURAÇÃO: 63'

IDIOMA ORIGINAL: Francês

ROTEIRO: Raoul Ruiz [Raul Ruiz] (colaboração: Pierre Klossowski)

FOTOGRAFIA: Sacha Vierny [p&b]

MONTAGEM: Patrice Royer

MÚSICA: Jorge Arriagada

ELENCO: Jean Rougeul, Chantal Paley, Jean Raynaud, Daniel Grimm, Isidro Romero, Bernard Daillencourt, Jean-Damien Thiollier, Alix Comte, Christian Broutin, Guy Bonnafoux, Tony Rodel, Pascal Lambertini, Jean Narboni, Vincent Schimenti, Anne Desbois, Stéphane Shandor, Jean Reno, Claude Hernin-Helbaut, Nadège Finkelstein, Jean Bessiere, Dominique Lambertini, Raymond Soriano, Aldo Boselli, Raymond Pierson, Eric Saulnier, Carlos Asorey,

Bruno Guillain, Alfred Baillou, Jacques Brunswig, Philippe Chassel, Pierre Latzko, Marthe Delboy, Corinne Berjot, Denis Develoux, Oreste Canakis, Daniel Musa

GÊNERO: Drama

SINOPSE: Um colecionador de arte tenta explicar a razão de uma série de quadros ter provocado um grande escândalo na sociedade francesa da belle époque. Para facilitar sua tarefa, ele apresenta uma recriação dos quadros em três dimensões, utilizando pessoas reais. Porém, todo o seu esforço é prejudicado pela ausência de um dos quadros, que foi roubado.

COMENTÁRIOS: Obra experimental no estilo bastante original de Raul Ruiz, na qual as ações são abolidas em favor dos comentários do colecionador e de uma narração. Com exceção de Jean Rougeul, todo o elenco aparece imóvel nos quadros vivos.

AVALIAÇÃO: ***

I CONFESS

A TORTURA DO SILÊNCIO

DIRETOR: Alfred Hitchcock

PAÍS: Estados Unidos

COMPANHIA PRODUTORA: Warner Bros.

ANO DE PRODUÇÃO: 1953

DURAÇÃO: 95'

IDIOMA ORIGINAL: Inglês

PRODUÇÃO: Alfred Hitchcock (?)

ARGUMENTO: Paul Anthelme

ROTEIRO: George Tabori, William Archibald

FOTOGRAFIA: Robert Burks [p&b]

MONTAGEM: Rudi Fehr

MÚSICA: Dimitri Tiomkin (direção: Ray Heindorf)

ELENCO: Montgomery Clift, Anne Baxter, Karl Malden, Brian Aherne, O. E. Hasse, Roger Dann, Dolly Haas, Charles Andre

GÊNERO: Drama de suspense

SINOPSE: No Canadá, Michael Logan é um padre católico que é tomado de surpresa por uma confissão de seu empregado alemão Otto. Este lhe diz que acaba de assassinar um famoso advogado da cidade, após tentar roubá-lo. Sem poder denunciar o crime (já que está preso pelo segredo da confissão), o padre fica desnorteado, principalmente quando ele próprio passa a ser considerado suspeito (já que Otto atacou sua vítima disfarçado com uma batina roubada de Michael).

Por coincidência, o tal advogado era um perigoso chantagista, que queria tirar dinheiro de Ruth Grandfort, esposa
de um futuroso político. Ruth fôra namorada de Logan,
tendo se casado quando este partira para a guerra. Na volta
do rapaz, Ruth fôra encontrar-se com ele, sem contar o que
havia feito. Os dois acabaram presos por uma tempestade e
passaram a noite juntos, tendo sido vistos pelo advogado.
Com a soma destas coincidências, Michael acaba sendo levado para o tribunal, enquanto Otto e sua mulher Alma di-
videm-se entre o remorso e o medo da pena de morte.

COMENTÁRIOS: Um Hitchcock menor, utilizando o segredo de confessionário do catolicismo como elemento de
suspense.

AVALIAÇÃO: ***

IF....

Se...

DIRETOR: Lindsay Anderson

PAÍS: Inglaterra

COMPANHIA PRODUTORA: Memorial Enterprises

ANO DE PRODUÇÃO: 1969

DURAÇÃO: 111'

IDIOMA ORIGINAL: Inglês

PRODUÇÃO: Michael Medwin, Lindsay Anderson

ARGUMENTO: David Sherwin, John Howlett

ROTEIRO: David Sherwin

FOTOGRAFIA: Miroslav Ondricek [cor/p&b]

MONTAGEM: David Gladwell

MÚSICA: Marc Wilkinson

ELENCO: Malcolm McDowell, David Wood, Richard Warwick, Robert Swann, Christine Noonan, Peter Jeffrey, Arthur Lowe, Mona Washbourne, Geoffrey Chater, Anthony Nicholls, Graham Crowden, Charles Lloyd Pack, Rupert Webster, Robert Swann, Hugh Thomas, Michael Cadman, Peter Sproule, Mary MacLeod, Ben Aris, Guy Ross, Robin Askwith, Richard Everitt, Philip Bagenal, Nicholas Page, Robert Yetzes, David Griffin, Graham Sharman, Richard Tombleson, Richard Davis, Brian Pettifer, Michael Newport, Charles Sturridge, Sean Bury, Martin Beaumont

GÊNERO: Drama alegórico com elementos de crítica social

SINOPSE: Num tradicional colégio britânico para rapazes ricos, a rígida disciplina só tem equivalente na hipocrisia e no caráter duvidoso de seu corpo administrativo. A situação revolta os estudantes veteranos, vítimas preferenciais da sanha sádica dos falsos puritanos. Porém, um estudante mais inconformista encontra um velho arsenal nos porões do colégio e resolve realizar sua vingança purificadora.

COMENTÁRIOS: Primeiro longa de Lindsay Anderson, cineasta cuja obra se dedica a esmiuçar a podridão da decadente sociedade britânica. Aqui, o alvo principal é o sistema de ensino das classes aristocráticas, cuja preocupação é eliminar a rebeldia e a liberdade de pensamento, formando autômatos pasteurizados para servir o *establishment*. Valendo-se de uma narrativa cheia de alegorias, Anderson consegue mostrar a pertinência de sua crítica, concluindo o filme com um arrebatamento típico dos tempos em que ainda se acreditava no poder revolucionário da juventude.

AVALIAÇÃO: ***

IMMAGINI DI UN CONVENTO

O CONVENTO DAS TARAS PROIBIDAS

DIRETOR: Joe D'Amato

PAÍS: Itália

COMPANHIA PRODUTORA: Kristal Film

ANO DE PRODUÇÃO: 1979

DURAÇÃO: 94'/82'

IDIOMA ORIGINAL: Italiano

ARGUMENTO: Tom Salima [Joe D'Amato] (or: Denis Diderot)

ROTEIRO: Tom Salima [Joe D'Amato]

FOTOGRAFIA: Aristide Massaccesi [Joe D'Amato] [cor]

MONTAGEM: Vincenzo Vanni

MÚSICA: Nico Fidenco

ELENCO: Paola Senatore, Marina Hadman Bellis, Paola Maiolini, Marina Ambrosini, Angelo Arquilla, Aiche Nanà, Maria Rosaria Riuzzi, Giovanna Mainardi, Ferruccio Fregonese, Plard Sylviane Anne Marie, Pietro Zardini, Brunello Chiodetti, Donald O'Brien

GÊNERO: Pornodrama religioso

SINOPSE: Jovem aristocrata italiana é enviada para um distante convento, a fim de escapar das garras de um tio que deseja seduzi-la. Porém, além de estar bastante entusiasmada com a possibilidade da sedução, a moça descobre que o tal convento é um verdadeiro antro de perversões.

COMENTÁRIOS: Ninguém faz um pornô de freiras como os italianos. Livremente inspirado no romance "A religiosa". A versão reduzida, para exibição na TV, é expurgada das cenas de sexo explícito.

AVALIAÇÃO: ***

DAS INDISCHE GRABMAL

O SEPULCRO INDIANO

DIRETOR: Fritz Lang

PAÍS: Alemanha / Itália / França

COMPANHIA PRODUTORA: CCC Film / Rizzoli Film / Regina / Criterion Film

ANO DE PRODUÇÃO: 1958

DURAÇÃO: 101'

IDIOMA ORIGINAL: Alemão

PRODUÇÃO: Artur Brauner

ARGUMENTO: Thea Von Harbou (or: Richard Eichberg)

ROTEIRO: Werner Jörg Lüddecke

FOTOGRAFIA: Richard Angst [cor]

MONTAGEM: Walter Wischniewsky

MÚSICA: Gerhard Becker

ELENCO: Debra Paget, Paul Hubschmid, Claus Holm, Walther Reyer, Sabine Bethmann, René Deltgen, Inkijinoff [Valery Inkijinoff], Jochen Brockmann, Richard Lauffen, Jochen Blume, Helmut Hildebrand

GÊNERO: Drama romântico de aventura

SINOPSE: Perdidos no deserto, após sua fuga de Eschna-pur, Berger e Seetha são salvos por uma caravana de beduí-nos. Porém, os dois são denunciados e acabam caindo nas mãos de Ramigani. Este deixa de cumprir a ordem de seu irmão, que mandara executar Berger, e prende o arquiteto em uma masmorra oculta, enquanto tenta convencer Chandra da inocência da dançarina. Ao mesmo tempo, o cunhado e a irmã de Berger estão no palácio de Chandra, sem saber do que aconteceu com o arquiteto. Chantageada por Ramigani, que ameaça torturar Berger, Seetha aceita casar-se com Chandra, que se deixou comover pela beleza de sua amada. Enquanto isso, Ramigani prepara um golpe, com a ajuda de Padhu e dos sacerdotes, indignados com a impiedade do marajá.

COMENTÁRIOS: Segunda parte de uma superprodução (iniciada com *Der Tiger von Eschnapur*) que marcou a volta de Fritz Lang ao cinema alemão, do qual desertara no início dos anos 30. O maior destaque desse filme é a dança oriental de Debra Paget, um clássico absoluto da história do erotismo cinematográfico. Trata-se da terceira versão cinematográfica desta obra (a primeira é de 1921 e a segunda de 1938).

AVALIAÇÃO: ***

IRMA VEP

DIRETOR: Olivier Assayas

PAÍS: França

COMPANHIA PRODUTORA: Dacia Films

ANO DE PRODUÇÃO: 1996

DURAÇÃO: 99'

IDIOMA ORIGINAL: Francês

PRODUÇÃO: Georges Benayoun

ARGUMENTO: Olivier Assayas

ROTEIRO: Olivier Assayas

FOTOGRAFIA: Eric Gautier [cor/p&b]

MONTAGEM: Luc Barnier

MÚSICA: "diversos"

ELENCO: Maggie Cheung, Jean-Pierre Léaud, Nathalie Richard, Antoine Basler, Nathalie Boutefeu, Alex Descas, Dominique Faysse, Arsinée Khanjian, Bernard Nissile, Olivier Torres, Bulle Ogier, Lou Castel, Jacques Fieschi, Estelle Larrivaz, Balthazar Clémenti, Lara Cowez, Dominique Cuny, Jessica Doyle, Sandra Faure, Catherine Ferny, Maryel

Ferraud, Filip Forgeau, Nicolas Giraudi, Valérie Guy, Laurent Jacquet, Philippe Landoulsi, Smaïl Mekki, Maurice Najman, Leslie Rain, Yann Richard, Jérôme Simonin, Alexandra Yonnet, Pierre Amzallag, Françoise Clavel, Françoise Guglielmi, Odile Horion, François-Renaud Labarthe, Alain Martin, Guy-Patrick Sainderichin, Willy Martin

GÊNERO: Drama metalinguístico

SINOPSE: René – que foi um diretor de prestígio no cinema francês, na sua juventude, e agora amarga uma longa decadência – aceita uma oferta para realizar o remake do clássico mudo *Les Vampires* (seriado dirigido por Louis Feuillàde em 1915). Para interpretar Irma Vep, a protagonista da história, ele resolve convidar a atriz chinesa Maggie – estrela de filmes de ação em Hong Kong. Porém, ao longo das filmagens, René se defronta com um sério dilema artístico e estético.

COMENTÁRIOS: Uma bela homenagem à arte do cinema e ao ofício de cineasta, através de uma história bastante simples. Na verdade, trata-se apenas da narrativa de uma fracassada tentativa de atualizar um filme clássico (prática bastante corrente no cinema comercial), colocando o diretor René diante de alguns dilemas artísticos: criar sobre um original de outro autor ou seguir seus passos? Respeitar o espírito da obra ou reconstruí-la? Nas entrelinhas, o filme fala também de um paradoxo que assalta cada vez mais o cinema francês: de um lado, a tradicional admiração pelo modelo hollywoodiano; de outro, a luta para tornar o cinema francês hegemônico, ao menos em sua pátria – o que significa combater esse mesmo cinema americano.

AVALIAÇÃO: ***

THE JADE MASK

A MÁSCARA VERDE

DIRETOR: Phil Rosen

PAÍS: Estados Unidos

COMPANHIA PRODUTORA: Monogram Pictures Corporation

ANO DE PRODUÇÃO: 1944

DURAÇÃO: 67'

IDIOMA ORIGINAL: Inglês

PRODUÇÃO: James S. Burkett

ARGUMENTO: George Callahan (or: Earl Derr Biggers)

ROTEIRO: George Callahan

FOTOGRAFIA: Harry Neumann [p&b]

MONTAGEM: John C. Fuller

MÚSICA: David Torbett (direção: Edward J. Kay)

ELENCO: Sidney Toler, Mantan Moreland, Edwin Luke, Hardie Albright, Frank Reicher, Janet Warren, Cyril Delevanti, Alan Bridge, Ralph Lewis, Dorothy Granger, Edith Evanson, Joe Whitehead, Henry Hall, Jack Ingram, Danny Desmond

GÊNERO: Suspense criminal

SINOPSE: Harper é um cientista que está desenvolvendo a fórmula de um gás capaz de deixar a madeira dura e resistente como o aço. Como é comum – ao menos nos filmes B – ele trabalha na sua própria casa e não tem nenhuma proteção das autoridades, já que sua fórmula não deve ter nenhum interesse para os nazis. Quando Harper desaparece, depois de ter pedido socorro ao seu mordomo, o detetive Charlie Chan é chamado para investigar, já que está trabalhando para o serviço secreto. Charlie logo encontra o cadáver de Harper, morto por um dardo envenenado, e busca a fórmula do gás, enquanto outras vítimas vão surgindo.

COMENTÁRIOS: Exemplar da série *Charlie Chan* dentro do esforço de guerra. A trama é um tanto confusa e a conclusão não merece nenhuma consideração.

AVALIAÇÃO: ***

JALSAGHAR

A SALA DE MÚSICA

DIRETOR: Satyajit Ray

PAÍS: Índia

COMPANHIA PRODUTORA: Satyajit Ray

ANO DE PRODUÇÃO: 1958

DURAÇÃO: 100'

IDIOMA ORIGINAL: Bengali

PRODUÇÃO: Satyajit Ray

ARGUMENTO: Tarasankar Banerjee

ROTEIRO: Satyajit Ray

FOTOGRAFIA: Subrata Mitra [p&b]

MONTAGEM: Dulal Dutta

MÚSICA: Vilayat Khan

ELENCO: Chhabi Biswas, Padma Devi, Pinaki Sen Gupta, Gangapada Bose, Tulsi Lahari, Kali Sarkar, Ustad Waheed Khan, Roshan Kumari, Begum Akhtar, Bismillah Khan

GÊNERO: Drama

SINOPSE: Roy é um nobre senhor de terras que, dominado

por uma irresistível paixão pela música, descuida de seus negócios e gasta todo o seu tempo e dinheiro oferecendo luxuosos recitais para seus amigos e agregados. Porém, como suas terras estão sendo gradativamente destruídas pelas águas de um rio, sua situação financeira entra em declínio. Apesar disso, Roy insiste em não se rebaixar socialmente, esbanjando os restos de sua fortuna para manter o prestígio (principalmente quando um de seus colonos, o riquíssimo Mahdi, filho de um agiota local, passa a tentar ofuscá-lo). Porém, além de suas finanças exauridas, Roy tem que enfrentar um golpe muito mais duro: ao usar seus últimos tostões para dar uma grande festa, justamente para sabotar a inauguração da mansão de Mahdi, Roy exige as presenças de sua esposa e de seu único filho, que estão em visita a seu sogro. Na viagem de regresso, uma tempestade afunda o navio, matando ambos. Cheio de culpa e arrependimento, Roy cai em profunda depressão, ao mesmo tempo em que seus credores o deixam perto da miséria.

COMENTÁRIOS: A história de um homem sensível demais para o mundo real, que descobre os verdadeiros valores da vida quando já é tarde demais para aproveitá-los.

AVALIAÇÃO: ****

TUBARÃO 2

DIRETOR: Jeannot Szwarc

PAÍS: Estados Unidos

COMPANHIA PRODUTORA: Universal

ANO DE PRODUÇÃO: 1978

DURAÇÃO: 117'

IDIOMA ORIGINAL: Inglês

PRODUÇÃO: Richard D. Zanuck, David Brown

ARGUMENTO: Peter Benchley

ROTEIRO: Carl Gottlieb, Howard Sackler

FOTOGRAFIA: Michael Butler [cor]

MONTAGEM: Neil Travis

MÚSICA: John Williams

ELENCO: Roy Scheider, Lorraine Gary, Murray Hamilton, Joseph Mascolo, Jeffrey Kramer, Collin Wilcox, Ann Dusenberry, Mark Gruner, Barry Coe, Susan French, Gary Springer, Donna Wilkes, Gary Dubin, John Dukakis, G. Thomas Dunlop, David Elliott, Marc Gilpin, Keith Gordon, Cynthia Grover, Ben Marley, Martha Swatek, Billy Van Zandt, Gigi Vorgan, Jerry M. Baxter, Jean Coulter, Daphne Dibble,

Christine Freeman, April Gilpin, William Griffith, Greg Harris, Coll Red McLean, Susan O. McMillan, David Owsley, Alan L. Paddack, Oneida Rollins, Frank Sparks, Thomas A. Stewart, David Tintle, Jim Wilson, Kathy Wilson, Herb Muller, Jane Courtney, Al Wilde, Cyprien 'Phil' Dube, Mary A. Gaffney, William 'Bill' Green

GÊNERO: Drama de animais em fúria

SINOPSE: A turística ilhota de Amity é mais uma vez assolada por um terrível tubarão devorador de homens (e também de mulheres, já que se trata de um peixe sem preconceitos de gênero). Também, mais uma vez, as autoridades locais não querem dar grande importância ao fato, já que a notícia pode atrapalhar as atividades turísticas (principalmente um negócio imobiliário milionário do maior magnata da ilha). O único a perceber o perigo é novamente o xerife Brody, que acaba sendo demitido por insistir na caçada ao tubarão. Porém, quando a fera dizima alguns banhistas, Brody resolve assumir a caçada por sua própria conta e risco, justamente quando seus dois filhos estão em grave perigo.

COMENTÁRIOS: Continuação que reproduz – em tom infinitamente menor – as mesmas situações de seu original, sem acrescentar nada que enriqueça a história.

AVALIAÇÃO: ***

JAWS 3-D

(Cf. Jaws III)

JAWS III / JAWS 3-D

TUBARÃO III

DIRETOR: Joe Alves

PAÍS: Estados Unidos

COMPANHIA PRODUTORA: Alan Landsburg Productions

ANO DE PRODUÇÃO: 1983

DURAÇÃO: 97'

IDIOMA ORIGINAL: Inglês

PRODUÇÃO: Rupert Hitzig

ARGUMENTO: Guerdon Trueblood (or: Peter Benchley)

ROTEIRO: Richard Matheson, Carl Gottlieb

FOTOGRAFIA: James A. Contner [cor]

MONTAGEM: Randy Roberts

MÚSICA: Alan Parker

ELENCO: Dennis Quaid, Bess Armstrong, Simon MacCorkindale, Louis Gossett Jr., John Putch, Lea Thompson, P. H. Moriarty, Dan Blasko, Liz Morris, Lisa Maurer, Harry Grant, Andy Hansen, P. T. Horn, John Edson Jr., Kaye Stevens, Archie Valliere, Alonzo Ward, Cathy Cervenka, Jane Horner, Kathy Jenkins, Steve Mellor, Ray Meunnich, Les Alford, Gary Anstaett, Scott Christophell, Debbie Connoyer, Mary Davis Duncan, Barbara Eden, John Floren, John Gaffey, Joe Gilbert, Will Knickerbocker, Jackie Kuntarich, Edward Laurie, Holly Lisker, M. J. Lloyd, Carl Mazzocone, Ken Olson, Ronnie Parks, Al Pipkin, Barbara Quinn, Betty Raymond, Irene Schubert, August Schwartz, Sandy Scott, Tony Shepherd, Dolores Starling, Tamie Steinke, Danny Stewart, Roxie Stice, Laurie Thomas, Carol Tracy, Laura Tracy, Patrice Wallace, Doreen Weese, Jim Wilhelm

GÊNERO: Drama de animais em fúria

SINOPSE: O afro-milionário Calvin Bouchard prepara-se para a inauguração de seu maior e mais promissor empreendimento: um moderníssimo parque oceânico para turistas, que terá até mesmo a presença de piranhas amestradas (tão amestradas que nem vão cobrar michê pelo seu trabalho). Subitamente, um tubarão consegue penetrar na área do parque e ataca um funcionário, sendo capturado. Porém, o que todos ignoram é que o tubarão é apenas um filhote em fase de desenvolvimento, estando sob os cuidados de sua gigantesca mamãe. Durante a festa de inauguração, Bouchard manda desligar uma das bombas de sucção que alimentam o parque e, sem querer, liberta o megatubarão, que começa a fazer a sua festinha particular com sushi de seres humanos.

COMENTÁRIOS: Nada se salva nesta produção medíocre, com uma história primária e efeitos especiais deprimentes. Seguindo uma prática frequente no antigo cinema em 3-D, os produtores se preocupam em criar cenas de "impacto" e se descuidam totalmente do roteiro. Lastimável destino da saga iniciada por Steven Spielberg, que ainda chegaria a profundezas mais tenebrosas.

AVALIAÇÃO: **

JERALDO STUARTI'S FORCED ENTRY

(Cf. Forced entry)

JING WU MEN / FIST OF FURY / THE CHINESE CONNECTION

A FÚRIA DO DRAGÃO

DIRETOR: Lo Wei

PAÍS: Hong Kong (China)

COMPANHIA PRODUTORA: Golden Harvest

ANO DE PRODUÇÃO: 1972

DURAÇÃO: 110'

IDIOMA ORIGINAL: Mandarim / Inglês (dub)

PRODUÇÃO: Raymond Chow

ARGUMENTO: Lo Wei

ROTEIRO: Lo Wei

FOTOGRAFIA: Chen Ching Chu [cor]

MONTAGEM: Chang Yao Chung

MÚSICA: Ku Chia Hui

ELENCO: Bruce Lee, Miao Ker Hsiu [Nora Miao], Maria Yi, James Tien, Robert Baker, Tien Feng, Hwong Chung Hsin, Han Ying Chieh, Lo Wei, Lee Quin, Feng Yi, Tony Liu, Chin San, Riki Hashimoto, Jun Arimura, Lee Yin Chi, Chen Fu Ching, Wei Ping Ao

GÊNERO: Aventura de artes marciais

SINOPSE: Xangai, início do século 20: A cidade está sob o domínio dos japoneses e o único núcleo de resistência são as escolas de kung fu, onde os jovens chineses mantêm as tradições de seu país. Chen Zhen, um hábil lutador de kung fu, não consegue suportar a morte de seu mestre, que faleceu em circunstâncias misteriosas. Cheio de ódio, ele ataca uma academia de artes marciais japonesa, causando um grande estrago. Os japoneses pressionam as autoridades locais e Chen é perseguido, tendo que fugir. Os diretores de sua academia tentam convencê-lo a sair da cidade, mas Chen descobre – por acaso – que seu mestre foi envenenado por espiões japoneses, a mando dos seus inimigos. Cheio de fúria, o rapaz passa a perseguir os responsáveis pela morte.

COMENTÁRIOS: Apesar da precariedade do roteiro, o filme vale mesmo pelas muitas sequências de luta, com Bruce Lee em sua melhor forma.

AVALIAÇÃO: ***

JONAS QUI AURA 25 ANS EN L'AN 2000

JONAS QUE TERÁ 25 ANOS NO ANO 2000

DIRETOR: Alain Tanner

PAÍS: Suíça / França

COMPANHIA PRODUTORA: Citel Films / S. S. R. Télévision Suisse / Action Films / Société Française de Production

ANO DE PRODUÇÃO: 1976

DURAÇÃO: 116'

IDIOMA ORIGINAL: Francês

PRODUÇÃO: Yves Gasser, Yves Peyrot

ROTEIRO: John Berger, Alain Tanner

FOTOGRAFIA: Renato Berta [cor]

MONTAGEM: Brigitte Sousselier

MÚSICA: Jean-Marie Sénia

ELENCO: Jean-Luc Bideau, Myriam Boyer, Jacques Denis, Roger Jendly, Dominique Labourier, Myriam Mézière, Miou-Miou, Rufus, Raymond Bussière, Pierre Houdener, Maurice Aufair, Jean Schlegel, Gilbert Costa, Christine Wipf, Guillaume Chenevière, Robert Schmid, Daniel Stuffel, Francis Reusser, Michel Fidanza, Nicole Dié, Domingo Semedo, Mady Deluz, Jiairo Daghini, Albino Palumbo, Cécile, Coralie, Nathalie, David, Lionel, Nicholas, Sten, "le groupe théâtral du Collège Calvin"

GÊNERO: Drama de relacionamento

SINOPSE: Mathieu, um ativista sindical desempregado, decide arranjar emprego como agricultor, indo trabalhar na fazenda de Marcel. Max, um jornalista de esquerda desiludido, fica sabendo que inescrupulosos capitalistas pretendem adquirir uma grande área rural, que logo será bastante valorizada. A fazenda de Marcel está incluída e Max vai avisá-lo, tornando-se seu amigo. Marco, um excêntrico professor de história, chama Mathieu para falar com seus alunos sobre a realidade política do país, tornando-se também seu amigo. Logo, os quatro homens e suas mulheres passam a conviver intimamente, apesar de suas realidades tão diferentes.

COMENTÁRIOS: Através dos relacionamentos humanos, o filme discute a desilusão da geração do pós-guerra com as utopias políticas e com a realidade social. O diretor utiliza os contrastes entre seus personagens masculinos (um jornalista, um professor, um camponês e um proletário) e femininos (uma operária, uma camponesa, uma caixa de supermercado e uma secretária) para ilustrar as próprias contradições da sociedade suíça (onde o alto padrão de vida geral não reduziu os problemas da desigualdade e da exploração). Apesar de seu didatismo – ou por isso mesmo – o filme vale como um documento de época, já que Jonas passou bastante dos 25 e o mundo, se não continua o mesmo, pelo menos está bem pior.

AVALIAÇÃO: ***

UMA MULHER PARA DOIS

DIRETOR: François Truffaut

PAÍS: França

COMPANHIA PRODUTORA: Les Films du Carrosse / S. E. D. I. F.

ANO DE PRODUÇÃO: 1962

DURAÇÃO: 102'

IDIOMA ORIGINAL: Francês

ARGUMENTO: Henri-Pierre Roché

ROTEIRO: François Truffaut, Jean Gruault

FOTOGRAFIA: Raoul Coutard [p&b]

MONTAGEM: Claudine Bouché

MÚSICA: Georges Delerue

ELENCO: Jeanne Moreau, Oscar Werner, Henri Serre, Vanna Urbino, Bassiak, Anny Nelsen, Sabine Haudepin, Marie Dubois, Michel Subor (voz)

GÊNERO: Drama de relacionamento

SINOPSE: Em Paris, nas vésperas da 1ª Guerra, dois amigos – o alemão Jules e o francês Jim – conhecem a sensual

Catherine, uma mulher obcecada pelo seu próprio ego. Inexplicavelmente, os dois se interessam pela moça, mas Jim deixa que o amigo se case com ela. Passada a guerra, o trio volta a se encontrar, na Alemanha, onde Jules e Catherine vivem com sua filhinha. Percebendo que sua esposa já não o ama, Jules pede que Jim fique com ela, a fim de que o triângulo possa ser mantido.

COMENTÁRIOS: Embora seja considerado um clássico da nouvelle vague, sua fama não condiz com a trama tosca e os personagens ridículos.

AVALIAÇÃO: **

KAGEMUSHA

KAGEMUSHA – A SOMBRA DO SAMURAI

DIRETOR: Akira Kurosawa

PAÍS: Japão

COMPANHIA PRODUTORA: Toho Company

ANO DE PRODUÇÃO: 1980

DURAÇÃO: 179'

IDIOMA ORIGINAL: Japonês

PRODUÇÃO: Akira Kurosawa

ROTEIRO: Akira Kurosawa, Masato Ide

FOTOGRAFIA: Takao Saito, Shoji Ueda [cor]

MÚSICA: Shinichiro Ikebe

ELENCO: Tatsuya Nakadai, Tsutomu Yamazaki, Kenichi Hagiwara, Jinpachi Nezu, Shuji Otaki, Daisuke Ryu, Masayuki Yui, Kaori Momoi, Mitsuko Baisho, Hideo Murota, Takayuki Shiho, Koji Shimizu, Noboru Shimizo, Sen Yamamoto, Shuhei Sugimori, Kota Yui, Yasuhito Yamanaka, Kumeko Otowa, Tetsuo Yamashita, Kai Ato, Eiichi Kanakubo, Yutaka Shimaka, Yugo Miyazaki, Takashi Ebata, Norio Matsui, Toshiaki Tanabe, Yasushi Doshida, Yoshimitsu Yamaguchi, Akihiko Sugizaki, Eihachi Ito, Noboru Sone, Masatsugu, Kuriyama, Takashi Watanabe

GÊNERO: Drama épico

SINOPSE: Japão, século XVI. Os senhores feudais disputam ferozmente o controle do país e o mais poderoso deles, Shingen Takeda, está prestes a tomar a capital e o poder supremo. Porém, Shingen recebe um grave ferimento e, enquanto se recupera, um sósia – preparado para tais eventualidades – assume o seu papel. Mas Shingen morre, deixando instruções explícitas para que seus generais escondam a notícia de todos por um prazo de três anos. Com isso, o sósia – um ladrão condenado à morte, salvo apenas por sua semelhança com Shingen – assume definitivamente o lugar de seu senhor, tendo que fingir para todos que é o poderoso guerreiro. Mas essa situação desperta a desconfiança dos inimigos de Shingen e a irritação do seu único filho, impedido de assumir a liderança do clã familiar.

COMENTÁRIOS: Além de uma reflexão propriamente psicológica sobre o peso do poder e os compromissos de assumir uma nova personalidade, Kurosawa nos presenteia com belíssimas cenas de batalha, no estilo pictórico que caracterizou a melhor parte do seu cinema.

AVALIAÇÃO: ****

KALIMÁN EN EL SINIESTRO MUNDO DE HUMANON

DIRETOR: Alberto Mariscal

PAÍS: México

COMPANHIA PRODUTORA: Kalifilms

ANO DE PRODUÇÃO: 1974

DURAÇÃO: 94'

IDIOMA ORIGINAL: Espanhol

PRODUÇÃO: Rafael Cutberto Navarro

ARGUMENTO: Rafael Cutberto Navarro, Modesto Vazquez Gonzalez

ROTEIRO: Victor Fox

FOTOGRAFIA: Alex Phillips Jr. [cor]

MONTAGEM: Carlos Savage Jr.

MÚSICA: Gustavo Carrion

ELENCO: Jeff Cooper, Milton Rodrigues, Lenka Erdos, Manolo Bravo, Carlos Cardan, Alberto Insua, Fernando Yapur Chehuan, Angelina Fernandez, Carlos East, Carlos Leon, Andrés Najera, Nicolas Jassu, Raul Gomez, Antonio Aguilar, Consuelo Quezada, Alonso Castaño

GÊNERO: Aventura fantástica

SINOPSE: O místico Kalimán viaja para o Rio de Janeiro, a fim de participar de um grande congresso de parapsicologia. Porém, ao chegar à cidade, ele fica sabendo que um dos mais importantes participantes do congresso foi assassinado e que outros convidados desapareceram misteriosamente. Tudo parece tratar-se de um complô, organizado por uma seita, que logo passa a visar Kalimán, sequestrando seu pupilo Solin. Usando seus poderes paranormais, Kalimán consegue libertar o menino, mas terá que enfrentar os zumbis robotizados criados pelo cientista louco Humanon. Capturado, Kalimán é levado para a floresta, onde se localiza o esconderijo de Humanon, a fim de ser submetido às experiências genéticas do louco — que pretende criar uma raça de hu-

manos com cérebros de animais que lhe obedeçam cega-
mente.

COMENTÁRIOS: O filme contou com algumas locações no
Rio de Janeiro e consegue ser divertido, com todos os seus
absurdos e exageros e, principalmente, com a absoluta canastrice do protagonista. Segundo e último filme do personagem Kalimán, que havia surgido no cinema em *Kalimán,
el hombre increíble* (1972).

AVALIAÇÃO: ***

KANAL

Kanal

DIRETOR: Andrzej Wajda

PAÍS: Polônia

COMPANHIA PRODUTORA: Zespól Autorow Fil-
mowych KADR

ANO DE PRODUÇÃO: 1956

DURAÇÃO: 91'

IDIOMA ORIGINAL: Polonês

ARGUMENTO: Jerzy Stefan Stawinski

ROTEIRO: Jerzy Stefan Stawinski

FOTOGRAFIA: Jerzy Lipman [p&b]

MONTAGEM: Halina Nawrocka

MÚSICA: Jan Krenz

ELENCO: Teresa Izewska, Tadeusz Janczar, Wienczyslaw Glinski, Tadeusz Gwiazdowski, Stanislaw Mikulski, Emil Karewicz, Wladyslaw Sheybal, Teresa Berezowska, Zofia Lindorf, Janina Jablonowska, Maria Kretz, Jan Englert, Kazimierz Dejunowicz, Zdzislaw Lesniak, Maciej Maciejewski, Adam Pawlikowski, "alunos do P. W. S. T. de Varsóvia"

GÊNERO: Drama psicológico

SINOPSE: Varsóvia, 1944: Com o levante contra os nazistas praticamente derrotado, um pelotão da resistência polonesa – comandado pelo tenente Farpa – recebe ordens de entrar na cidade, utilizando para isso a tubulação de esgotos. Porém, a escuridão faz com que os soldados se desorientem e se separem, enquanto os miasmas insalubres vão minando a disposição de todos, perdidos no labirinto formado pelas centenas de túneis.

COMENTÁRIOS: Em seu segundo longa, Andrzej Wajda já mostra porque foi um dos maiores talentos da grande fase do cinema polonês (1955-1965). "Kanal" é uma pequena tragédia ou um grande drama sobre o desespero humano em suas dimensões fundamentais: a física e a psicológica. Com

uma abordagem que beira o minimalismo, o diretor consegue expor os horrores da guerra com muito mais veemência
do que os habituais espetáculos de ação, ainda hoje despeja-
dos em nossas telas. Lutando por uma causa perdida sob
condições insuportáveis, os soldados condenados de "Kanal"
poderiam facilmente representar a própria condição dos seres humanos, no seu aspecto mais essencial.

AVALIAÇÃO: ****

KIDS RETURN

(Cf. Kizzu ritan)

KING KONG

KING KONG

DIRETOR: John Guillermin

PAÍS: Estados Unidos

COMPANHIA PRODUTORA: Dino de Laurentiis Corp.

ANO DE PRODUÇÃO: 1976

DURAÇÃO: 134'

IDIOMA ORIGINAL: Inglês

PRODUÇÃO: Dino de Laurentiis

ARGUMENTO: James Creelman, Ruth Rose (or: Merian C. Cooper, Edgar Wallace)

ROTEIRO: Lorenzo Semple Jr.

FOTOGRAFIA: Richard H. Kline [cor]

MONTAGEM: Ralph E. Winters

MÚSICA: John Barry

ELENCO: Jeff Bridges, Charles Grodin, Jessica Lange, John Randolph, René Auberjonois, Julius Harris, Jack O'Halloran, Dennis Fimple, Ed Lauter, Jorge Moreno, Mario Gallo, John Lone, Garry Walberg, John Agar, Keny Long, Sid Conrad, George Whiteman, Wayne Heffley

GÊNERO: Drama de aventura

SINOPSE: Fred Wilson, ganancioso executivo de uma empresa petrolífera, está ansioso para agradar seus patrões e, por isso, decide investir seu prestígio numa empreitada arriscada. Tomando conhecimento da existência de uma ilha perdida no meio do oceano – permanentemente encoberta por uma cortina de névoa – Wilson desconfia de que ela possa ser um rico depósito petrolífero e decide organizar uma expedição de prospecção. Outro interessado na tal ilha, o cientista Jack Prescott, pretende investigar algumas informações sobre o local e penetra no navio como clandestino. Descoberto, Jack acaba sendo incorporado à expedição e fica cuidando da jovem e deslumbrante Dwan, uma náufraga recolhida pelo barco. Chegando à ilha, Wilson descobre, contrariado, que o lugar é habitado por uma tribo de negros muito antipáticos, que se interessam pela bela Dwan e até se oferecem para comprá-la. Como o negócio não rola, a equipe é obrigada a refugiar-se no navio, enquanto dão início às pesquisas. Porém, os selvagens não se conformam com a rejeição e raptam Dwan, oferecendo-a como vítima ao seu deus: um gorila de 20 metros de altura.

COMENTÁRIOS: Refilmagem – bem inferior – de um dos maiores clássicos do cinema hollywoodiano, que tem como destaque as tórridas cenas envolvendo a estreante Jessica Lange e o macaco taradão.

AVALIAÇÃO: ***

KING KONG

King Kong

DIRETOR: Peter Jackson

PAÍS: Estados Unidos / Nova Zelândia / Alemanha

COMPANHIA PRODUTORA: Wingnut Films / Universal Pictures / MFPV Film

ANO DE PRODUÇÃO: 2005

DURAÇÃO: 187'/201'

IDIOMA ORIGINAL: Inglês

PRODUÇÃO: Jan Blenkin, Carolynne Cunningham, Fran Walsh, Peter Jackson

ARGUMENTO: Merian C. Cooper, Edgar Wallace

ROTEIRO: Fran Walsh, Philippa Boyens, Peter Jackson

FOTOGRAFIA: Andrew Lesnie [cor]

MONTAGEM: Jamie Selkirk, Jabez Olssen

MÚSICA: James Newton Howard

ELENCO: Naomi Watts, Jack Black, Adrien Brody, Thomas Kretschmann, Colin Hanks, Jamie Bell, Evan Parke, Lobo Chan, Kyle Chandler, Andy Serkis, John Sumner, Craig Hall, William Johnson, Mark Hadlow, Geraldine Brophy, David Denis, David Pittu, Pip Mushin, Jim Knobeloch, Ric Herbert, Lee Donahue, Tom Hobbs, Tiriel Mora

GÊNERO: Horror e aventura

SINOPSE: Estados Unidos, 1933: Em pleno apogeu da depressão econômica, o tresloucado cineasta Carl Denham tem seu novo projeto – uma aventura com locações em uma ilha remotíssima – cancelado pelos produtores sovinas. Inconformado, ele parte clandestinamente com sua equipe, levando consigo o roteirista Jack Driscoll e uma nova estrela: Ann

Darrow, uma jovem atriz à beira da miséria que entrou acidentalmente para o elenco. Enquanto Ann envolve-se amorosamente com Jack, a equipe chega à ilha, habitada por um povo bizarro que rapta a moça para fazer um sacrifício. Ao resgatar Ann, eles descobrem a existência no interior da ilha de um macaco gigantesco, chamado King Kong, que é venerado pelos nativos. Precisando dar uma satisfação aos seus produtores, Carl decide capturar o macacão e levá-lo para ser exibido em Nova York. Porém, o malandro logo vai perceber que Kong é mais rebelde do que um roqueiro pobre.

COMENTÁRIOS: Terceira versão de um dos maiores clássicos da história do cinema (as anteriores haviam sido realizadas em 1933 e 1976). Trata-se de uma autêntica refilmagem, onde o que se modifica são os efeitos especiais (no estilo *Jurassic Park*) e a namorada de Kong (a grande fraqueza deste filme, já que Naomi Watts está anos-luz atrás de suas antecessoras: Fay Wray e Jessica Lange).

AVALIAÇÃO: ***

KING KONG LIVES

King Kong 2

DIRETOR: John Guillermin

PAÍS: Estados Unidos

COMPANHIA PRODUTORA: DEG – De Laurentiis Entertainment Group

ANO DE PRODUÇÃO: 1986

DURAÇÃO: 105'

IDIOMA ORIGINAL: Inglês

PRODUÇÃO: Martha Schumacher

ARGUMENTO: Ronald Shusett, Steven Pressfield (or: Merian C. Cooper, Edgar Wallace)

ROTEIRO: Ronald Shusett, Steven Pressfield

FOTOGRAFIA: Alec Mills [cor]

MONTAGEM: Malcolm Cooke

MÚSICA: John Scott

ELENCO: Brian Kerwin, Linda Hamilton, John Ashton, Peter Michael Goetz, Frank Maraden, Jimmie Ray Weeks, Pewter Elliot, George Yiasomi, Alan Sader, Lou Criscuolo, Marc Clement, Richard Rhodes, Larry Souder, Ted Prichard, Jayne Linday-Gray, Debbie McLeod, Elizabeth Hayes, Natt Christian, Mac Pirkle, Larry Sprinkle, Rod Davis, David DeVries, Bonnie Cook, J. Michael Hunter, Robin Cahall, Don Law, Jack Maloney, Jeff Benninghofen, Jim Grimshaw, Bernard Addison, Michael McLendon, Jimmy Wiggins, Mary Swafford, Michael Forest, Leon Rippy, Wallace Merck, Dean Whitworth, Hershel Sparber, Dandy Stevenson, Lydia Smith, Hope Nunnery, Margaret Freeman, Winston Hemingway, Tom Parkhill, Buck Ford, Derek Pearson, Gary Kaikaka, Duke Ernsberger, Mike Starr, Shannon Rowell

GÊNERO: Aventura dramática

SINOPSE: Ao contrário do que se viu no filme anterior, King Kong não morreu realmente da queda do arranha-céu ou dos milhares de tiros que levou. O gorila gigante é mantido, há 10 anos, em estado de coma no centro de pesquisas de uma grande universidade, onde foi construído um enorme coração artificial para devolvê-lo à vida. Porém, o transplante se revela impossível, já que Kong está muito fraco e não há sangue compatível para uma transfusão. Subitamente, chega à universidade a notícia de que um caçador americano, Mitchell, capturou na África uma gorila fêmea do mesmo tamanho de Kong. Apesar da oposição da responsável pelo macaco, a doutora Emily – que teme o contato entre o casal – os cientistas compram a macaca, que é trazida para os Estados Unidos. Com seu sangue, Kong é operado e volta à ativa. Porém, após tantos anos de abstinência sexual, Kong não pode deixar de pressentir a presença da macaca, que está há alguns quilômetros do laboratório. Prevenidos por Mitchell, os cientistas tentam levar a gorila para outro local, mas Kong acaba escapando e apossando-se da bela (e única) fêmea. Com a lembrança da catástrofe ocorrida há 10 anos, as autoridades logo apressam-se a chamar os militares, que começam a caçada ao casal.

COMENTÁRIOS: Continuação desastrosa da refilmagem de "King Kong" (com os mesmos produtor e diretor do filme de 1976). A pouca profundidade da história original acaba por diluir-se completamente nesta segunda parte, que já começa com a absurda "ressurreição" do macaco. Já não resta mais nada dos méritos do filme anterior, pois os efeitos especiais não evoluíram um passo (até pelo contrário, com o ridículo "filhote" do gorila) e o erotismo e a violência foram adaptados ao nível das platéias infantojuvenis.

AVALIAÇÃO: *

KISS ME DEADLY

A MORTE NUM BEIJO

DIRETOR: Robert Aldrich

PAÍS: Estados Unidos

COMPANHIA PRODUTORA: Parklane Pictures

ANO DE PRODUÇÃO: 1955

DURAÇÃO: 105'

IDIOMA ORIGINAL: Inglês

PRODUÇÃO: Robert Aldrich

ARGUMENTO: Mickey Spillane

ROTEIRO: A. I. Bezzerides

FOTOGRAFIA: Ernest Laszlo [p&b]

MONTAGEM: Michael Luciano

MÚSICA: Frank DeVol

ELENCO: Ralph Meeker, Albert Dekker, Paul Stewart, Juano Hernandez, Wesley Addy, Marion Carr, Marjorie Bennett, Mort Marshall, Fortunio Bonanova, Strother Martin, Madi Comfort, James McCallion, Robert Cornthwaite, Silvio Minciotti, Nick Dennis, Ben Morris, Jack Elam, Paul Richards, Jesslyn Fax, James Seay, Percy Helton, Leigh Snowden, Jack Lambert, Jerry Zinneman, Maxine Cooper, Cloris Leachman, Gaby Rodgers

GÊNERO: Drama criminal

SINOPSE: Mike Hammer é um detetive particular de moral duvidosa, que ganha a vida espionando adúlteros para ações de divórcio. Para isso, ele conta com a ajuda de sua secretária e namorada Velda, que se encarrega de providenciar adultérios para o seu patrão. Voltando de um trabalho no interior, Hammer dá carona à misteriosa Christine, que vagava em desespero pela estrada deserta. Christine pouco revela sobre si, mas logo o carro de Hammer é interceptado e ele é nocauteado. Ao acordar, o detetive descobre que está há dias num hospital e que Christine foi achada morta dentro do seu carro. Desconfiando de que o caso é importante, devido às precauções demonstradas pela polícia, Hammer resolve investigar por conta própria, pensando em ganhar um bom dinheiro achacando algumas consciências pesadas.

COMENTÁRIOS: Filme noir protagonizado pelo anti-herói criado por Mickey Spillane. Típico personagem da novela policial norte-americana, Hammer é uma criatura contraditória, sempre alternando vilania, altruísmo e toda a dose de violência permitida pela censura dos anos 50.

AVALIAÇÃO: ***

KISS OF DEATH

O BEIJO DA MORTE

DIRETOR: Henry Hathaway

PAÍS: Estados Unidos

COMPANHIA PRODUTORA: Twentieth Century-Fox

ANO DE PRODUÇÃO: 1947

DURAÇÃO: 98'

IDIOMA ORIGINAL: Inglês

PRODUÇÃO: Fred Kohlmar

ARGUMENTO: Eleazar Lipsky

ROTEIRO: Ben Hecht, Charles Lederer

FOTOGRAFIA: Norbert Brodine [p&b]

MONTAGEM: J. Watson Webb Jr.

MÚSICA: David Buttolph

ELENCO: Victor Mature, Brian Donlevy, Coleen Gray, Richard Widmark, Taylor Holmes, Howard Smith, Karl Malden

GÊNERO: Drama criminal

SINOPSE: Nick Bianco é um típico bandido pé de chinelo que acaba preso após assaltar uma joalheria. Como todo bandido decente e honesto, ele se recusa a entregar seus comparsas e vai cumprir uma longa pena no presídio. Porém, ao saber que sua esposa se suicidou e que suas duas filhas pequenas foram para um orfanato, Bianco resolve abrir o bico e entregar seu parceiro Rizzo, que mantinha um caso amoroso com a falecida. Fazendo um acordo com o promotor De Angelo, Bianco torna-se informante da polícia e, com isso, consegue sua liberdade condicional. Ele casa-se com a vizinha Nettie e leva a família para morar num subúrbio distante. Porém, em troca de sua liberdade, De Angelo exige que Nick se aproxime do assassino profissional Tommy Udo, seu antigo colega de prisão, a fim de colher informações sobre suas atividades criminosas. Nick entrega provas contra Udo, mas acaba sendo obrigado a testemunhar contra ele no tribunal. Apesar de tudo, Udo é inocentado e Bianco passa a temer por sua vida, já que o bandido é um psicopata sem qualquer escrúpulo.

COMENTÁRIOS: Policial noir no estilo clássico, mostrando um personagem marginal que se regenera pela via do amor verdadeiro. Mature interpreta um perfeito anti-herói, começando a história como um bandido e terminando como um abnegado benfeitor da sociedade. Curiosamente, seu heroismo decorre de uma ação discutível – a delação de seus companheiros – que não é justificada com a necessária veemência (possivelmente pela perspectiva maniqueista da época, que não admitia qualquer complacência para com os "maus", fossem eles gângsteres ou comunistas). História interessante, com destaque para a excelente performance de Richard Widmark.

AVALIAÇÃO: ***

De volta às aulas

DIRETOR: Takeshi Kitano

PAÍS: Japão

COMPANHIA PRODUTORA: Bandai Visual Company / Office Kitano / Ota Publishing

ANO DE PRODUÇÃO: 1996

DURAÇÃO: 107'

IDIOMA ORIGINAL: Japonês

PRODUÇÃO: Masayuki Mori, Yasushi Tsuge, Takio Yoshida

ARGUMENTO: Takeshi Kitano

ROTEIRO: Takeshi Kitano

FOTOGRAFIA: Katsumi Yanagishima [cor]

MONTAGEM: Katsumi Yanagishima

MÚSICA: Joe Hisaishi

ELENCO: Ken Kaneko, Masanobu Ando, Leo Morimoto, Hatsuo Yamaya, Michisuke Kashiwaya, Yuko Daike, Susumu Terajima, Moro Morooka, Masami Shimojo, Mitsuko Oka, Ryo lshibashi, Peking Genji, Atsuki Ueda, Kotaro Yoshida, Koichi Shigehisa, Kyosuke Yabe, Masami Shimojo,

Yoshitaka Otsuka, Kazuki Oh, Shintaro Hasegawa, Kanji Tsuda, Yojin Hino, Ren Ohsugi, Baiken Jukkanji, Koji Koike, Hirokazu Inoue, Emiko Onda, Hajime Tanimoto, Rome Kanda, Motoharu Tamura, Koji Kitakawa

GÊNERO: Drama de relacionamento

SINOPSE: Masaru e Shinji são dois adolescentes, colegas de classe numa escola secundária. Porém, muito longe de qualquer interesse pelos estudos, a maior ocupação dos dois rapazes é aprontar brincadeiras de mau-gosto com colegas e professores, achacando os estudantes mais jovens e lhes tomando dinheiro. Masaru, o líder da dupla, é metido a valentão, até o dia em que toma uma surra de um outro garoto, perdendo a moral na escola. Furioso, o rapaz decide vingar-se e vai aprender boxe numa academia, levando Shinji junto com ele. Porém, apesar da fanfarronice de Masaru, é Shinji quem se revela um verdadeiro talento para o boxe, sendo escolhido para lutar em público. Decepcionado, Masaru abandona a academia e vai trabalhar como empregado de um chefão da Yakuza. Vendo-se afastado do amigo, Shinji acaba envolvendo-se com um veterano pugilista, que o leva para farras e lhe ensina todos os vícios da "nobre arte". Enquanto Shinji sobe em sua carreira, Masaru não fica para trás e logo conquista um posto importante na máfia, sonhando com o dia em que também será um chefão.

COMENTÁRIOS: O filme retrata alguns aspectos da moderna sociedade japonesa através das experiências de uma dupla de jovens em busca de perspectivas de vida. Adepto da crítica social, o diretor Kitano nos mostra problemas típicos das nações ricas, mas também situações peculiares à vida japonesa – que se baseia numa mistura híbrida entre tradições milenares e valores ocidentais.

AVALIAÇÃO: ***

KRZYZACY

OS CAVALEIROS TEUTÔNICOS

DIRETOR: Aleksander Ford

PAÍS: Polônia

COMPANHIA PRODUTORA: Studio

ANO DE PRODUÇÃO: 1960

DURAÇÃO: 173'

IDIOMA ORIGINAL: Polonês

ARGUMENTO: Henryk Sienkiewicz

ROTEIRO: Jerzy Stawinski, Aleksander Ford

FOTOGRAFIA: Mieczyslaw Jahoda [cor]

MONTAGEM: Miroslawa Garlicka, Alina Faflik

MÚSICA: Kazimierz Serocki

ELENCO: Urszula Modrzynska, Grazyna Staniszewska, Andrzej Szalawski, Henryk Borowski, Aleksander Fogiel, Mieczyslaw Kalenik, Emil Karewicz, Tadeusz Kosudarski, Lucyna Winnicka, Tadeusz Bialoszczynski, Mieczyslaw Voit, Jan Strachocki, Stanislaw Jasiukiewicz, Leon Niemczyk, Zbigniew Skowronski, Mieczyslaw Stoor, Wlodzimierz Skoczylas, Seweryn Butrym, Barbara Horawianka, Alicja Krawczyk, Irena Laskowska, Teresa Lassota, Bohdan Baer, Ludwik Benoit, Adam Dzieszynski, Andrzej Grzybowski, Stanislaw Jaskiewicz, Cezary Julski, Andrzej Konic, Jerzy Kozakiewicz, Józef Kostecki, Andrzej Krasicki, Antoni Lewek, Zdzislaw Lubelski, Julian Lisowski, Lechoslaw Litwinski, Alfred Lodzinski, Stanislaw Milski, Wieslaw Mirewicz, Zbigniew Oksza, Lech Owron-Przyluski, Jerzy Pichelski, Janusz Paluszkiewicz, Michal Plucinski, Andrzej Polkowski, Stefan Rydel, Ryszard Ronczewski, Lech Skolimowski, Jerzy Smyk, Stanislaw Winczewski, Roman Wilhelmi, Tadeusz Wozniak, Janusz Ziejewski, Feliks Zukowski

GÊNERO: Drama épico histórico

SINOPSE: Na Idade Média, a Polônia está sofrendo a opressão da ordem dos Cavaleiros Teutônicos, que recebeu permissão papal para controlar todo o comércio da região.

Viciosos e dissolutos, os cavaleiros espalham o terror na fronteira, escravizando o povo e cobrando pesados impostos. Desafiando o poderio da ordem, o conde Jurand de Spychowa é castigado com a morte de sua esposa, barbaramente assassinada. Ele torna-se, então, o principal foco de resistência ao domínio dos cavaleiros, contando com a velada simpatia do rei Wladyslaw e de outros nobres. Para acabar com a ameaça de Jurand, os cavaleiros teutônicos concebem um plano maligno: eles sequestram Danuska, a filha do conde, e exigem que ele se apresente sozinho e desarmado para reavê-la. Uma vez em poder dos cavaleiros, Jurand é torturado, tendo sua língua e seu único olho arrancados. Nesse ínterim, os abusos da ordem atingiram seu ápice e o rei da Polônia une-se aos seus vizinhos para enfrentar os cavaleiros numa guerra sem trégua.

COMENTÁRIOS: O filme segue uma abordagem temática e um estilo narrativo bastante ortodoxos, com personagens-clichês desenvolvidos numa perspectiva maniqueísta. Apesar do excessivo formalismo, o elenco talentoso consegue transformar esta obra num espetáculo leve e atraente. Trata-se de uma rara mostra do trabalho de Ford, o mais clássico dos realizadores poloneses.

AVALIAÇÃO: ***

A DAMA ENJAULADA

DIRETOR: Walter Grauman

PAÍS: Estados Unidos

COMPANHIA PRODUTORA: Paramount Pictures / Luther Davis Productions

ANO DE PRODUÇÃO: 1963

DURAÇÃO: 93'

IDIOMA ORIGINAL: Inglês

PRODUÇÃO: Luther Davis

ARGUMENTO: Luther Davis

ROTEIRO: Luther Davis

FOTOGRAFIA: Lee Garmes [p&b]

MONTAGEM: Leon Barsha

MÚSICA: Paul Glass

ELENCO: Olivia de Havilland, James Caan, Jennifer Billingsley, Rafael Campos, William Swan, Jeff Corey, Ann Sothern, Scatman Crothers

GÊNERO: Drama com elementos surrealistas

SINOPSE: Enquanto seu filho vai passar o fim de semana

com amigos, a velha senhora Hyllard – quase inválida, desde que sofreu uma fratura na bacia – fica sozinha em sua rica mansão. Porém, um caminhão danifica a fiação da casa, causando uma pane de energia e deixando a velhota presa dentro do elevador (que servia, desde o acidente, para fazer a ligação entre os dois pavimentos da casa). Em desespero, ela tenta pedir ajuda, mas atrái apenas a atenção de um velho mendigo bêbado, que prefere roubar a casa a ajudar a mulher. Vendo que a boca é rica, o mendigo vai buscar a ajuda de uma prostituta em fim de carreira, mas também chama a atenção de um trio de jovens transviados, que o seguem e descobrem a casa. Os jovens invadem a mansão e iniciam o saque, para desespero da velha e contrariedade do mendigo e da prostituta.

COMENTÁRIOS: A ideia até que não é das piores, o começo é bastante promissor, mas o diretor não tem imaginação e ousadia suficientes para manter o clima caótico e perverso, que logo descamba para doses primárias de violência e moralismo.

AVALIAÇÃO: ***

LARA CROFT: TOMB RAIDER / TOMB RAIDER

DIRETOR: Simon West

PAÍS: Estados Unidos

COMPANHIA PRODUTORA: Paramount Pictures / Mutual Film Company

ANO DE PRODUÇÃO: 2001

DURAÇÃO: 100'

IDIOMA ORIGINAL: Inglês

PRODUÇÃO: Lawrence Gordon, Lloyd Levin, Colin Wilson (coprodução: Chris Kenny, Bobby Klein)

ARGUMENTO: Simon West (or: Sara B. Cooper, Mike Werb, Michael Colleary)

ROTEIRO: Patrick Massett, John Zinman

FOTOGRAFIA: Peter Menzies Jr. [cor]

MONTAGEM: Glen Scantlebury, Dallas S. Puett

MÚSICA: Graeme Revell (supervisão: Peter Afterman)

ELENCO: Angelina Jolie, Jon Voight, Noah Taylor, Iain Glen, Daniel Craig, Christopher Barrie, Julian Rhind-Tutt, Richard Johnson, Leslie Phillips, Robert Phillips, Rachel Appleton, Henry Wyndham, David Y. Cheung, David K. S. Tse, Ayla Amiral, Ozzie Yue, Wai-Keat Lau, Stephanie Burns, Carl Chase, Richenda Carey, Sylvano Clarke, Olegar Fedoro, Anna Maria Everett

GÊNERO: Ação e aventura

SINOPSE: Lara Croft é uma jovem e bela arqueóloga e aventureira inglesa que vive em sua mansão, sempre que está descansando de suas atribuladas atividades profissionais. Apesar de sua vida glamurosa e requintada, Lara carrega consigo o trauma do desaparecimento de seu pai, lorde Richard Croft, também um célebre arqueólogo. Num sonho, Lara recebe um aviso de seu pai e encontra um misterioso relógio. Ela tenta obter informações sobre o objeto, mas sua casa é invadida por um comando de mercenários e o relógio é roubado. Logo depois, Lara encontra um bilhete de seu pai, no qual ele lhe adverte de que o mundo corre um sério perigo, já que o relógio mostra a localização das duas metades de um triângulo mágico, escondidas por um povo da Antiguidade. Segundo Richard, o triângulo – que conferia ao seu possuidor o poder sobre o tempo – é cobiçado pela poderosa organização dos Illuminati, que pretende utilizá-lo para dominar o mundo. Lara descobre que o relógio está em poder de um representante dos Illuminati e parte à sua procura, indo para o Oriente misterioso.

COMENTÁRIOS: Versão cinematográfica de um dos maiores clássicos do vídeogame. Seguindo seu modelo, o filme não tem preocupações com o enredo ou com a estruturação dos personagens, apelando para recursos mais "eficientes" (no caso, muita ação e efeitos especiais). O principal trunfo do filme é a presença de Angelina Jolie, perfeita como a heroína Lara Croft (que deve muito de seu sucesso à sensualidade). No entanto, não é possível deixar de lastimar o ridículo uso da violência "de mentirinha", já que a protagonista distribui abundantes doses de pancadas e tiros sem ser responsável direta por nenhuma morte (este recurso é típico dos seriados de TV, a fim de escapar das acusações de incentivo à violência). Locações na Inglaterra, Islândia e Camboja.

AVALIAÇÃO: ***

LARMAR OCH GÖR SIG TILL

O MUNDO DE LUZ E SOMBRAS

DIRETOR: Ingmar Bergman

PAÍS: Suécia / Dinamarca / Itália / Alemanha / Noruega

COMPANHIA PRODUTORA: Sveriges Television / DR – Danmarks Radio / NRK – Norsk Rikskringkasting / RAI / YLE 1 / ZDF / Nordiska TV – samarbetsfonden / Nordisk Film och TV – Fond

ANO DE PRODUÇÃO: 1997

DURAÇÃO: 119'

IDIOMA ORIGINAL: Sueco

PRODUÇÃO: Mans Reuterswärd, Pia Ehrnvall

ARGUMENTO: Ingmar Bergman

ROTEIRO: Ingmar Bergman

FOTOGRAFIA: Tony Forsberg [cor]

MONTAGEM: Sylvia Ingemarsson

MÚSICA: Franz Schubert

ELENCO: Börje Ahlstedt, Marie Richardson, Erland Josephson, Pernilla August, Anita Björk, Agneta Ekmanner, Lena Endre, Gunnel Fred, Gerthi Kulle, Johan Lindell, Peter Stormare, Folke Asplund, Anna Björk, Inga Landgré, Alf Nilsson, Harriet Nordlund, Tord Peterson, Birgitta Pettersson

GÊNERO: Drama psicoescatológico

SINOPSE: Na Suécia de meados da década de 1920, Carl Akerblom é um homem de meia-idade com sérios problemas mentais. Após agredir seriamente sua jovem noiva Pauline – numa de suas crises de violência incontrolável – ele é internado numa casa de repouso. Sempre atormentado pela presença da morte (que ele vê em alucinações, na forma de um *clown*), Carl tem a ideia de realizar um filme sobre o compositor Schubert – que ele adora –, através do qual pretende exorcizar seus fantasmas.

COMENTÁRIOS: Realizado para a TV (onde Bergman refugiou-se, após abandonar o cinema no final da década de 70), este filme trata de alguns temas recorrentes na obra do

autor (como o fantasma da morte inevitável e a impossibilidade de comunicação afetiva/efetiva entre os seres humanos). Aqui, no entanto, o tema dominante é o envelheci-
mento e a impotência vital, preocupações que deviam pre-
ponderar no espírito do próprio Bergman (já próximo de
seus 80 anos). Depressiva e desesperançada, esta telepeça é
uma obra irremediavelmente menor, embora ainda traga a
marca do talento do diretor.

AVALIAÇÃO: ***

THE LAST COMMAND

A ÚLTIMA ORDEM

DIRETOR: Josef von Sternberg

PAÍS: Estados Unidos

COMPANHIA PRODUTORA: Paramount Famous Lasky
Corporation

ANO DE PRODUÇÃO: 1928

DURAÇÃO: 88'

IDIOMA ORIGINAL: Mudo

PRODUÇÃO: Adolph Zukor, Jesse L. Lasky

ARGUMENTO: Lajos Biro

ROTEIRO: John F. Goodrich

FOTOGRAFIA: Bert Glennon [p&b]

MONTAGEM: William Shea

ELENCO: Emil Jannings, Evelyn Brent, William Powell, Jack Raymond, Nicholas Soussanin, Michael Visaroff, Fritz Feld

GÊNERO: Drama com fundo histórico e elementos metalinguísticos

SINOPSE: Hollywood, 1928: O consagrado diretor de cinema soviético Lev Andreyev chega para trabalhar nos estúdios norte-americanos, onde realizará um épico sobre a Revolução de 1917. Ao examinar as fotos dos atores russos no catálogo do estúdio, Lev descobre nada mais nada menos que o grão-duque Sergius Alexander, que fôra o comandante supremo dos exércitos do czar, de quem era primo, na luta contra os revolucionários. Lembrando-se de que fôra preso e humilhado pelo aristocrata, quando ainda era um simples militante comunista, Lev resolve desforrar-se e manda que Sergius – agora velho, doente e na miséria – seja chamado para trabalhar no filme, interpretando justamente um general.

COMENTÁRIOS: O filme aborda a revolução russa pelo ângulo dos perdedores (o preferido do cinema americano, que mostra os revolucionários comunistas como um bando de arruaceiros bêbados, devassos e violentos). Além da duvidosa performance de Jannings como galã (seduzindo a mais leviana revolucionária de todos os tempos) e do seu exagero como velho alquebrado, este filme mudo tardio também apresenta uma visão bastante crítica dos bastidores de Hollywood (mostrando os figurantes tratados como gado, para ganhar alguns tostões).

AVALIAÇÃO: ***

LAURA

LAURA

DIRETOR: Otto Preminger

PAÍS: Estados Unidos

COMPANHIA PRODUTORA: Twentieth Century-Fox

ANO DE PRODUÇÃO: 1944

DURAÇÃO: 88'

IDIOMA ORIGINAL: Inglês

PRODUÇÃO: Otto Preminger

ARGUMENTO: Vera Caspary

ROTEIRO: Jay Dratler, Samuel Hoffenstein, Betty Reinhardt

FOTOGRAFIA: Joseph LaShelle [p&b]

MONTAGEM: Louis Loeffler

MÚSICA: David Raksin

ELENCO: Gene Tierney, Dana Andrews, Clifton Webb, Vincent Price, Judith Anderson, Dorothy Adams

GÊNERO: Drama criminal noir

SINOPSE: O tenente da polícia Mark McPherson é chamado para investigar o assassinato da publicitária Laura Hunt, que levou um tiro de fuzil em pleno rosto, dentro de seu apartamento. Logo surgem os três principais suspeitos do crime: o prestigiado radialista Waldo Lydecker, que ajudou Laura a fazer carreira e alimentava uma paixão não correspondida pela moça; o playboy decadente Shelby Carpenter, noivo e colega de trabalho de Laura, ameaçado pela descoberta de seu caso com uma modelo; e Ann Treadwell, ricaça de meia-idade, parenta de Laura e secretamente apaixonada por Shelby. Conforme aprofunda suas investigações, Mark vai-se deixando fascinar pela figura carismática de Laura, até apaixonar-se pela morta.

COMENTÁRIOS: Clássico do policial noir, Laura é provavelmente um dos filmes mais charmosos de todos os tempos. Trata-se de uma daquelas raras ocasiões em que o cinema consegue reunir – e harmonizar com perfeição – os diversos elementos que devem compor a alquimia de uma obra de arte. Conduzida por sua soberba música-tema, a bem-elaborada trama flui com absoluta naturalidade, reunindo grandes astros em papéis marcantes. Além da beleza sutil de Gene Tierney e da cafajestice simpática de Vincent Price, contamos com a magnífica presença de Clifton Webb (que, com George Sanders e Claude Rains, formou o melhor trio de vilões sofisticados da história de Hollywood).

AVALIAÇÃO: ****

LEARNING CURVE

(Cf. Detention)

LEKCE FAUST

(Cf. Faust)

LA LEY DEL DESEO

A LEI DO DESEJO

DIRETOR: Pedro Almodóvar

PAÍS: Espanha

COMPANHIA PRODUTORA: El Deseo / Laurel Films

ANO DE PRODUÇÃO: 1986

DURAÇÃO: 102'

IDIOMA ORIGINAL: Espanhol

ARGUMENTO: Pedro Almodóvar

ROTEIRO: Pedro Almodóvar

FOTOGRAFIA: Angel L. Fernandez [cor]

MONTAGEM: José Salcedo

MÚSICA: "diversos"

ELENCO: Eusebio Poncela, Carmen Maura, Antonio Banderas, Miguel Molina, Fernando Guillén, Manuela Velasco, Nacho Martinez, Bibi Andersen, Helga Liné, Germán Cobos, Fernando Guillén Cuervo, Marta Fernández Muro, Lupe Barrado, Alfonso Vallejo, Maruchi León, José Manuel Bello, Agustín Almodóvar, Rosy Von Donna [Rossy de Palma], José R. Pardo, Juan A. Granja, Angie Gray, Hector Saurint, José Ramón Fernández, Pepe Patatín

GÊNERO: Drama de relacionamento

SINOPSE: Pablo Quintero é um bem-sucedido cineasta que exorciza nos filmes os fantasmas de sua homossexualidade mal resolvida. Porém, o sucesso das telas não se repete na vida pessoal, já que seu romance com o jovem Juan é um fracasso de público e crítica. Quando Juan resolve ir trabalhar em outra região, Pablo cai em profunda depressão e acaba se envolvendo com outra jovem frutinha, Antonio, seu antigo admirador. Ao mesmo tempo, Pablo dirige uma nova montagem teatral estrelada por sua irmã, a transsexual Tina. Sempre esperando o retorno de Juan, Pablo não leva a sério seu relacionamento com Antonio, sem saber que seu novo amante é um psicopata, obcecado por tudo o que diz respeito a ele.

COMENTÁRIOS: Uma das primeiras obras "maduras" de Almodóvar, misturando o mais puro kitsch ibérico com elementos do underground homossexual, salpicados por uma estética trash e decadente.

AVALIAÇÃO: ***

LIFEBOAT

UM BARCO E NOVE DESTINOS

DIRETOR: Alfred Hitchcock

PAÍS: Estados Unidos

COMPANHIA PRODUTORA: Twentieth Century-Fox

ANO DE PRODUÇÃO: 1944

DURAÇÃO: 96'

IDIOMA ORIGINAL: Inglês

PRODUÇÃO: Kenneth MacGowan

ARGUMENTO: John Steinbeck

ROTEIRO: Jo Swerling

FOTOGRAFIA: Glen MacWilliams [p&b]

MONTAGEM: Dorothy Spencer

MÚSICA: Hugo W. Friedhofer (direção: Emil Newman)

ELENCO: Tallulah Bankhead, William Bendix, Walter Slezak, Mary Anderson, John Hodiak, Henry Hull, Heather Angel, Hume Cronyn, Canada Lee

GÊNERO: Drama que mistura propaganda de guerra com conflitos psicológicos e sociais

SINOPSE: Em plena 2ª Guerra, um navio de passageiros é atacado por um submarino alemão e naufraga. Os sobreviventes — nove passageiros e tripulantes — reúnem-se num barco salva-vidas e se propõem a navegar para as Bermudas (seu destino inicial), sabendo que demorarão muito para serem resgatados. Dentre os náufragos recolhidos, encontra-se um tripulante do submarino — que também foi afundado. Alguns querem abandoná-lo, mas os passageiros mais lúcidos lembram dos seus deveres humanitários e decidem levá-lo como prisioneiro de guerra. Porém, o tal alemão é justamente o capitão do submarino, um nazista de carteirinha que faz de tudo para sabotar os planos de seus captores. Enquanto a situação se deteriora no barco, os passageiros vão tendo seus conflitos, ao mesmo tempo em que recordam os dramas de suas vidas em terra.

COMENTÁRIOS: Passado inteiramente dentro de um barco salva-vidas, o filme foge bastante ao habitual estilo narrativo do diretor, sem fugir à sua deplorável concepção ética. De fato, a obra de Hitchcock sempre foi dominada por um maniqueísmo quase patológico, colocando-se numa defesa radical do lado "bom" (o seu, inicialmente britânico e depois norte-americano) e sendo implacável com os "maus" (especialmente os eslavos, germânicos e russos, seus "inimigos" desde a década de 30).

AVALIAÇÃO: **

LILI MARLEEN

Lili Marlene

DIRETOR: Rainer Werner Fassbinder

PAÍS: Alemanha

COMPANHIA PRODUTORA: Roxy-Film / CJP-Film / Rialto-Film

ANO DE PRODUÇÃO: 1980

DURAÇÃO: 120'

IDIOMA ORIGINAL: Alemão

PRODUÇÃO: Enzo Peri, Luggi Waldleitner

ARGUMENTO: Lale Andersen

ROTEIRO: Manfred Purzer (colaboração: Joshua Sinclair, Rainer Werner Fassbinder)

FOTOGRAFIA: Xaver Schwarzenberger [cor]

MONTAGEM: Franz Walsch [Rainer Werner Fassbinder], Juliane Lorenz

MÚSICA: Peer Raben

ELENCO: Hanna Schygulla, Giancarlo Giannini, Mel Ferrer, Karl Heinz von Hassel, Erik Schumann, Hark Bohm, Gottfried John, Karin Baal, Christine Kaufmann, Udo Kier, Roger Fritz, Rainer Will, Adrian Hoven, Raul Giminez, Willy Harlander, Barbara Valentin, Helen Vita, Elisabeth Volkmann, Lilo Pempeit, Traute Höss, Brigitte Mira, Herb Andress, Michael McLernon, Jürgen Dräger, Rudolf Lenz, Harry Baer, Toni Netzle, Daniel Schmid, Peter Chatel, Volker Eckstein, Helmut Petigk, Werner Asam, Dirk Galuba, Sonja Neudorfer, Irm Hermann, Herbert Steinmetz, Alexander Allerson, Christine de Loupe

GÊNERO: Drama

SINOPSE: No fim dos anos 30, Willie Bunterberg é uma medíocre cantora de cabaré alemã trabalhando na Suíça, onde é amante do maestro judeu Robert Mendelsson. Ao descobrir que Robert faz parte de uma organização secreta

– chefiada por seu pai David – para facilitar a fuga de judeus da Alemanha, Willie oferece-se para acompanhá-lo em uma missão importante. Porém, David – que deseja afastar seu filho de Willie – denuncia a moça às autoridades suíças e ela é proibida de voltar ao país até poder pagar suas diversas dívidas. Sem ter como se manter, Willie vai procurar o empresário Hans Henkel, que se interessara por ela na Suíça. A moça surpreende-se ao ver que Henkel é um importante oficial nazista, que logo lhe consegue um emprego. Com a eclosão da guerra, Willie é obrigada a desistir de seus planos de voltar para a Suíça e passa a cuidar de sua carreira de cantora. Querendo impressionar Willie, Henkel consegue fazer com que ela grave em disco uma velha balada militar intitulada Lili Marleen. A gravação é um fracasso, até que o disco é tocado casualmente em uma rádio do front, tornando-se imediatamente o preferido dos soldados. Subitamente, Willie é promovida a estrela e logo cái nas graças de Hitler, tornando-se uma das principais figuras da cultura nazista.

COMENTÁRIOS: Apelando para os elementos do melodrama clássico hollywoodiano (típicos de seu mestre Douglas Sirk), Fassbinder realiza uma de suas obras mais convencionais, dramatizando a história da célebre canção Lili Marleen (um dos maiores hits da parada nazista e até mesmo das forças aliadas). O filme se insere (juntamente com "O casamento de Maria Braun" e "Lola") na trilogia em que o di-

retor metaforizou o período nazista e a reconstrução da Alemanha no pós-guerra.

AVALIAÇÃO: ***

LISBON STORY

O céu de Lisboa

DIRETOR: Wim Wenders

PAÍS: Alemanha

COMPANHIA PRODUTORA: Road Movies Filmpro-
duktion

ANO DE PRODUÇÃO: 1994

DURAÇÃO: 100'

IDIOMA ORIGINAL: Inglês & Português & Alemão

PRODUÇÃO: Ulrich Felsberg, Paulo Branco, Wim Wenders

ARGUMENTO: Wim Wenders

ROTEIRO: Wim Wenders

FOTOGRAFIA: Lisa Rinzler [cor]

MONTAGEM: Peter Przygodda, Anne Schnee

MÚSICA: "grupo Madredeus" [Teresa Salgueiro, Pedro

Ayres Magalhães, Rodrigo Leão, Gabriel Gomes, José Peixoto, Francisco Ribeiro], Jürgen Knieper

ELENCO: Rüdiger Vogler, Patrick Bauchau, Teresa Salgueiro, "grupo Madredeus" [Pedro Ayres Magalhães, Rodrigo Leão, Gabriel Gomes, José Peixoto, Francisco Ribeiro], Manoel de Oliveira, Vasco Sequeira, Canto e Castro, Viriato Jose da Silva, João Canijo, Ricardo Colares, Joel Ferreira, Sofia Bénard da Costa, Vera Cunha Rocha, Elisabete Cunha Rocha

GÊNERO: Drama

SINOPSE: Na Alemanha, o fotógrafo cinematográfico Philippe Winter recebe um chamado urgente do cineasta Friedrich Monroe, de quem é habitual colaborador. Friedrich está realizando um documentário em Lisboa e entrou em crise criativo-existencial, não conseguindo terminar seu trabalho. Philippe chega à Lisboa e não encontra Friedrich em sua casa. Apesar disso, ele começa a sonorizar o filme, enquanto procura o amigo por toda a cidade.

COMENTÁRIOS: Um brilhante trabalho de Wenders, que volta a abordar a própria concepção da criação cinematográfica (como já fizera em *O estado das coisas*). Utilizando poucos atores profissionais, Wenders preenche seu filme com a presença do grupo musical Madredeus e do cineasta Manoel de Oliveira (numa comovente participação). Trata-se, principalmente, de uma crítica aos que negam o valor do cinema existente, em benefício de concepções idealistas como a de "pureza" ou "autonomia" das imagens (concepções que principiaram na vanguarda francesa, se desenvolveram na Nouvelle Vague e culminaram no cinema de Andy Warhol e outros experimentalistas menos votados). Na verdade, é principalmente uma defesa do cineasta enquanto artista criador de imagens (e não um mero escravo da realidade). Com locações em Lisboa, trata-se de uma belíssima obra, que mostra um Wenders redivivo (após os delírios místicos de seus trabalhos anteriores).

AVALIAÇÃO: ****

THE LIST OF ADRIAN MESSENGER

A LISTA DE ADRIAN MESSENGER

DIRETOR: John Huston

PAÍS: Estados Unidos

COMPANHIA PRODUTORA: Universal Pictures / Joel Productions

ANO DE PRODUÇÃO: 1963

DURAÇÃO: 98'

IDIOMA ORIGINAL: Inglês

PRODUÇÃO: Edward Lewis

ARGUMENTO: Philip MacDonald

ROTEIRO: Anthony Veiller

FOTOGRAFIA: Joe MacDonald [p&b]

MONTAGEM: Terry O. Morse

MÚSICA: Jerry Goldsmith

ELENCO: Tony Curtis, Kirk Douglas, Burt Lancaster, Robert Mitchum, Frank Sinatra, George C. Scott, Dana Wynter, Clive Brook, Gladys Cooper, Herbert Marshall, Jacques Roux, John Merivale, Marcel Dalio, Bernard Archard, Walter Anthony Huston, Roland Long

GÊNERO: Drama criminal

SINOPSE: Pouco antes de viajar para os Estados Unidos, o escritor inglês Adrian Messenger entrega a seu amigo Anthony Gethryn – um ex-agente da espionagem britânica – uma lista com dez nomes, pedindo que ele identifique o paradeiro de todos eles. Porém, Messenger morre quando seu avião explode em pleno ar, ao mesmo tempo em que Gethryn descobre que vários nomes da lista também morreram em circunstâncias suspeitas. Quando o desastre de avião é identificado como um atentado, Gethryn passa a investigar o caso, que parece estar ligado a um mistério do passado.

COMENTÁRIOS: O maior interesse do filme – que tem algumas cenas de violência contra animais – é a participação de vários astros veteranos disfarçados (e irreconhecíveis) em pequenos papéis.

AVALIAÇÃO: ***

THE LODGER – A story of the London fog

DIRETOR: Alfred Hitchcock

PAÍS: Inglaterra

COMPANHIA PRODUTORA: Gainsborough Pictures

ANO DE PRODUÇÃO: 1926

DURAÇÃO: 74'/98'

IDIOMA ORIGINAL: Mudo

PRODUÇÃO: Michael Balcon, Carlyle Blackwell

ARGUMENTO: Mrs. Belloc Lowndes [Marie Belloc Lowndes]

ROTEIRO: Eliot Stannard

FOTOGRAFIA: Baron Ventimiglia [Gaetano di Ventimiglia] [p&b]

MONTAGEM: Ivor Montagu

ELENCO: Ivor Novello, Marie Ault, Arthur Chesney, June, Malcolm Keen

GÊNERO: Drama de suspense

SINOPSE: Um misterioso assassino de louras está aterrorizando Londres. Apavorados, os donos de uma pensão começam a suspeitar de que o seu novo hóspede é o maníaco, já que ele tem um comportamento muito estranho e parece bastante interessado na filha deles, que é loura. Porém, como o noivo da garota é justamente o policial encarregado de investigar o caso, as coisas podem seguir um rumo trágico.

COMENTÁRIOS: Uma das primeiras obras de Hitchcock, já dando sinais do seu grande talento para o gênero.

AVALIAÇÃO: ***

CORRA, LOLA, CORRA!

DIRETOR: Tom Tykwer

PAÍS: Alemanha

COMPANHIA PRODUTORA: X Filme Creative Pool / WDR – Westdeutschen Rundfunk / Arte

ANO DE PRODUÇÃO: 1998

DURAÇÃO: 81'

IDIOMA ORIGINAL: Alemão

PRODUÇÃO: Stefan Arndt

ARGUMENTO: Tom Tykwer

ROTEIRO: Tom Tykwer

FOTOGRAFIA: Frank Griebe [cor]

MONTAGEM: Mathilde Bonnefoy

MÚSICA: Tom Tykwer, Johnny Klimek, Reinhold Heil

ELENCO: Franka Potente, Moritz Bleibtreu, Herbert Knaup, Nina Petri, Joachim Król, Armin Rohde, Heino Ferch, Suzanne von Borsody, Lars Rudolph, Ludger Pistor, Sebastian Schipper, Monika Bleibtreu, Ute Lubosch, Julia Lindig. Andreas Petri, Klaus Müller, Utz Krause, Beate Finckh, Volkhart Buff, Dora Raddy, Peter Pauli, Marc Bischoff, Hans Paetsch (voz)

GÊNERO: Drama alternativo

SINOPSE: Lola, uma jovem punk de butique da alta classe média, é namorada de Manny, um aprendiz de bandido que trabalha para o gangster Mike. Ao fazer uma entrega para seu chefe, Manny se apavora e acaba esquecendo um pacote com 50 mil marcos em um banco do metrô. Desesperado, ele pede ajuda a Lola, já que precisa entregar o dinheiro a Mike dentro de 20 minutos e teme ser morto se não cumprir sua missão. Partindo dessa situação, o filme segue três diferentes cadeias de acontecimentos, com três versões da luta de Lola para conseguir arranjar a grana e salvar o seu amado. 1) Ela corre para pedir ajuda a seu pai, diretor de um banco, que está tomando uma importante decisão: separar-se ou não da esposa para ficar com uma colega? Ele se recusa a ajudá-la, revelando que não é seu verdadeiro pai e mandando atirá-la para fora. 2) Ela corre para pedir ajuda ao pai, que se recusa. Desesperada, Lola toma a arma de um vigilante e assalta o banco, levando os 50 mil. 3) Ela corre para pedir ajuda ao pai, mas não o encontra no banco. Desesperada, Lola resolve apelar para a sorte e vai para um cassino, onde joga seus poucos tostões.

COMENTÁRIOS: Interessante experiência com a virtualidade, desenvolvendo três diferentes encaminhamentos para uma mesma situação. Com muita habilidade, o diretor Tykwer realiza, na verdade, três curtas, a partir de uma história simples e bastante atual. Outras riquezas formais deste filme são a utilização da animação e a condensação das histórias dos personagens secundários em pequenos flashes, que também variam em cada uma das narrativas.

AVALIAÇÃO: ***

OPERAÇÃO DRAGÃO

DIRETOR: Robert Clouse

PAÍS: Hong Kong (China) / Estados Unidos

COMPANHIA PRODUTORA: Warner Bros. / Concord Productions

ANO DE PRODUÇÃO: 1973

DURAÇÃO: 98'

IDIOMA ORIGINAL: Inglês

PRODUÇÃO: Fred Weintraub, Paul Heller, Raymond Chow

ARGUMENTO: Michael Allin

ROTEIRO: Michael Allin

FOTOGRAFIA: Gilbert Hubbs [cor]

MONTAGEM: Kurt Hirschler, George Watters

MÚSICA: Lalo Schifrin

ELENCO: Bruce Lee, John Saxon, Ahna Capri, Shih Kien, Bob Wall, Angela Mao Ying, Betty Chung, Geoffrey Weeks, Yang Sze, Peter Archer, Jim Kelly, Ho Lee Yan, Marlene

Clark, Allan Kent, William Keller, Mickey Caruso, Pat Johnson, Darnell Garcia, Mike Bissell

GÊNERO: Aventura de artes marciais

SINOPSE: Lee é um jovem mestre de artes marciais convocado para investigar as atividades do excêntrico e misterioso Han, suspeito de chefiar uma quadrilha de traficantes de escravas brancas com sede em sua ilha-fortaleza particular. Para isso, Lee participará de um mega-torneio promovido por Han, que se orgulha de sua escola de lutadores. Antes de partir, Lee encontra mais um motivo para aceitar o trabalho, ao descobrir que o braço-direito de Han foi o responsável pela morte de sua irmã (que se suicidou para não ser violentada por ele). Na ilha, enquanto disputa as lutas do torneio, a verdadeira identidade de Lee é descoberta e ele tem que enfrentar a capangada de Han.

COMENTÁRIOS: O maior clássico do cinema de artes marciais, este filme reúne os elementos básicos do gênero: uma vingança a realizar, um herói que utiliza a violência mesclada com a sabedoria oriental, um vilão super-poderoso e praticamente indestrutível e muita pancadaria. É também o último filme completado por Bruce Lee, que morreria logo depois.

AVALIAÇÃO: ****

THE LUCKY TEXAN

Sorte de verdade

DIRETOR: Robert N. Bradbury

PAÍS: Estados Unidos

COMPANHIA PRODUTORA: Lone Star Productions

ANO DE PRODUÇÃO: 1933

DURAÇÃO: 55'

IDIOMA ORIGINAL: Inglês

PRODUÇÃO: Paul Malvern

ARGUMENTO: Robert N. Bradbury

ROTEIRO: Robert N. Bradbury

FOTOGRAFIA: Archie Stout [p&b]

MONTAGEM: Carl Pierson

ELENCO: John Wayne, Barbara Sheldon, Lloyd Whitlock, George Hayes [Gabby], Yakima Canutt, Ed Parker, Gordon Demaine, Earl Dwire

GÊNERO: Faroeste

SINOPSE: Cumprindo o desejo de seu falecido pai, o jovem Jerry Mason termina seus estudos na cidade grande e volta para os cafundós do Texas, a fim de ajudar o velho Jake Benson. Os dois se tornam sócios numa ferraria, mas Jake encontra ouro e desperta a cobiça de uma quadrilha de bandidos.

COMENTÁRIOS: Este média-metragem, que integra uma extensa série protagonizada por John Wayne antes de se tornar um grande astro, não apresenta nada além dos mais óbvios e primários clichês do gênero.

AVALIAÇÃO: **

LUMIÈRE E CIA.

DIRETOR: Gabriel Axel, Theo Angelopoulos, Vicente Aranda, Merzak Allouache, John Boorman, Bigas Luna, Youssef Chahine, Alain Corneau, Costa Gavras, Raymond Depardon, Francis Girod, Peter Greenaway, Michael Haneke, Lasse Hallström, Hugh Hudson, Idrissa Ouedraogo, James Ivory, Ismael Merchant, Gaston Kaboré, Abbas Kiarostami, Cédric Klapisch, Andrei Konchalovsky, David Lynch, Patrice Leconte, Claude Lelouch, Claude Miller, Lucian Pintilie, Arthur Penn, Jacques Rivette, Jerry Schatzberg, Spike Lee, Helma Sanders [Helma Sanders-Brahms], Fernando Trueba, Nadine Trintignant, Liv Ullmann, Jaco

van Dormael, Régis Wargnier, Wim Wenders, Zhang Yimou, Kiju Yoshida [Yoshishige Yoshida] (coordenação: Sarah Moon) (direção artística: Anne Andreu)

PAÍS: França / Espanha / Suécia

COMPANHIA PRODUTORA: Cineteve / La Sept Arte /
Igeldo Komunikazioa / Soren Staermose

ANO DE PRODUÇÃO: 1995

DURAÇÃO: 88'

IDIOMA ORIGINAL: "diversos"

PRODUÇÃO: Fabienne Servan Schreiber

ARGUMENTO: Philippe Poulet

FOTOGRAFIA: Philippe Poulet, Didier Ferry, Sarah
Moon, Frédéric Le Clair [cor/p&b]

MONTAGEM: Roger Ikhlef, Timothy Miller

MÚSICA: Jean-Jacques Lemètre

ELENCO: Gabriel Axel, Theo Angelopoulos, Vicente Aranda, Merzak Allouache, John Boorman, Bigas Luna,
Youssef Chahine, Alain Corneau, Costa Gavras, Raymond
Depardon, Francis Girod, Peter Greenaway, Michael Haneke, Lasse Hallström, Hugh Hudson, Idrissa Ouedraogo,
James Ivory, Ismael Merchant, Gaston Kaboré, Abbas Kiarostami, Cédric Klapisch, Andrei Konchalovsky, David

Lynch, Patrice Leconte, Claude Lelouch, Claude Miller, Lucian Pintilie, Arthur Penn, Jacques Rivette, Jerry Schatzberg, Spike Lee, Helma Sanders [Helma Sanders-Brahms], Fernando Trueba, Nadine Trintignant, Liv Ullmann, Jaco van Dormael, Régis Wargnier, Wim Wenders, Zhang Yimou, Kiju Yoshida [Yoshishige Yoshida]

GÊNERO: Documentário

SINOPSE: Como homenagem ao centenário do cinema, 40 grandes realizadores do mundo inteiro (embora praticamente todos sejam europeus e nenhum seja da América Latina) são convidados a realizar um curta-metragem utilizando a câmera pioneira dos irmãos Lumière e as mesmas condições de produção do final do século 19. Além da apresentação dos filmes e de seu processo de realização, os participantes do projeto dão depoimentos sobre a sua relação com o cinema e a sua maneira de ver o futuro desta arte tão especial.

COMENTÁRIOS: Mesmo sem ser nada excepcional – como seria de se esperar da reunião de tantos talentos – o filme é uma bela homenagem aos realizadores pioneiros, além de oferecer um quadro rico da situação atual do cinema como arte. Os créditos não especificam os atores e técnicos que participaram dos curtas, embora seja presumível que os roteiros e a fotografia sejam sempre dos próprios diretores.

AVALIAÇÃO: ***

MacBeth, reinado de sangue

DIRETOR: Orson Welles

PAÍS: Estados Unidos

COMPANHIA PRODUTORA: Mercury Production / Literary Classics Productions

ANO DE PRODUÇÃO: 1948

DURAÇÃO: 107'

IDIOMA ORIGINAL: Inglês

PRODUÇÃO: Orson Welles

ARGUMENTO: William Shakespeare

ROTEIRO: Orson Welles

FOTOGRAFIA: John L. Russell [p&b]

MONTAGEM: Louis Lindsay

MÚSICA: Jacques Ibert (regência: Efrem Kurtz)

ELENCO: Orson Welles, Jeanette Nolan, Dan O'Herlihy, Roddy McDowall, Edgar Barrier, Alan Napier, Erskine Sanford, John Dierkes, Keene Curtis, Peggy Webber, Lionel Braham, Archie Heugly, Jerry Farber, Christopher Welles, Morgan Farley, Lurene Tuttle, Brainerd Duffield, William Alland, George Chirello, Gus Schilling

GÊNERO: Drama psicológico

SINOPSE: Na Idade Média, o chefe guerreiro do reino da Escócia, o nobre MacBeth, ouve de três bruxas a profecia de que será o futuro rei. A revelação acende sua ambição e, instigado por sua esposa, ele decide matar o rei e assumir seu lugar. Porém, apesar do sucesso do plano, a culpa pelo nefando crime passa a atormentar o casal. Com isso, MacBeth faz de tudo para exterminar seus inimigos, cobrindo o reino de sangue, enquanto sua esposa vai mergulhando na loucura.

COMENTÁRIOS: Na mesma época em que Laurence Olivier realizava seu célebre "Hamlet", Orson Welles também visitava a obra de Shakespeare, apresentando esta magnífica versão de *MacBeth*, com uma estrutura teatral e uma concepção estética fortemente influenciada pelo expressionismo.

AVALIAÇÃO: *****

MACISTE

DIRETOR: Luigi Romano Borgnetto, Vincenzo Denizot

PAÍS: Itália

COMPANHIA PRODUTORA: Itala Film

ANO DE PRODUÇÃO: 1915

DURAÇÃO: 67'

IDIOMA ORIGINAL: Mudo

ROTEIRO: Giovanni Pastrone

FOTOGRAFIA: [p&b]

ELENCO: Bartolomeo Pagano, Leone Papa, Clementina Gay, Amelia Chellini, Didaco Chellini

GÊNERO: Drama de ação e aventura

SINOPSE: Pobre moça rica está sendo perseguida pelos capangas do seu tio vilânico, que prendeu sua mãe em um hospício e quer se apoderar de sua herança. Casualmente, ela assiste o filme *Cabiria* e fica impressionada com as proezas do herói Maciste. Então, ela decide escrever para o ator do filme e pedir ajuda. Curioso com a carta, Maciste resolve encontrar-se com a garota e ouve a sua história. De início, Maciste acredita que tudo pode ser apenas uma invenção, até que a garota é sequestrada diante dos seus olhos.

COMENTÁRIOS: Curiosa aventura protagonizada pelo ator Pagano, intérprete do parrudo Maciste no épico "Cabiria". O personagem fez tamanho sucesso que Pagano interpretou-o em mais de 20 filmes, até o final da década de 20. A narrativa (que, na cópia remanescente, está bastante reduzida) é cheia de peripécias, no estilo dos primitivos seriados. Cenas de violência contra animais.

AVALIAÇÃO: ***

AVALIAÇÃO: ***

MADAME BOVARY

MADAME BOVARY

DIRETOR: Jean Renoir

PAÍS: França

COMPANHIA PRODUTORA: N. S. F. – Nouvelle Société
de Films

ANO DE PRODUÇÃO: 1933

DURAÇÃO: 99'

IDIOMA ORIGINAL: Francês

PRODUÇÃO: Gaston Gallimard (?)

ARGUMENTO: Gustave Flaubert

ROTEIRO: Jean Renoir

FOTOGRAFIA: Bachelet [Jean Bachelet], Gibory [Al-
phonse Gibory] [p&b]

MONTAGEM: Margueritte [Margueritte Renoir]

MÚSICA: Darius Milhaud

ELENCO: Max Dearly, Valentine Tessier, Pierre Renoir, Le

Vigan [Robert Le Vigan], Alice Tissot, Larquey [Pierre Larquey], Monette Dinay, Florencie [Louis Florencie], Romain Bouquet, Christiane Dor, Cahusac [Georges Cahuzac], Hélène Manson, Larive [Léon Larive], Vilbert [Henri Vilbert], Alain Durthal, Marthe Mellot, André Fouche, Maryanne, Beauchamp [Edmond Beauchamp], Deneubourg [Georges Deneubourg], Odette Dinay, Fernand Fabre, Daniel Lecourtois

GÊNERO: Drama

SINOPSE: Charles Bovary é um modesto médico de província que, ao ficar viúvo, decide se casar novamente com sua vizinha Emma, bem mais jovem do que ele. Aproveitando-se da paixão cega do marido, Emma passa a levar uma vida de luxos e devaneios, condizente com seu exacerbado temperamento romântico. Após a partida do jovem Léon, seu namorado platônico, Emma cái em depressão, insatisfeita com a vidinha obscura e tediosa de sua aldeia. Porém, tudo muda quando ela trava conhecimento com um aristocrata local, que a faz conhecer os encantos da vida mundana e se torna seu amante.

COMENTÁRIOS: Versão cinematográfica do romance homônimo. Emma Bovary é um típico exemplo da mulher (de)formada pelos cânones do romantismo, sonhando com uma existência cheia de luxo, paixões e sensualidade. A isso se contrapõe uma realidade bem mais prosaica: sua vidinha obscura de esposa de um médico modesto, em uma pequena aldeia. Dos devaneios literários, Emma passa ao pecado verdadeiro, seduzida pela figura de um aristocrata que se assemelha – aparentemente – aos amantes que ela idealiza. A partir daí Emma mergulha num processo de crescente degeneração moral, indiretamente estimulado por um marido excessivamente cordato. Renoir capta com precisão a intenção moralista da obra (que denuncia os danos da sensibilidade romântica sobre as fracas mentes femininas), num filme simples e eficiente.

AVALIAÇÃO: ***

MADAME DE...

DESEJOS PROIBIDOS

DIRETOR: Max Ophüls

PAÍS: França / Itália

COMPANHIA PRODUTORA: Franco London Film / Rizzoli Film

ANO DE PRODUÇÃO: 1953

DURAÇÃO: 105'

IDIOMA ORIGINAL: Francês

PRODUÇÃO: Ralph Baum

ARGUMENTO: Louise de Vilmorin

ROTEIRO: Marcel Achard, Max Ophüls, Annette Wademant

FOTOGRAFIA: Christian Matras [p&b]

MONTAGEM: Boris Lewin

MÚSICA: Oscar Straus, Georges van Parys

ELENCO: Charles Boyer, Danielle Darrieux, Vittorio de Sica, Jean Debucourt, Jean Galland, Mireille Perrey, Paul Azaïs, Josselin, Hubert Noël, Lia di Leo

GÊNERO: Drama romântico

SINOPSE: Na Paris do século 19, a bela Louise é a levianíssima esposa do conde Henri, general do exército francês. Com a complacência do marido, ela cumpre garbosamente o papel de mulher mais cobiçada da sociedade local, alimentando as paixões de uma corte de jovens aristocratas. No entanto, trata-se simplesmente de uma questão de vaidade, já que Louise fica apenas no amor platônico e mantém a testa de seu marido absolutamente preservada de apêndices indesejáveis. Porém, ao conhecer o charmoso barão Donati, diplomata italiano e colega de seu marido, Louise acaba deixando-se envolver numa arrebatadora paixão.

COMENTÁRIOS: Mais um dos melodramas chiques de Max Ophüls, um dos diretores mais clássicos da história do cinema. Clássico, neste caso, significa antes de tudo "conservador", já que Ophüls seguia as velhas tradições do teatro europeu, com narrativas lineares, tramas simples e elencos reduzidos, além de um elogiável perfeccionismo formal. Sem fugir aos clichês do folhetim, o diretor nos apresenta mais uma história de paixão avassaladora, transformada em tragédia por causa das convenções e preconceitos de uma sociedade tão rígida quanto hipócrita (não é à-toa que o conde também tem uma amante, certamente bem menos platônica que os admiradores de sua esposa).

AVALIAÇÃO: ***

MAIGRET TEND UN PIÈGE

MAIGRET PREPARA UMA ARMADILHA

DIRETOR: Jean Delannoy

PAÍS: França / Itália

COMPANHIA PRODUTORA: Intermondia Films / Jolly Films

ANO DE PRODUÇÃO: 1957

DURAÇÃO: 114'

IDIOMA ORIGINAL: Francês

PRODUÇÃO: J. P. Guibert

ARGUMENTO: Georges Simenon

ROTEIRO: Jean Delannoy, R. M. Arlaud, Michel Audiard

FOTOGRAFIA: Louis Page [p&b]

MONTAGEM: Henri Taverna

MÚSICA: Paul Misraki

ELENCO: Jean Gabin, Annie Girardot, Olivier Hussenot, Jeanne Boitel, Lucienne Bogaert, Jean Debucourt, Guy Decomble, Paulette Dubost, Jacques Hilling, Hubert de Lapparent, Jean-Louis Le Goff, Pierre Louis, Gérard Sety, Jean Tissier, André Valmy, Lino Ventura, Amédée, Bugette, Charles Bouillaud, Dominique Davray, Nadine Basile, Georges Lannes, Raphaël Patorni, Maurice Sarfati, Madeleine Barbulée, Jacques Ciron, Denise Clair, Georges Lycan, Germaine Michel, Georges Moncorbier, Michele Nadal, Dominique Page, Jean Desailly

GÊNERO: Drama criminal

SINOPSE: Um misterioso assassino de mulheres vem aterrorizando um bairro de Paris, dando muito trabalho para o inspetor Maigret. Quando o assassino deasfia o próprio inspetor, Maigret resolve fazer-lhe uma armadilha, espalhando agentes femininas pelas ruas do bairro e conseguindo um falso culpado, a fim de despertar a vaidade do maníaco. Durante uma falsa reconstituição dos crimes, um agente suspeita do comportamento de uma jovem e a segue, descobrindo que se trata da sra. Maurin. Ao saber do caso, Maigret desconfia de alguma ligação, já que Maurin também é o nome da proprietária de um prédio na região dos crimes. Indo investigar, Maigret descobre que a jovem é casada com o filho da proprietária, Marcel, um homem sensível e refinado que passa a ser o principal suspeito de cometer os crimes.

COMENTÁRIOS: Baseado na obra de Georges Simenon. A característica das histórias de Maigret é a mistura do comportamento tipicamente burguês do inspetor com tramas ousadas (para a época). Neste caso, um homem impotente (possivelmente homossexual) que resolve assassinar mulheres para vingar-se da esposa adúltera (uma bela participação de Annie Girardot). Apesar de algumas concessões no encadeamento da trama, trata-se de um filme interessante e valorizado pela presença do ícone Jean Gabin.

AVALIAÇÃO: ***

LE MAÎTRE DE MUSIQUE

O MESTRE DA MÚSICA

DIRETOR: Gérard Corbiau

PAÍS: Bélgica

COMPANHIA PRODUTORA: R. T. B. F. – Télévision Belge / K2-One

ANO DE PRODUÇÃO: 1988

DURAÇÃO: 98'

IDIOMA ORIGINAL: Francês

ARGUMENTO: Luc Jabon, Gérard Corbiau

ROTEIRO: Gérard Corbiau, Andrée Corbiau, Patrick Iratni, Jacqueline Pierreux, Christian Watton (diálogos: Christian Watton)

FOTOGRAFIA: Walther Vanden Ende [cor]

MONTAGEM: Denise Vindevogel

MÚSICA: G. Mahler, G. Verdi, V. Bellini, W. A. Mozart, R. Schumann, F. Schubert

ELENCO: José van Dam, Anne Roussel, Philippe Volter, Sylvie Fennec, Patrick Bauchau, Johan Leysen, Marc Schreiber, Alain Carre, David Ashman, Jeannette Bakker, Bob Bender, Philippe Drecq, Jonathan Fox, Jean Gerardy, Yvette Merlin, Carlos Moens, Jean Musin, Jean-Louis Sbille, Jean-Pierre Valère, Daniel Vos, Ulysse Waterlot

GÊNERO: Drama musical

SINOPSE: Europa, início do século 20. Para surpresa de todos, o cantor lírico Joachim Dallayrac – considerado um gênio musical – anuncia sua aposentadoria precoce e parte, junto com sua esposa Estelle, para um retiro campestre. Lá, indiferente ao burburinho de seus fãs e dos críticos, Joachim começa a dar aulas de canto para a jovem Sophie Maurier, sobrinha de um velho amigo. Para calar as fofocas sobre o relacionamento entre ele e sua nova pupila, Joachim resolve adotar outro aluno, o jovem Jean Nilson, um ladrão vagabundo que ele salvou de ser preso. Submetendo seus alunos a um treinamento extremamente rigoroso, Joachim logo desperta a rebeldia de Jean e a paixão de Sophie. Apesar de corresponder aos sentimentos da moça, Joachim não alimenta sobre ela qualquer ilusão romântica, já que a verdadeira causa de sua aposentadoria é uma doença incurável, que o está matando. Subitamente, chega um convite para que Sophie e Jean participem do famoso concurso musical patrocinado pelo príncipe Scotti, aristocrata obcecado pelo canto lírico e maior inimigo de Joachim (já que, na juventude, Scotti tivera pretensões artísticas e, em uma disputa com Joachim, acabara por perder a voz).

COMENTÁRIOS: Este filme consegue a proeza de transformar o canto lírico – habitualmente tão entediante para o espectador comum – num tema riquíssimo e apaixonante. Ao contrário do cinema musical convencional, onde as canções preenchem as lacunas do enredo, este filme mergulha totalmente no espírito da música, tal como o protagonista Joachim. Trata-se, portanto, de um filme que capta a própria essência da arte musical, que consiste na sua perpetuidade virtual. Do mesmo modo como não tem materialidade, só existindo enquanto soa, a música também nunca desaparece. Com isso, o filme flui tal como a melhor música, combinando com irresistível harmonia estética as imagens e os sons.

AVALIAÇÃO: ****

LA MALA EDUCACIÓN

MÁ EDUCAÇÃO

DIRETOR: Pedro Almodóvar

PAÍS: Espanha

COMPANHIA PRODUTORA: El Deseo

ANO DE PRODUÇÃO: 2004

DURAÇÃO: 106'

IDIOMA ORIGINAL: Espanhol

PRODUÇÃO: Agustín Almodóvar

ARGUMENTO: Pedro Almodóvar

ROTEIRO: Pedro Almodóvar

FOTOGRAFIA: José Luis Alcaine [cor]

MONTAGEM: José Salcedo

MÚSICA: Alberto Iglesias

ELENCO: Gael García Bernal, Fele Martínez, Daniel Gimé-nez-Cacho, Lluís Homar, Francisco Maestre, Francisco Boira, Juan Fernández, Ignacio Pérez [Nacho Pérez], Raúl García Forneiro, Javier Cámara, Alberto Ferreiro, Petra Martínez, Sandra, Roberto Hoyas

GÊNERO: Drama de relacionamento

SINOPSE: Ignácio Rodriguez, um jovem ator, procura seu amigo de infância Enrique Goded, agora um famoso diretor de cinema, querendo conseguir trabalho. Enrique, que está em crise de criatividade, não pode oferecer-lhe nada, mas Ignácio deixa com ele um escrito, A visita, baseado nas suas experiências de infância numa escola de padres no interior. Neste escrito, Ignácio fala principalmente de sua paixão platônica por Enrique e do assédio do padre Manolo, diretor do estabelecimento, que costumava abusar sexualmente dele. Ao ler a narrativa, Enrique se comove com as lembranças do passado e decide transformá-la em filme, ao mesmo tempo em que se torna amante de Ignácio. Porém, desconfiado das atitudes do rapaz, ele investiga seu passado e descobre que se trata na verdade de Juan, o irmão mais novo de Ignácio (que morreu há alguns anos). Sem revelar nada a Juan, Enrique prossegue as filmagens e o relacionamento, até o dia em que recebe a visita do padre Manolo (agora afastado da Igreja e casado), que tomou conhecimento do filme e vem fazer algumas revelações.

COMENTÁRIOS: Mais uma obra na qual Almodóvar exibe uma de suas virtudes mais características: a capacidade de elaborar roteiros bastante complexos e cheios de soluções inteligentes sem nunca perder a consistência ou deixar lacunas. Em "Má educação", a narrativa divide-se em três planos temporais: o presente (1980), onde Enrique e o falso Ignácio relacionam-se e realizam seu filme; quatro anos antes, onde ocorre a morte de Ignácio e o relacionamento entre Juan e Manolo; e 16 anos antes, quando Ignácio e Enrique se conhecem no colégio. Sem abandonar o estilo que conserva desde os anos 80, Almodóvar revela-se um cineasta cada vez mais clássico, com uma noção de economia e um refinamento que o tempo só fez aprimorar.

AVALIAÇÃO: ***

THE MAN WHO KNEW TOO MUCH

O HOMEM QUE SABIA DEMAIS

DIRETOR: Alfred Hitchcock

PAÍS: Estados Unidos

COMPANHIA PRODUTORA: Filmwite Productions

ANO DE PRODUÇÃO: 1955

DURAÇÃO: 120'

IDIOMA ORIGINAL: Inglês

ARGUMENTO: Charles Bennett, D. B. Wyndham-Lewis

ROTEIRO: John Michael Hayes

FOTOGRAFIA: Robert Burks [cor]

MONTAGEM: George Tomasini

MÚSICA: Bernard Herrmann

ELENCO: James Stewart, Doris Day, Brenda de Banzie, Bernard Miles, Ralph Truman, Daniel Gelin, Mogens Wieth, Alan Mowbray, Hillary Brooke, Christopher Olsen, Reggie Nalder, Richard Wattis, Noel Willman, Alix Talton, Yves Brainvilde, Carolyn Jones

GÊNERO: Drama de suspense

SINOPSE: Um médico americano leva sua família para um congresso em Paris, resolvendo esticar o passeio até Marrakesh. Lá, ele faz amizade com Louis, um tipo misterioso, e também com um casal de missionários britânicos. Porém, ao presenciar Louis ser esfaqueado, o médico fica sabendo que ele pertencia ao serviço secreto, disfarçando-se como árabe. O agonizante pede ao médico que leve uma mensagem aos ingleses, comunicando que uma importante personalidade deve ser assassinada em Londres. O médico está disposto a atender ao pedido de Louis, até ser avisado de que o seu filhinho foi sequestrado pelo casal de missionários – na verdade, agentes inimigos que executaram o atentado. Tendo que se manter calado, para preservar o menino, o médico resolve ir com a mulher para Londres, a fim de investigar o caso por conta própria.

COMENTÁRIOS: Suspense clássico que o próprio Hitchcock já filmara, em 1934. Trata-se, aqui, de mais uma história do indivíduo inocente atirado pelas circunstâncias em um complô internacional (de eslavos, vilões clássicos do cinema anglo-americano). Essa trama clichê vem, logicamente, acompanhada pela exaltação da coragem e da livre iniciativa deste indivíduo (sempre um americano burguês típico), que enfrenta forças desconhecidas e triunfa pela sua perspicácia e persistência. Curiosamente, o aspecto mais lembrado do filme é a xaroposa musiquinha cantada por Doris Day, que se tornou a marca registrada da atriz (ainda em sua fase "séria").

AVALIAÇÃO: ***

THE MAN WHO WOULDN'T DIE

ASSASSINATO NO CEMITÉRIO

DIRETOR: Herbert I. Leeds

PAÍS: Estados Unidos

COMPANHIA PRODUTORA: Twentieth Century-Fox

ANO DE PRODUÇÃO: 1942

DURAÇÃO: 65'

IDIOMA ORIGINAL: Inglês

PRODUÇÃO: Sol M. Wurtzel (executivo)

ARGUMENTO: Clayton Rawson (or: Brett Halliday)

ROTEIRO: Arnaud d'Usseau

FOTOGRAFIA: Joseph P. MacDonald [p&b]

MONTAGEM: Fred Allen

MÚSICA: Emil Newman

ELENCO: Lloyd Nolan, Marjorie Weaver, Helene Reynolds, Henry Wilcoxon, Richard Derr

GÊNERO: Drama de suspense

SINOPSE: O detetive particular Mike Shayne é chamado por uma amiga, que sofreu um atentado no qual ninguém parece acreditar. Fazendo-se passar pelo marido da garota, Shayne introduz-se na casa da família dela, onde outros atentados misteriosos voltam a acontecer.

COMENTÁRIOS: Da série Michael Shayne: Private detective. Curiosamente, a personagem interpretada por Marjorie Weaver é a mesma do primeiro filme da série, embora tenha outra família e seja apenas "amiga" do protagonista (quando deveria ter-se casado com ele logo após "Michael Shayne: Private detective").

AVALIAÇÃO: ***

MANDRAKE, THE MAGICIAN

Mandrake, o mágico

DIRETOR: Sam Nelson, Norman Deming

PAÍS: Estados Unidos

COMPANHIA PRODUTORA: Columbia Pictures

ANO DE PRODUÇÃO: 1939

DURAÇÃO: 215'

IDIOMA ORIGINAL: Inglês

ARGUMENTO: Lee Falk, Phil Davis

ROTEIRO: Joseph F. Poland, Basil Dickey, Ned Dandy

FOTOGRAFIA: Benjamin Kline [p&b]

MONTAGEM: Richard Fantl, Jerry Thoms

MÚSICA: M. W. Stoloff [Morris Stoloff]

ELENCO: Warren Hull, Doris Weston, Al Kikume, Rex

Downing, Edward Earle, Forbes Murray, Kenneth Mac-
Donald, Don Beddoe, Dick Curtis, John Tyrrell, Stanley
Brown, Beatrice Curtis, Robert Sterling, Sam Ash, Lester
Dorr, Ernie Adams, Eddie Fetherston, Eddie Foster

GÊNERO: Seriado de ação e aventura

SINOPSE: Em 12 episódios: 1) SHADOW ON THE
WALL; (2) TRAP OF THE WASP; (3) A CITY OF TER-
ROR; (4) THE SECRET PASSAGE; (5) THE DEVIL'S
PLAYMATE; 6) THE FATAL CRASH; 7) GAMBLE FOR
LIFE; 8) ACROSS THE DEADLINE; 9) TERROR
RIDES THE RAILS; 10) THE UNSEEN MONSTER;
11) AT THE STROKE OF EIGHT; (12) THE REWARD
OF TREACHERY. Enquanto retorna aos Estados Unidos,
vindo de uma viagem pelo Oriente misterioso, o mágico
Mandrake recebe um pedido de ajuda de sua namorada
Betty, que teme pela segurança de seu pai. O pai da moça é
o dr. Houston, um cientista que está desenvolvendo uma
máquina que utiliza a energia do rádio para dissolver qualquer corpo sólido (o que vai, sabe-se lá como, ajudar muito
a humanidade). Como, estranhamente, Houston realiza esse
importantíssimo trabalho estratégico nos fundos de sua própria casa, em um quartinho sem qualquer proteção, ele está
sob a constante ameaça do perverso Vespa, um super-vilão
cheio de capangas decididos, mas um tanto incompetentes.
Com suas engenhocas tecnológicas retrô, o Vespa deseja ser

o dono do mundo, mas terá que enfrentar os truques e poderes místicos de Mandrake, sempre acompanhando pelo seu fiel assistente Lothar (um negro africano que, pelas artes mágicas de seu patrão racista, foi transformado – neste filme – em um simpático havaiano).

COMENTÁRIOS: Um típico exemplar do período áureo dos seriados cinematográficos, com muitas peripécias e pouca plausibilidade. Embora seja baseado nos quadrinhos de Lee Falk, o protagonista deste seriado não segue a mesma linha do personagem original.

AVALIAÇÃO: ***

MANHANDLED

NUMA NOITE SOMBRIA

DIRETOR: Lewis R. Foster

PAÍS: Estados Unidos

COMPANHIA PRODUTORA: Paramount Pictures

ANO DE PRODUÇÃO: 1949

DURAÇÃO: 97'

IDIOMA ORIGINAL: Inglês

PRODUÇÃO: William H. Pine, William C. Thomas

ARGUMENTO: L. S. Goldsmith

ROTEIRO: Lewis R. Foster, Whitman Chambers

FOTOGRAFIA: Ernest Laszlo [p&b]

MONTAGEM: Howard Smith

MÚSICA: Darrell Calker (supervisão: David Chudnow)

ELENCO: Dorothy Lamour, Sterling Hayden, Dan Duryea, Irene Hervey, Philip Reed, Harold Vermilyea, Alan Napier, Art Smith, Irving Bacon

GÊNERO: Drama de suspense

SINOPSE: Perturbado com assustadores pesadelos, nos quais assassina sua mulher infiel, o escritor Alton Bennet vai procurar o psicanalista Redman, que o aconselha a não se preocupar. Porém, Redman convoca a esposa de Bennet ao seu consultório, a fim de adverti-la de que ela corre algum perigo. Na manhã seguinte, Bennet chama a polícia, após encontrar sua mulher assassinada. Logicamente, ele é o principal suspeito, mas o sumiço das jóias da mulher (uma coleção milionária) faz com que a polícia siga outras pistas, ao mesmo tempo em que um investigador da companhia que fez o seguro das jóias também entra no caso.

COMENTÁRIOS: Policial *noir* clássico, com uma trama bastante rocambolesca. O trio de protagonistas representa os tipos típicos do gênero: uma "mocinha" bonita com passado nebuloso; um "herói" desleixado e fora das regras, mas cheio de hombridade; um "vilão" ardiloso e sem escrúpulos, apanhando por sua própria compulsão pelo crime. Com estes elementos, constrói-se um filme com mais virtudes estéticas que dramáticas, que pode ser um passatempo interessante.

AVALIAÇÃO: ***

MARIANNE DE MA JEUNESSE

A MULHER DOS MEUS SONHOS

DIRETOR: Julien Duvivier

PAÍS: França / Alemanha

COMPANHIA PRODUTORA: Filmsonor / Regina / Francinex / Royal Film / Allfram

ANO DE PRODUÇÃO: 1954

DURAÇÃO: 105'

IDIOMA ORIGINAL: Francês / Alemão

PRODUÇÃO: André Daven

ARGUMENTO: Peter de Mendelssohn [Peter von Mendelssohn]

ROTEIRO: Julien Duvivier (?)

FOTOGRAFIA: L. H. Burel [Léonce-Henri Burel] [p&b]

MONTAGEM: Marthe Poncin

MÚSICA: Jacques Ibert

ELENCO: Marianne Hold, Pierre Vaneck, Gil Vidal, Jean Yonnel, Jean Galland, Michel Ande, Serge Delmas, Claude Aragon, Gerard Fallec, Adi Berber, Frederic Domin, Isabelle Pia

GÊNERO: Drama romântico com elementos fantásticos

SINOPSE: Num canto remoto da Alemanha, à beira de um magnífico lago, um venerando castelo serve como sede de um respeitado colégio para jovens, onde vai estudar Vincent Loringer. Já no fim da adolescência, Vincent passa por um sério drama: vivendo com seus pais na Argentina, o rapaz adquirira uma paixão doentia por sua mãe, a quem venerava. Porém, com a morte de seu pai, sua mãe se apegara a um amigo da família, o capitão Von Brower, causando em Vincent um sentimento de revolta. Para passar seu tempo ocioso na escola, Vincent — que possui uma relação especial com a natureza, já que os animais silvestres parecem comunicar-se com ele — aceita acompanhar alguns colegas mais jovens em uma expedição ao outro lado do lago, onde existe um velho solar que — segundo as lendas locais — seria assombrado por um de seus antigos moradores. Depois de invadirem o terreno do solar, os colegas de Vincent fogem assustados, mas o rapaz é apanhado pelo zelador e, no solar, fica conhecendo Marianne, uma jovem de extraordinária beleza e de costumes estranhos. Marianne, que se diz prisioneira de seu tutor, dono do solar, apaixona-se instantaneamente por Vincent, que retribui seus sentimentos. Não querendo denunciar a presença do rapaz, Marianne pede que Vincent parta. O rapaz não conta sua aventura aos colegas, já que ninguém sabe que o solar ainda é habitado. Impedido de rever sua amada, por falta de um barco, Vincent aguarda uma mensagem de Marianne, que chega na forma de um pedido de socorro.

COMENTÁRIOS: O filme capta com bastante precisão o espírito da literatura gótica do século XIX. Em algumas sequências, o diretor Duvivier ultrapassa o seu conhecido formalismo, atingindo uma notável estilização. Como ponto fraco, a figura efeminada de Pierre Vaneck, que mais parece a mocinha do filme. Porém, isso é compensado pelo clima sobrenatural da paisagem e pela beleza suave de Marianne Hold, perfeita em seu papel. Na sua versão alemã, o protagonista foi o ator Horst Buchholz. Inspirado no romance *Douloureuse Arcadie*.

AVALIAÇÃO: ***

LA MARIÉE ÉTAIT EN NOIR

A NOIVA ESTAVA DE PRETO

DIRETOR: François Truffaut

PAÍS: França / Itália

COMPANHIA PRODUTORA: Les Films du Carrosse / Les Productions Artistes Associés / Dino de Laurentiis Cinematografica

ANO DE PRODUÇÃO: 1967

DURAÇÃO: 107'

IDIOMA ORIGINAL: Francês

PRODUÇÃO: Dino de Laurentiis

ARGUMENTO: William Irish

ROTEIRO: François Truffaut, Jean-Louis Richard

FOTOGRAFIA: Raoul Coutard [cor]

MONTAGEM: Claudine Bouché

MÚSICA: Bernard Herrmann

ELENCO: Jeanne Moreau, Michel Bouquet, Jean-Claude Brialy, Charles Denner, Claude Rich, Michel Lonsdale, Daniel Boulanger, Alexandra Stewart, Sylvine Dellanoy, Luce Fabiole, Michèle Montfort, Jacqueline Rouillard, Paul Pavel, Gilles Queant, Serge Rousseau, Van Doude, Christophe

Bruno

GÊNERO: Drama criminal

SINOPSE: Ao sair de seu casamento com David – a quem namorava desde criança – Julie o vê ser atingido por uma bala perdida bem diante da igreja e falecer logo depois. Desesperada com a perda de seu amado e vendo suas esperanças de felicidade desabarem, Julie pensa em se matar, sendo impedida por sua mãe. O caso não é esclarecido e, anos depois, Julie decide fazer suas próprias investigações, descobrindo que o crime foi cometido por acidente, quando cinco amigos se reuniam para conversar sobre mulheres e caçadas. Após o disparo, os cinco – pessoas com sólida reputação social – decidiram fugir para evitar o escândalo, nunca mais voltando a se encontrar. Disposta a se vingar, Julie finge fazer uma viagem e instala-se em Paris, seguindo o rastro dos cinco homens que destruíram sua vida.

COMENTÁRIOS: Interessante experiência de Truffaut com o cinema de suspense, numa homenagem ao seu ídolo Hitchcock (e usando até a música de Bernard Herrmann, compositor preferido de Hitch). De fato, trata-se de uma bem-elaborada trama de morte e vingança, utilizando o *flash-back* de forma habilidosa e expressiva. O mais curioso é que a "viúva virgem" Julie se vinga por prazer, já que sabe que o crime foi cometido por acidente (e apenas por um dos homens). Lamentavelmente, a parte final apresenta algumas falhas (como entender, por exemplo, que a polícia não descobrisse a motivação de Julie, vítima de uma tragédia pública não esclarecida?).

AVALIAÇÃO: ****

LA MARSEILLAISE – Chronique de quelques faits ayant contribué à la chute de la Monarchie

A MARSELHESA

DIRETOR: Jean Renoir

PAÍS: França

COMPANHIA PRODUTORA: Société d'Exploitations et de Productions Cinématographiques 'La Marseillaise'

ANO DE PRODUÇÃO: 1937

DURAÇÃO: 135'

IDIOMA ORIGINAL: Francês

PRODUÇÃO: Jean Renoir

ROTEIRO: Jean Renoir (colaboração: C. Koch [Carl Koch], N. Martel-Dreyfus)

FOTOGRAFIA: Bourgoin [Jean Bourgoin], A. Douarinou

[Alain Douarinou], Maillols [Jean-Marie Maillols], J. P. Alphen [Jean-Paul Alphen], J. Louis [Jean Louis][p&b]

MONTAGEM: Margueritte [Margueritte Renoir], Hughet [Marthe Hughet]

MÚSICA: antiga: Lalande, Gretry, Rameau, Mozart, Bach, Rouget de Lisle) (moderna: Sauveplane [Henry Sauveplane], Kosma [Joseph Kosma])

ELENCO: Pierre Renoir, Lise Delamare, Leon Larive, William Aguet, Elisa Ruis, G. Lefebvre, Louis Jouvet, Spanelly [Georges Spanelly], Jaque Catelain, Pierre Nay, Castel [Edmond Castel], Aimé Clariond, Zibral [André Zibral], Jean Ayme, Irène Joachim, Andrex, Ardisson [Edmond Ardisson], Dullac [Paul Dullac], J. L. Allibert [Jean-Louis Allibert], Fernand Flament, Alex Truchy, G. Peclet [Georges Peclet], Géo Dorlis, Géo Lastry, Autran [Adolphe Autran], Nadia Sibirskaia, Jenny Helia, Gaston Modot, Carette [Julien Carette], S. Lerzinska [Sévérine Lerczinska], Marthe Marty

GÊNERO: Drama histórico patriótico

SINOPSE: Paris, 1789: Após a queda da Bastilha, cresce a revolta popular contra a aristocracia e os nobres refugiam-se em peso na Prússia e na Áustria. Apesar de manter-se como monarquia, a França atravessa uma forte convulsão social, da qual se aproveitam os exilados para lançarem uma ofensiva, invadindo o país à frente de um exército austríaco. Enquanto os austríacos vão, de vitória em vitória, ocupando o país, os patriotas franceses organizam uma reação, visando expulsar os invasores e acabar de vez com o poder dos aristocratas. Um grupo de cidadãos de Marselha organiza uma milícia patriótica e ruma para Paris, numa longa jornada. No caminho, eles são animados por uma marcha militar que está se tornando o hino dos franceses em luta pela liberdade de seu país. Chegados à Paris, os marselheses esperam a hora do combate e, diante de um ultimatum dos invasores, exigem que o rei abandone seu palácio. Com a intransigência do monarca, trava-se uma batalha sangrenta, que termina com a vitória das tropas republicanas e com a detenção do rei. Chega, então, a hora de enfrentar os austríacos, tendo início a fase mais dramática da história republicana francesa.

COMENTÁRIOS: Evocando a resistência popular durante a Revolução francesa, simbolizada pela marcha militar *La marseillaise*, o filme – um claro reflexo da inquietação política que se alastrava pela Europa – é uma produção bastante pobre, realizada com os recursos de uma subscrição popular. Sem condição de investir em grandes cenas de batalha ou dispendiosas reconstituições de época, Renoir opta por abordar a revolução através de alguns de seus participantes anônimos, mas nem por isso mais desprezíveis. Talvez pela mesma precariedade financeira, a trama inicia-se após a queda da Bastilha e segue até a preparação para a batalha contra os invasores austríacos. Sem a espetaculosidade dos épicos de Hollywood, Renoir conserva-se fiel à sua simplicidade formal e à sua abordagem humanística.

AVALIAÇÃO: ***

MATADOR

MATADOR

DIRETOR: Pedro Almodóvar

PAÍS: Espanha

COMPANHIA PRODUTORA: Cia. Iberoamericana de TV

ANO DE PRODUÇÃO: 1986

DURAÇÃO: 110'

IDIOMA ORIGINAL: Espanhol

PRODUÇÃO: Andrés Vicente Gomez

ARGUMENTO: Pedro Almodóvar

ROTEIRO: Jesus Ferrero, Pedro Almodóvar

FOTOGRAFIA: Angel Luis Fernandez [cor]

MONTAGEM: Pepe Salcedo

MÚSICA: Bernardo Bonezzi

ELENCO: Assumpta Serna, Antonio Banderas, Nacho Martínez, Eva Cobo, Julieta Serrano, Chus Lampreave, Carmen Maura, Eusebio Poncela, Bibi Andersen, Luis Ciges, Eva Siva, Veronica Forqué, Pepa Merino, Lola Peno, Marisa Tejada, Mercedes Jimenez, Francesca Romana, Jesus Ruyman, Milton Diaz, Angie Gray, Alicia Mora, Laly Salas, Jaime Chavarri, Marcelo G. Flores, Agustín Almodóvar, Kika, Concha Hidalgo, Juan Sanchez, Antonio Passy, Kike Turmix, Julian Sanchez

GÊNERO: Drama psicopatológico

SINOPSE: Angel é um jovem com sérios problemas de indefinição sexual, agravados pelo fanatismo religioso de sua mãe. Às escondidas, ele faz um curso de toureiro com o famoso Diego Montés, que se tornou professor após ter ficado aleijado num acidente de trabalho. Um dia, ao saber que a noiva de Diego é sua vizinha Eva, Angel é tomado por um desejo irresistível e violenta a moça. Arrependido, ele resolve entregar-se à polícia. Chamada a depor, Eva não quer dar queixa, mas Angel acaba confessando também quatro assassinatos — de dois homens e duas mulheres — e acaba sendo posto atrás das grades. Para defendê-lo, surge a advogada Maria Carbonel, que na verdade é autora de dois dos crimes de que Angel se acusa. Para obter prazer sexual, Maria abate seus amantes em pleno êxtase, utilizando para isso uma estocada na nuca, tal como fazem os toureiros. Maria — antiga fã e apaixonada por Diego – logo é procurada pelo toureiro. Ela hesita em aproximar-se dele, até descobrir que ele é o autor das outras mortes. Longe da arena, Diego encontrara na morte de suas amantes uma maneira de reviver os velhos prazeres sanguinários das touradas. Fascinada, Maria une-se a Diego, que também a deseja com loucura.

COMENTÁRIOS: Primeiro sucesso internacional de Pedro Almodóvar, Matador é um drama que já apresenta toda a "mitologia" característica da obra do diretor (uma excêntrica mistura de compulsões sexuais, marginalidade e inconsciente coletivo espanhol). Ainda em sua fase "violenta" (a agressividade explícita do primeiro longa – *Pepi, Luci, Bom* – foi se diluindo ao longo de toda a sua obra), Almodóvar conta a história de três personagens ligados por sua sexualidade mórbida. Diego, não podendo mais matar na arena, executa suas amantes; Maria escapa da frigidez toureando seus homens e Angel – castrado e psicótico – satisfaz-se assumindo os crimes de seu professor (já que, ao contrário deste, não pode ver sangue). Trata-se de uma obra sólida e inteligente (apesar do recurso barato da paranormalidade), com a marca de uma das maiores personalidades criadoras do cinema contemporâneo.

AVALIAÇÃO: ***

MATKA JOANNA OD ANIOLOW

Madre Joana dos Anjos

DIRETOR: Jerzy Kawalerowicz

PAÍS: Polônia

COMPANHIA PRODUTORA: Kadr

ANO DE PRODUÇÃO: 1961

DURAÇÃO: 105'

IDIOMA ORIGINAL: Polonês

ARGUMENTO: Jaroslaw Iwaszkiewicz

ROTEIRO: Tadeusz Konwicki, Jerzy Kawalerowicz

FOTOGRAFIA: Jerzy Wojcik [p&b]

MONTAGEM: Wieslawa Otocka

MÚSICA: Adam Walacinski

ELENCO: Lucyna Winnicka, Mieczyslaw Voit, Anna Ciepielewska, Maria Chwalibóg, Kazimierz Fabisiak, Stanislaw Jasiukiewicz, Zygmunt Zintel, Jerzy Kaczmarek, Franciszek Pieczka, Jaroslaw Kuszewski, Lech Wojciechowski, Marian Nosek, Jerzy Walden, Marian Nowak, Zygmunt Malawski, Stanislaw Szymczyk

GÊNERO: Drama

SINOPSE: No século 17, um convento no interior da Polônia é vitimado por uma epidemia de possessão demoníaca, que atinge principalmente sua madre superiora, Joana dos Anjos. Como o caso é grave, a Igreja envia como exorcista o padre Josef, um homem santo que viveu quase toda a sua vida retirado do mundo sublunar. Ao chegar ao convento, o padre começa a sofrer tentações, diante do comportamento rebelde de Joana. Esta, uma mulher de família aristocrática, sofre com os gritos da carne e exerce uma influência deletéria sobre suas freiras. Aos poucos, o padre percebe que também está sendo envolvido e, para salvar Joana, resolve tomar uma atitude radical.

COMENTÁRIOS: Poderoso drama sobre possessão demoníaca, numa abordagem sutilmente psicanalítica. Sem se valer de uma análise explícita, o filme nos mostra como o fenômeno da possessão está estreitamente ligado à histeria, sendo muito materialmente uma manifestação da libido reprimida. É justamente a esta revelação que sucumbe o padre Josef, sacrificando tudo pela salvação de Joana – ou, mais propriamente, pela salvação da ordem espiritual ameaçada pela carnalidade. Com extrema simplicidade, o diretor Kawalerowicz consegue criar um clima sombrio e envolvente, fazendo de seu filme um dos grandes clássicos do cinema polonês.

AVALIAÇÃO: ****

Encontro marcado

DIRETOR: Martin Brest

PAÍS: Estados Unidos

COMPANHIA PRODUTORA: City Light Films / Universal Pictures

ANO DE PRODUÇÃO: 1998

DURAÇÃO: 178'

IDIOMA ORIGINAL: Inglês

PRODUÇÃO: Martin Brest (coprodução: David Wally)

ROTEIRO: Ron Osborn, Jeff Reno, Kevin Wade, Bo Goldman

FOTOGRAFIA: Emmanuel Lubezki [cor]

MONTAGEM: Joe Hutshing, Michael Tronick

MÚSICA: Thomas Newman

ELENCO: Brad Pitt, Anthony Hopkins, Claire Forlani, Jake Weber, Marcia Gay Harden, Jeffrey Tambor, David S. Howard, Lois Kelly-Miller, Jahnni St. John, Richard Clarke, Marylouise Burke, Diane Kagan, June Squibb, Gene Canfield, Suzanne Hevner, Steve Coats, Madeline N. Balmaceda, Julie Lund, Kay Gaffney, Anthony Kane, Joe H.

Lamb, Robert C. Lee, Jim McNickle, Hardy Phippen Jr., Stephen Adly-Guirgis, Leo Marks, Michelle Youell, Gene Leverone

GÊNERO: Drama romântico metafísico

SINOPSE: William Parrish é um bem-sucedido magnata do ramo jornalístico, que está lutando para que sua empresa não caia nas mãos da gigantesca corporação Bonacou (que deseja monopolizar os meios de comunicação para dominar o mundo). Um dia, ele recebe a visita da própria morte, que lhe anuncia que ele está com os dias contados. Porém, cheia de benevolência, a morte faz um acordo com Parrish: ela o deixará viver por mais algum tempo, ficando em sua companhia para conhecer um pouco do mundo aquém-túmulo. Mesmo contrariado, Parrish aceita o trato e a morte vai morar em sua casa, incorporada em um ser humano e adotando o nome de Joe Black. Por coincidência, Black – enquanto vivo – tinha conhecido a bela Susan, filha de Parrish, que se apaixona por ele. Porém, a presença de Joe contraria os planos do principal assessor de Parrish, Drew, que além de noivo de Susan é um testa-de-ferro de Bonacou.

COMENTÁRIOS: Interessante mistura de filme romântico e drama metafísico. O principal mérito deste filme é deslizar sem muitos danos ao longo de um assustador labirinto de clichês, já que o tema da morte personificada é bastante antigo (tendo como carro-chefe a obra-prima "O sétimo selo"). Porém, com um elenco de alta qualidade, Martin Brest consegue realizar uma obra sutil e inteligente, criando um clima nebuloso que lembra bastante "Muito além do jardim". A história consegue ser criativa e bem resolvida, sem cair no melodrama e nem descambar para o ridículo. Mas o destaque maior vai mesmo para a presença de Claire Forlani, com uma beleza que justifica plenamente o interesse da morte, e mais ainda de todos os vivos.

AVALIAÇÃO: ***

MEETING AT MIDNIGHT / BLACK MAGIC

CHARLIE CHAN NA MACUMBA

DIRETOR: Phil Rosen

PAÍS: Estados Unidos

COMPANHIA PRODUTORA: Monogram Pictures Corporation

ANO DE PRODUÇÃO: 1944

DURAÇÃO: 65'

IDIOMA ORIGINAL: Inglês

PRODUÇÃO: Philip N. Krasne, James S. Burkett

ARGUMENTO: George Callahan (or: Earl Derr Biggers)

ROTEIRO: George Callahan

FOTOGRAFIA: Arthur Martinelli [p&b]

MONTAGEM: John Link

MÚSICA: Alexander Laszlo (direção: David Chudnow)

ELENCO: Sidney Toler, Mantan Moreland, Frances Chan, Joseph Crehan, Helen Beverley, Jacqueline deWit, Geraldine Wall, Ralph Peters, Frank Jaquet, Edward Earle, Claudia Dell, Harry Depp, Charles Jordan, Richard Gordon

GÊNERO: Suspense criminal

SINOPSE: Apesar de estar de férias, Charlie Chan assume a investigação do misterioso assassinato de um médium, já que sua filha Frances estava presente no momento do crime e está envolvida no inquérito. A solução do caso parece estar ligada ao passado da vítima, mas o assassino é um indivíduo cheio de recursos e está disposto a tudo para escapar da justiça.

COMENTÁRIOS: Exemplar típico da série *Charlie Chan*, com destaque para a ótima participação de Frances Chan como a filha assistente (a atriz encerraria a carreira logo depois, para casar-se).

AVALIAÇÃO: ***

MELINDA & MELINDA

DIRETOR: Woody Allen

PAÍS: Estados Unidos

COMPANHIA PRODUTORA: Gravier Productions

ANO DE PRODUÇÃO: 2004

DURAÇÃO: 100'

IDIOMA ORIGINAL: Inglês

PRODUÇÃO: Letty Aronson (coprodução: Helen Robin)

ARGUMENTO: Woody Allen

ROTEIRO: Woody Allen

FOTOGRAFIA: Vilmos Zsigmond [cor]

MONTAGEM: Alisa Lepselter

MÚSICA: Woody Allen (seleção)

ELENCO: Chiwetel Ejiofor, Will Ferrell, Jonny Lee Miller, Radha Mitchell, Amanda Peet, Chloë Sevigny, Wallace Shawn, David Aaron Baker, Arija Bareikis, Josh Brolin, Steve Carell, Stephanie Roth Haberle, Shalom Harlow, Geoffrey Nauffts, Zak Orth, Larry Pine, Vinessa Shaw, Brooke Smith, Daniel Sunjata, Neil Pepe, Michael J. Farina, Matt Servitto, Andy Borowitz, Christina Kirk, Alyssa Pridham,

Katie Kreisler, Quincy Rose, Rick Vincent Holmes, Michele Durning, Yi-Wen Jiang, Honggang Li, Weigang Li, Nicholas Tzavaras, Rob Buntzen

GÊNERO: Drama de relacionamento

SINOPSE: Em um boteco de luxo, dois dramaturgos – um especializado em dramas e o outro em comédias – discutem sobre a superioridade do seu respectivo estilo. Um ouvinte, então, sugere uma história para que cada um demonstre um possível desenvolvimento. Na história, Melinda, uma mulher perturbada pela sua dramática separação e pela proibição judicial de ver seus filhos, aparece subitamente na casa de sua melhor amiga, em busca de refúgio. A amiga, uma mulher rica e aparentemente feliz, decide acolhê-la e sai à procura de um homem que possa resolver o problema das duas: carregar Melinda.

COMENTÁRIOS: Não é, certamente, uma das obras mais inspiradas de Allen, que mais uma vez aborda seus personagens padrão: a alta burguesia novaiorquina, cheia de problemas psicológicos e nem um pouco preocupada com a sobrevivência cotidiana. Porém, o maior problema deste filme é não conseguir satisfazer sua premissa, já que os dois desenvolvimentos para a narrativa estão longe de ser realmente opostos.

AVALIAÇÃO: ***

O VÔO DO DRAGÃO

DIRETOR: Bruce Lee

PAÍS: Hong Kong (China)

COMPANHIA PRODUTORA: Golden Harvest

ANO DE PRODUÇÃO: 1972

DURAÇÃO: 100'

IDIOMA ORIGINAL: Mandarim / Inglês (dub)

PRODUÇÃO: Raymond Chow

ARGUMENTO: Bruce Lee

ROTEIRO: Bruce Lee

FOTOGRAFIA: Ho Lan Shan [cor]

MONTAGEM: Chang Yao Chung

MÚSICA: Joseph Koo

ELENCO: Bruce Lee, Nora Miao, Wei Ping Ao, Huang Chung Hsin, Tony Liu, Unicorn Chan, Chuck Norris, Malisa Longo, Robert Wall, Whang Ing Sik, Chen Fu Ching, Chin Ti, Wu Ngan, Robert Chen

GÊNERO: Aventura de artes marciais

SINOPSE: A jovem Chen Ching Hua está tendo problemas

para administrar o restaurante que herdou de seu pai, em Roma, já que uma quadrilha de gangsters está querendo apoderar-se do local. Ela pede ajuda a seus parentes de Hong Kong, que enviam o lutador de kung fu Tang Lung. Tang logo mostra serviço e passa a castigar impiedosamente os gangsters, que tentam eliminá-lo inutilmente. Em desespero, eles resolvem pedir a ajuda de Colt, um super lutador de artes marciais norte-americano.

COMENTÁRIOS: Porradaria convencional, que tem como seu ponto alto a luta entre Lee e o jovem Chuck Norris no Coliseu de Roma (que, por conta desta luta, segundo consta, ficou em ruínas).

AVALIAÇÃO: ***

MICHAEL SHAYNE – PRIVATE DETECTIVE

MICHAEL SHAYNE – DETETIVE PARTICULAR

DIRETOR: Eugene Forde

PAÍS: Estados Unidos

COMPANHIA PRODUTORA: Twentieth Century-Fox

ANO DE PRODUÇÃO: 1941

DURAÇÃO: 77'

IDIOMA ORIGINAL: Inglês

PRODUÇÃO: Sol M. Wurtzel (executivo)

ARGUMENTO: Brett Halliday

ROTEIRO: Stanley Rauh, Manning O'Connor

FOTOGRAFIA: George Schneiderman [p&b]

MONTAGEM: Al DeGaetano

MÚSICA: Emil Newman

ELENCO: Lloyd Nolan, Marjorie Weaver, Joan Valerie, Walter Abel, Elizabeth Patterson, Donald MacBride, Douglas Dumbrille [Douglass Dumbrille], Clarence Kolb, George Meeker, Charles Coleman, Michael Morris [Adrian Morris], Robert Emmett Keane, Frank Orth, Irving Bacon

GÊNERO: Suspense criminal

SINOPSE: O detetive particular Michael Shayne é contratado por um velho amigo para proteger sua filha (que está viciada na jogatina e envolveu-se com uma turma barra pesada). Porém, o trabalho vai se complicar quando Shayne for implicado no assassinato do principal corruptor da garota.

COMENTÁRIOS: Um dos poucos exemplares de uma série de curta duração, com um enredo complicado, mas bem desenvolvido, e um elenco de boa qualidade. O personagem retornou às telas no final dos anos 50, dessa vez na TV.

AVALIAÇÃO: ***

MIDNIGHT LACE

A TEIA DE RENDA NEGRA

DIRETOR: David Miller

PAÍS: Estados Unidos

COMPANHIA PRODUTORA: Arwin Productions

ANO DE PRODUÇÃO: 1960

DURAÇÃO: 110'

IDIOMA ORIGINAL: Inglês

PRODUÇÃO: Ross Hunter, Martin Melcher

ARGUMENTO: Janet Green

ROTEIRO: Ivan Goff, Ben Roberts

FOTOGRAFIA: Russell Metty [cor]

MONTAGEM: Russell F. Schoengarth, Leon Barsha

MÚSICA: Frank Skinner (supervisão: Joseph Gershenson)

ELENCO: Doris Day, Rex Harrison, John Gavin, Myrna
Loy, Roddy McDowall, Herbert Marshall, Natasha Parry,
Hermione Baddeley, John Williams, Richard Ney, Anthony
Dawson, Rhys Williams, Richard Lupino, Hayden Rorke,

Doris Lloyd, Elspeth March, Peter Adams, Rex Evans, Anna Cheselka, Vladimir Oukhtomsky

GÊNERO: Drama de suspense

SINOPSE: Kit Preston é uma milionária norte-americana que se mudou para Londres com o seu novo marido, Anthony, que administra suas empresas. Subitamente, Kit passa a ser vítima de telefonemas anônimos, nos quais é ameaçada de morte. Ela conta ao marido e os dois denunciam tudo à polícia. Porém, as autoridades não levam o caso a sério, já que pensam que tudo não passa de um estratagema de Kit para chamar a atenção do marido relapso. Cada vez mais apavorada, Kit sofre alguns atentados, sendo ajudada pelo jovem engenheiro Brian, que está dirigindo uma obra na vizinhança da sua casa.

COMENTÁRIOS: Tentativa de estabelecer Doris Day como atriz dramática, antes que ela assumisse definitivamente seu papel de estrela maior das comédias conjugais dos anos 60. Apesar da falta de criatividade da história, o filme não chega a ser totalmente medíocre, especialmente pela presença de alguns astros veteranos. O maior problema, de fato, é o vedetismo de Doris, que consegue aparecer com um novo vestido a cada três minutos. Baseado na peça *Mathilda shouted fire*.

AVALIAÇÃO: ***

PONTO DE MUTAÇÃO

DIRETOR: Bernt Capra

PAÍS: Estados Unidos

COMPANHIA PRODUTORA: Atlas Production Company / Mindwalk Productions

ANO DE PRODUÇÃO: 1990

DURAÇÃO: 112'

IDIOMA ORIGINAL: Inglês

PRODUÇÃO: Klaus Lintschinger, Adrianna AJ Cohen

ARGUMENTO: Bernt Capra (or: Fritjof Capra)

ROTEIRO: Floyd Byars, Bernt Capra

FOTOGRAFIA: Karl Kases [cor]

MONTAGEM: Jean Claude Piroué

MÚSICA: Philip Glass

ELENCO: Liv Ullmann, Sam Waterston, John Heard, Ione Skye, Emmanuel Montes, Gabrielle Danchik, Jeanne Van Phue, Penny White, Jean Boursin

GÊNERO: Drama de auto-ajuda

SINOPSE: Bastante deprimido, desde que perdeu a eleição

para a presidência dos Estados Unidos, o senador Jack resolve visitar seu amigo e ex-colaborador Thomas, que vive numa cidade medieval francesa. Thomas leva Jack para conhecer alguns tesouros artísticos da cidade, enquanto os dois conversam sobre os rumos da política e da sociedade em geral. Numa velha igreja, eles encontram a ex-cientista Sonia, que acaba entrando na conversa. Sonia – que desistiu da física após ter uma de suas descobertas utilizada num projeto militar – expõe sua maneira revolucionária de ver o mundo. De acordo com seu pensamento, é necessário abandonar a visão fragmentária imposta pelo cartesianismo, partindo para uma visão globalizante do universo e do homem. Entusiasmado com a explanação de Sonia, Jack pensa em levar suas ideias para a política e a convida para ser sua assessora. Porém, Sonia está mais preocupada com seus próprios problemas e teme ser tragada pelo pântano podre da política prática.

COMENTÁRIOS: Filme didático (no pior sentido do termo) que expõe as ideias do físico best-seller Fritjof Capra, que parece ter um projeto de integrar ciência e religião, usufruindo do misticismo chique dos tempos modernos. Baseado no livro *The turning point*.

AVALIAÇÃO: ***

QUANDO DESCERAM AS TREVAS

DIRETOR: Fritz Lang

PAÍS: Estados Unidos

COMPANHIA PRODUTORA: Paramount Pictures

ANO DE PRODUÇÃO: 1943

DURAÇÃO: 86'

IDIOMA ORIGINAL: Inglês

PRODUÇÃO: Seton J. Miller

ARGUMENTO: Graham Greene

ROTEIRO: Seton J. Miller

FOTOGRAFIA: Henry Sharp [p&b]

MONTAGEM: Archie Marshek

MÚSICA: Victor Young

ELENCO: Ray Milland, Marjorie Reynolds, Carl Esmond, Hillary Brooke, Percy Waram, Dan Duryea, Alan Napier, Erskine Sanford

GÊNERO: Drama de suspense

SINOPSE: Após ser acusado de cometer eutanásia na esposa (que se matou, por não suportar os sofrimentos de uma doença fatal), Stephen – sabe-se lá porque – é internado em um asilo para alienados no interior da Inglaterra. Como é saudável, ele é liberado em pouco tempo, decidindo voltar para sua cidade. Porém, antes de embarcar, Stephen decide passar seu tempo livre em uma quermesse, promovida para angariar fundos para os refugiados de guerra. Na quermesse, ele recebe de uma cartomante a dica certa para ganhar um bolo que está sendo sorteado. No entanto, logo todos parecem querer o bolo de volta, mas Stephen não está disposto a liberar a guloseima. No trem, ele é atacado por um falso cego, que rouba o bolo, mas morre num bombardeio alemão. Sem saber o que fazer, diante do mistério, Stephen vai para casa e contrata um detetive particular, indo procurar junto com ele os organizadores da quermesse.

COMENTÁRIOS: Aventura de espionagem típica do período da 2ª Guerra, valorizada pela direção do genial Fritz Lang e prejudicada pelo excesso de elementos dramáticos.

AVALIAÇÃO: ***

MR. MOTO IN DANGER ISLAND

MR. MOTO NA ILHA DO TERROR

DIRETOR: Herbert I. Leeds

PAÍS: Estados Unidos

COMPANHIA PRODUTORA: Twentieth Century-Fox

ANO DE PRODUÇÃO: 1939

DURAÇÃO: 70'

IDIOMA ORIGINAL: Inglês

PRODUÇÃO: John Stone (associado)

ARGUMENTO: John Reinhardt, George Bricker, John W. Vandercook (or: J. P. Marquand [John P. Marquand])

ROTEIRO: Peter Milne

FOTOGRAFIA: Lucien Andriot [p&b]

MONTAGEM: Harry Reynolds

MÚSICA: Samuel Kaylin

ELENCO: Peter Lorre, Jean Hersholt, Amanda Duff, Warren Hymer, Richard Lane, Leon Ames, Douglas Dumbrille, Charles D. Brown, Paul Harvey, Robert Lowery, Eddie Marr, Harry Woods

GÊNERO: Drama criminal

SINOPSE: Mr. Moto é enviado para Porto Rico, já que as ilhas da região estão sendo utilizadas como rota para o contrabando de diamantes sul-americanos para os Estados Unidos. Além da dificuldade para identificar e prender os criminosos, Mr. Moto enfrentará uma complicação adicional: é que uma das autoridades locais pode estar envolvida.

COMENTÁRIOS: Sétima e penúltima aventura de Mr. Moto.

AVALIAÇÃO: ***

MR. MOTO'S LAST WARNING

Ultimato para Mr. Moto

DIRETOR: Norman Foster

PAÍS: Estados Unidos

COMPANHIA PRODUTORA: Twentieth Century-Fox

ANO DE PRODUÇÃO: 1938

DURAÇÃO: 71'

IDIOMA ORIGINAL: Inglês

PRODUÇÃO: Sol M. Wurtzel (executivo)

ARGUMENTO: John P. Marquand

ROTEIRO: Philip MacDonald, Norman Foster

FOTOGRAFIA: Virgil Miller [p&b]

MONTAGEM: Norman Colbert

MÚSICA: Samuel Kaylin

ELENCO: Peter Lorre, Ricardo Cortez, Virginia Field, John Carradine, George Sanders, Joan Carol, Robert Coote,

Margaret Irving, Leyland Nodgson, John Davidson

GÊNERO: Drama criminal

SINOPSE: No Egito, disfarçado como um comerciante de antiguidades, Kentaro Moto – membro da Polícia Internacional – investiga um complô para sabotar a esquadra francesa e criar um incidente diplomático que provoque o rompimento entre a França e a Inglaterra.

COMENTÁRIOS: Sexto exemplar da série *Mr. Moto*, investindo na propaganda de guerra (guerra, aliás, que liquidaria com a série, por causa da antipatia suscitada contra os japoneses pelo ataque a Pearl Harbour).

AVALIAÇÃO: ***

MR. WONG DETECTIVE

DIRETOR: William Nigh

PAÍS: Estados Unidos·

COMPANHIA PRODUTORA: Monogram Pictures

ANO DE PRODUÇÃO: 1938

DURAÇÃO: 69'

IDIOMA ORIGINAL: Inglês

PRODUÇÃO: Scott R. Dunlap

ARGUMENTO: Hugh Wiley

ROTEIRO: Houston Branch

FOTOGRAFIA: Harry Neumann [p&b]

MONTAGEM: Russell F. Schoengarth

MÚSICA: Edward J. Kay

ELENCO: Boris Karloff, Grant Withers, Maxine Jennings, Evelyn Brent, George Lloyd, Lucien Prival, John St. Polis, William Gould, Hooper Atchley, John Hamilton, Wilbur Mack, Lee Tong Foo, Lynton Brent, Grace Wood

GÊNERO: Drama criminal

SINOPSE: O detetive sino-americano James Lee Wong é procurado pelo Sr. Dayton, um dos proprietários de uma indústria química, que se diz ameaçado. Os dois marcam um encontro e, ao voltar para a sua fábrica, Dayton é pressionado por seus sócios e assina um documento, passando-lhes sua parte em caso de morte. Logo depois, Dayton também é ameaçado pelo químico Carl Roemer, que o acusa de roubar uma de suas fórmulas. Preocupado, Dayton tranca-se no escritório e chama a polícia. Porém, quando os policiais chegam, encontram-no morto na sala completamente fechada. Wong também chega e lamenta a perda de seu cliente, decidindo investigar o caso.

COMENTÁRIOS: Primeira das seis aventuras de Mr. Wong, mais um exemplar da exótica safra de detetives pseudo-orientais do cinema americano dos anos 30 (como Mr. Moto e Charlie Chan). Curiosamente, uma boa parte destas histórias de mistério assenta-se sobre novidades tecnológicas (invenções ou descobertas de cientistas mais ou menos loucos), que podem ser – e são – eventualmente usadas para o crime. Sem o mesmo carisma "oriental" de seus rivais (que também não tinham a menor ligação com o Oriente), Karloff tem uma atuação discreta e o suspense da trama não se sustenta por muito tempo. Baseado em histórias publicadas na revista *Collier's*.

AVALIAÇÃO: ***

MR. WONG IN CHINATOWN

Mr. Wong em Chinatown

DIRETOR: William Nigh

PAÍS: Estados Unidos

COMPANHIA PRODUTORA: Monogram Pictures

ANO DE PRODUÇÃO: 1939

DURAÇÃO: 70'

IDIOMA ORIGINAL: Inglês

PRODUÇÃO: Scott R. Dunlap

ARGUMENTO: Hugh Wiley

ROTEIRO: Scott Darling

FOTOGRAFIA: Harry Neumann [p&b]

MONTAGEM: Russell Schoengarth

MÚSICA: Edward Kay

ELENCO: Boris Karloff, Marjorie Reynolds, Grant Withers, Huntley Gordon, Peter George Lynn, William Royle, James Flavin, Lotus Long, Lee Tong Foo, Bessie Loo, Richard Loo, Ernie Stanton

GÊNERO: Drama criminal

SINOPSE: O detetive James Lee Wong é procurado por uma aristocrata chinesa, que foi aos Estados Unidos a fim de comprar armas para o seu irmão, um dos inúmeros líderes revolucionários que está lutando pelo poder em seu país. Porém, a moça é assassinada em plena casa do detetive, antes que possa lhe falar qualquer coisa. Mesmo sem ter quem pague os seus honorários, Mr. Wong se dispõe a vingar sua cliente.

COMENTÁRIOS: Exemplar sem maior interesse da série *Mr. Wong*.

AVALIAÇÃO: ***

DIRETOR: Gilberto Martinez Solares

PAÍS: México

COMPANHIA PRODUTORA: Producciones Filmicas Agrasanchez

ANO DE PRODUÇÃO: 1977

DURAÇÃO: 77'

IDIOMA ORIGINAL: Espanhol

PRODUÇÃO: Rogelio Agrasanchez

ARGUMENTO: Rogelio Agrasanchez

ROTEIRO: Gilberto Martinez Solares, Adolfo Martinez Solares

FOTOGRAFIA: Adolfo Martinez Solares [cor]

MONTAGEM: Jorge Bustos

MÚSICA: Ernesto Cortazar

ELENCO: Santo, Blue Demon, Mil Mascaras, Silvia Manriquez, Sandra Duarte, Carlos Suarez, Gaynor Kote, Ernesto Solis, Humberto Cabañas, Julio Cesar Agrasanchez, Rebeca Sexton, Leticia Montemayor, Jorge Luiz Elizondo, Marco Antonio Marin

GÊNERO: Aventura de porradaria com elementos fantásticos

SINOPSE: Santo, Blue Demon e Mil Mascaras vão fazer uma série de apresentações nas Bermudas. Porém, as lutas são apenas um pretexto, já que eles foram designados para proteger Zobeida, a princesa de Irania, que está chegando ao país para a assinatura de um importante acordo de cooperação. Como a moça está na mira de um perigoso assassino profissional, contratado por uma potência estrangeira não identificada, os três heróis parrudos vão enfrentar muitas dificuldades para cumprir sua missão. Ao mesmo tempo, um misterioso povo que habita o fundo dos mares, na região conhecida como "triângulo das Bermudas", sequestra a filha de um cientista, sem qualquer objetivo aparente.

COMENTÁRIOS: Apesar dessa produção ser estrelada pelo mais célebre trio de lutadores mascarados mexicanos, trata-se de um filme profundamente inepto, com um roteiro que consegue ser ainda mais pobre e desconjuntado que os seus similares. O enredo é paupérrimo e tudo acontece da maneira mais desleixada, com os heróis – todos veteranos lutadores profissionais (o Santo, por exemplo, já estava com quase 60 anos) – penando para ganhar qualquer briga. Nem é preciso mencionar a inclusão da trama referente ao "triângulo", já que ela não tem realmente nenhuma ligação com o resto do filme.

AVALIAÇÃO: **

MIT TEUFLISCHEN GRÜSSEN

(Cf. Diaboliquement vôtre)

MODERATO CANTABILE

MODERATO CANTABILE

DIRETOR: Peter Brook

PAÍS: França / Itália

COMPANHIA PRODUTORA: IENA / Documento Films

ANO DE PRODUÇÃO: 1960

DURAÇÃO: 91'

IDIOMA ORIGINAL: Francês

PRODUÇÃO: Raoul J. Lévy

ARGUMENTO: Marguerite Duras

ROTEIRO: Marguerite Duras, Gerard Jarlot

FOTOGRAFIA: Armand Thirard [p&b]

MONTAGEM: Albert Jurgenson

MÚSICA: Antonio Diabelli

ELENCO: Jeanne Moreau, Jean-Paul Belmondo, Pascale de Boysson, Jean Deschamps, Didier Haudepin, Colette Regis, Valeric

GÊNERO: Drama romântico

SINOPSE: Na cidade francesa de Bordeaux, Anne Desbarèdes é a esposa do poderoso dono de um grande estaleiro. Como qualquer burguesa rica, Anne vive entediada e está com a cabeça suficientemente vazia para uma aventura amorosa. Um dia, enquanto leva seu filho para sua aula de piano, Anne presencia a prisão de um criminoso passional e passa a ser assaltada por impulsos mórbidos. Esses impulsos a levam a revisitar o local do crime – um bar de proletários – onde ela conhece Chauvin, jovem empregado na indústria de seu marido. Logo nasce um mútuo interesse, que cresce ao longo de sucessivos encontros. Porém, existem as barreiras sociais e, principalmente, o casamento da mulher.

COMENTÁRIOS: Apesar de contar com um diretor de grande prestígio (especialmente no teatro) e com um casal de protagonistas de grande talento e carisma, o filme é uma experiência das mais desagradáveis, já que o tema é clichê, quase não existe ação e toda a trama se limita a longos diálogos tediosos sem nenhum conteúdo. Na cópia consultada, o título aparece como "Moderato contabile" (o que talvez seja uma ironia).

AVALIAÇÃO: **

LA MÔME VERT DE GRIS

BROTINHO VENENOSO

DIRETOR: Bernard Borderie

PAÍS: França

COMPANHIA PRODUTORA: Compagnie Industrielle & Commerciale Cinématographique / Société Nouvelle Pathé Cinéma

ANO DE PRODUÇÃO: 1953

DURAÇÃO: 98'

IDIOMA ORIGINAL: Francês

ARGUMENTO: Peter Cheyney

ROTEIRO: Bernard Borderie (diálogos: Jacques Berland)

FOTOGRAFIA: Jacques Lemare [p&b]

MONTAGEM: Jean Feyte

MÚSICA: Guy Lafarge (arranjos: Nelly Marco)

ELENCO: Eddie Constantine, Dominique Wilms, Howard Vernon, Darío Moreno, Maurice Ronet, Nick Vogel, Philipe Hersent, Jess Hann, Gaston Modot, Monique Aïssata, Jack Ary, Paul Azaïs, Anne Bunning, Antony Cartier, Christine Chesnay, Giani Esposito, Roger Hanin, René Hell, Guy Henry, Tony Jarvis, André Jaud, Jodest, Jack Kennedy,

Jacqueline Noelle, J. M. Robain [Jean-Marie Robain], Noé Sigot, Spencer Teakle, Georges Wilson, Don Ziegler, J. M. Tenneberg [Jean-Marc Tennberg]

GÊNERO: Ação e aventura

SINOPSE: Em Casablanca, um jovem francês é mortalmente ferido e, agonizante, revela um plano para roubar dois milhões de dólares em barras de ouro, que estão sendo trazidas dos Estados Unidos para o Marrocos. Prevenida, a polícia francesa comunica tudo ao FBI, que designa o agente Lemmy Caution para cuidar do caso. Com a falsa identidade de Perry, Lemmy vai para o Marrocos, onde logo presencia outros dois assassinatos. Ele descobre que o chefe dos gangsteres envolvidos com o roubo é o rico Saltierra, que é amante da bela Carlotta, cantora em um cabaré local. Traído por "Ressaca", um pseudo-amigo jornalista, Lemmy acaba preso num iate, no qual Saltierra pretende esconder o ouro roubado.

COMENTÁRIOS: Em seu primeiro exemplar, a série *Lemmy Caution* ainda comete o pecado de se levar a sério (o que seria devidamente corrigido nos filmes seguintes). Neste caso, estamos diante de uma banal imitação dos filmes noirs norte-americanos.

AVALIAÇÃO: ***

O TESOURO DO BARBA AZUL

DIRETOR: Fritz Lang

PAÍS: Estados Unidos

COMPANHIA PRODUTORA: Metro Goldwyn Mayer

ANO DE PRODUÇÃO: 1955

DURAÇÃO: 89'

IDIOMA ORIGINAL: Inglês

PRODUÇÃO: John Houseman

ARGUMENTO: J. Meade Falkner

ROTEIRO: Jan Lustig, Margaret Fitts

FOTOGRAFIA: Robert Planck [cor]

MONTAGEM: Albert Akst

MÚSICA: Miklos Rozsa

ELENCO: Stewart Granger, George Sanders, Joan Greenwood, Viveca Lindfors, Jon Whiteley, Liliane Montevecchi, Melville Cooper, Sean McClory, Alan Napier, John Hoyt, Donna Corcoran, Jack Elam, Dan Seymour, Ian Wolfe, Lester Matthews, Skelton Knaggs, Richard Hale, John Alderson, Ashley Cowan, Frank Ferguson, Booth Colman

GÊNERO: Drama de aventura

SINOPSE: Inglaterra, 1757: Após ficar órfão, o menino John Mohune – último descendente de uma família nobre arruinada – viaja para a pequena cidade costeira de Moonfleet, a fim de colocar-se sob a proteção do aristocrata Jeremy Fox – que foi apaixonado por sua mãe, tendo sido rejeitado pelos orgulhosos Mohune. Fox tenta livrar-se do incômodo hóspede, mas acaba simpatizando com a coragem de John, que lhe traz lembranças de um passado já distante, e resolve adotá-lo. Porém, o garoto logo descobre que seu novo tutor é, secretamente, chefe de uma grande quadrilha de contrabandistas, que utiliza as catacumbas do cemitério local como depósito para as suas mercadorias clandestinas. Disposto a acertar as coisas, Fox decide mandar o menino viver nas colônias, juntamente com sua amante – uma jovem que ele seduzira. Para vingar-se, a moça o denuncia às autoridades, que passam a persegui-lo.

COMENTÁRIOS: Produto da fase final (e decadente, ao menos do ponto de vista dos produtores de Hollywood) da carreira de Fritz Lang, este drama com fundo histórico começa por registrar a atividade dos contrabandistas na velha Inglaterra (negócio que fez e salvou a fortuna de muitas famílias da elite britânica), e se torna – no último quarto – uma aventura de caça ao tesouro.

AVALIAÇÃO: ***

THE MOUNTAIN

A maldição da montanha

DIRETOR: Edward Dmytryk

PAÍS: Estados Unidos

COMPANHIA PRODUTORA: Paramount Pictures

ANO DE PRODUÇÃO: 1956

DURAÇÃO: 115'

IDIOMA ORIGINAL: Inglês

PRODUÇÃO: Edward Dmytryk

ARGUMENTO: Henri Troyat

ROTEIRO: Ranald MacDougall

FOTOGRAFIA: Franz F. Planer [cor]

MONTAGEM: Frank Bracht

MÚSICA: Daniele Amfitheatrof

ELENCO: Spencer Tracy, Robert Wagner, Claire Trevor, William Demarest, Barbara Darrow, Richard Arlen, E. G. Marshall, Anna Kashfi, Richard Garrick, Harry Townes, Stacy Harris, Yves Brainville

GÊNERO: Drama de aventura

SINOPSE: Zachary Teller é um veterano guia montanhês

que vive em sua cabana nos Alpes, na companhia do irmão Chris, bem mais jovem que ele. Enquanto Zachary é um homem modesto e trabalhador, seu irmão é ambicioso e lamenta a obscuridade de sua vida, invejando o apulência dos ricaços que vêm turistear na cidade próxima. Quando seu irmão se recusa a vender a propriedade de ambos, para que Chris possa viajar para longe, o rapaz se revolta e os dois têm uma briga. Porém, Chris vê chegar a sua oportunidade para mudar de vida quando um avião hindu cái no cume de uma montanha altíssima. Como a neve e o difícil acesso não permitem um resgate melhor, Zachary é chamado para visitar os destroços, a fim de confirmar a morte dos passageiros. Ele se recusa, sentindo-se velho e cansado, mas Chris insiste para que ele vá e se oferece como acompanhante. Mas os planos do rapaz são muito pouco humanitários, já que seu objetivo é saquear os pertences dos passageiros - possivelmente mortos.

COMENTÁRIOS: Drama de aventura ambientado nos Alpes, com uma grande quantidade de emocionantes cenas de escalada. A beleza das locações serve para encobrir a precariedade da história (a começar pela absurda disparidade de idade entre Tracy e Wagner, os "irmãos" da trama). Apesar de sua pobreza dramática, a ação é bastante interessante e impede que o filme desabe no abismo.

AVALIAÇÃO: ***

ASSASSINATO NA CASA DO PASTOR

DIRETOR: Julian Amyes

PAÍS: Inglaterra / Estados Unidos / Austrália

COMPANHIA PRODUTORA: BBC / The Arts and Entertainment Network / The Seven Network

ANO DE PRODUÇÃO: 1986

DURAÇÃO: 96'

IDIOMA ORIGINAL: Inglês

PRODUÇÃO: George Gallaccio

ARGUMENTO: Agatha Christie

ROTEIRO: T. R. Bowen

FOTOGRAFIA: John Walker [cor]

MONTAGEM: Bernard Ashby

MÚSICA: John Altman

ELENCO: Joan Hickson, Paul Eddington, Cheryl Campbell, Robert Lang, Polly Adams, James Hazeldine, David Horovitch, Norma West, Rosalie Crutchley, Tara MacGowran, Christopher Good, Michael Browning, Ian Brimble, Jack Galloway, Rachel Weaver, Barbara Hicks, Kathleen Bidmead, Deddie Davies, Tony Brandon, Kenneth

Keeling

GÊNERO: Drama criminal

SINOPSE: O juiz da pequena cidade de St. Mary Mead, o coronel Lucius Protheroe, se dispõe a investigar o desaparecimento de dinheiro da igreja local. Para isso, ele quer fazer uma auditoria nas contas da paróquia, marcando um encontro na casa do vigário para resolver a questão. Porém, atendendo a um falso chamado, o vigário se atrasa e, ao chegar, encontra o coronel assassinado. A partir daí, a polícia segue várias pistas, já que Protheroe não era um sujeito muito simpático e tinha muitos inimigos. A policia passa a desconfiar da esposa do coronel, que é amante de um pintor, de um caçador clandestino que era perseguido pelo juiz e até mesmo da filha do primeiro casamento dele. Diante de tantas alternativas, só o que resta é contar com a astúcia de Miss Marple, a enxerida oficial da cidade.

COMENTÁRIOS: Telefilme da série "Miss Marple". Baseado no livro homônimo, esta versão tem o mérito de ser bastante fiel à obra original – o que também é um defeito, já que dispensa a leitura do livro. Como sempre – no caso dos filmes ingleses –, um elenco de qualidade e uma produção muito caprichada.

AVALIAÇÃO: ***

Um tiro misterioso

DIRETOR: Harry Lachman

PAÍS: Estados Unidos

COMPANHIA PRODUTORA: Twentieth Century-Fox

ANO DE PRODUÇÃO: 1940

DURAÇÃO: 65'

IDIOMA ORIGINAL: Inglês

PRODUÇÃO: Sol M. Wurtzel

ARGUMENTO: Lester Ziffren (or: Earl Derr Biggers)

ROTEIRO: Lester Ziffren

FOTOGRAFIA: Virgil Miller [p&b]

MONTAGEM: Louis Loeffler

MÚSICA: Emil Newman

ELENCO: Sidney Toler, Marjorie Weaver, Robert Lowery, Ricardo Cortez, Donald MacBride, Melville Cooper, Joan Valerie, Kane Richmond, Sen Yung, John Sutton, Leyland Hodgson, Clarence Muse, Frederick Worlock, Lal Chand Mehra, Shemp Howard

GÊNERO: Drama criminal

SINOPSE: Visitando Nova York, a fim de participar de uma convenção policial, Charlie Chan colabora na investigação do assassinato de um agente da inteligência britânica que, por sua vez, estava investigando as atividades de um perigoso sabotador que atua no setor da aviação militar. Porém, as coisas não serão nada fáceis para o detetive, já que as provas da identidade do sabotador, que estavam com a vítima, desapareceram.

COMENTÁRIOS: Exemplar da fase decadente da série *Charlie Chan*, inserido no contexto da propaganda de guerra.

AVALIAÇÃO: ***

MURDER WITH TOO MANY NOTES

COLUMBO: MÚSICA MORTAL

DIRETOR: Patrick McGoohan

PAÍS: Estados Unidos

COMPANHIA PRODUTORA: Universal TV

ANO DE PRODUÇÃO: 2000

DURAÇÃO: 90'

IDIOMA ORIGINAL: Inglês

PRODUÇÃO: Christopher Seiter, Jack Horger

ARGUMENTO: Jeffrey Cava (or: Richard Levinson, William Link)

ROTEIRO: Jeffrey Cava, Patrick McGoohan

FOTOGRAFIA: Jiggs Garcia [cor]

MONTAGEM: Bill Parker

MÚSICA: Dick De Benedictis

ELENCO: Peter Falk, Billy Connolly, Richard Riehle, Charles Cioffi, Hillary Danner, Chad Willett, Scott Atkinson

GÊNERO: Drama criminal

SINOPSE: Famoso compositor de trilhas para o cinema, o veterano maestro Findlay Crawford superou sua decadência artística explorando secretamente o talento e a criatividade de seu assistente Gabriel, um jovem maestro. Porém, cansado de ter seu trabalho atribuído a Crawford, Gabriel ameaça seu patrão, anunciando que revelará toda a verdade ao produtor para quem compôs uma trilha vencedora do Oscar. Vendo que sua carreira pode desmoronar, Crawford resolve apelar para um recurso desesperado. Ele promete contar a verdade ao produtor e, para mostrar a Gabriel sua gratidão, promete deixá-lo participar, como regente convidado, de um concerto que dará nos próximos dias. Porém, tudo não passa de um plano tenebroso do maestro, que narcotiza o rapaz e o coloca no teto da sala de concertos – seu lugar de descanso preferido – de onde ele cai para a morte (com o auxílio de um elevador de cargas, acionado automaticamente enquanto Crawford está regendo). O assassino pensa estar preservado pelo seu álibi, mas não contava com a presença, no caso, do detetive Columbo, que usa toda a sua intuição e seus métodos heterodoxos para desmascará-lo.

COMENTÁRIOS: Telefilme de longa-metragem da série *Columbo*, produzida desde o início dos anos 70. Copiando o estilo de Hitchcock, este filme apresenta um crime com todos os seus detalhes e deixa que o espectador se entretenha com os artifícios de Columbo para desvendar o mistério.

AVALIAÇÃO: ***

MY COUSIN RACHEL

EU TE MATAREI, QUERIDA

DIRETOR: Henry Koster

PAÍS: Estados Unidos

COMPANHIA PRODUTORA: Twentieth Century Fox

ANO DE PRODUÇÃO: 1952

DURAÇÃO: 98'

IDIOMA ORIGINAL: Inglês

PRODUÇÃO: Nunnally Johnson

ARGUMENTO: Daphne du Maurier

ROTEIRO: Nunnally Johnson

FOTOGRAFIA: Joseph La Shelle [p&b]

MONTAGEM: Louis Loeffler

MÚSICA: Franz Waxman

ELENCO: Olivia de Havilland, Richard Burton, Audrey Dalton, Ronald Squire, George Dolenz, John Sutton, Tudor Owen, J. M. Kerrigan

GÊNERO: Drama romântico

SINOPSE: Cornwall, 1835: Após viver quase toda a sua vida no interior, o aristocrata Ambrose resolve viajar para Florença, a fim de restaurar sua saúde com os ares mediterrânicos. Na propriedade da família fica o jovem Phillip, primo de Ambrose e criado por ele como um filho. Porém, o tempo passa e Ambrose não retorna, dando a súbita notícia de que se casou com uma aristocrata anglo-italiana, Rachel Sangaletti. Phillip fica surpreso e seu pasmo aumenta mais ainda quando, alguns meses depois, recebe uma carta de Ambrose, comunicando-lhe que está doente e que suspeita de que sua esposa é a responsável. Phillip se dispõe a ir encontrar o primo, justamente quando recebe uma carta alarmante, em que este pede o seu socorro. No entanto, ao chegar à Florença, o rapaz fica sabendo que seu primo faleceu devido a um tumor cerebral e que Rachel partiu para longe. Apesar de ser o único herdeiro de tudo – já que Ambrose não fizera novo testamento – Phillip acha que seu primo foi morto por Rachel e sonha com uma vingança. A ocasião surge alguns meses depois, quando Phillip recebe a notícia de que Rachel chegou a Cornwall. Ele faz questão de convidá-la para conhecer sua casa, pensando numa oportunidade para acusá-la pela morte de Ambrose. No entanto, Phillip acaba sendo dominado pelos encantos da mulher, até se convencer de que as suspeitas do primo foram fruto de sua doença.

COMENTÁRIOS: História inteligente e bem desenvolvida, evitando os clichês e deixando para o espectador a eventual solução da trama.

AVALIAÇÃO: ****

MY DINNER WITH ANDRE

MEU JANTAR COM ANDRÉ

DIRETOR: Louis Malle

PAÍS: Estados Unidos

COMPANHIA PRODUTORA: The Andre Gregory

ANO DE PRODUÇÃO: 1981

DURAÇÃO: 110'

IDIOMA ORIGINAL: Inglês

PRODUÇÃO: George W. George, Beverly Karp

ROTEIRO: Wallace Shawn, André Gregory

FOTOGRAFIA: Jeri Sopanen [cor]

MONTAGEM: Suzanne Baron

MÚSICA: Allen Shawn

ELENCO: André Gregory, Wallace Shawn, Jean Lenauer, Roy Butler

GÊNERO: Docudrama

SINOPSE: O ator e dramaturgo Wallace Shawn resolve aceitar o convite para jantar, num luxuoso restaurante, com um amigo que ele não via há muito tempo: o diretor de teatro André Gregory. No jantar, André explica a Shawn as razões de seu desaparecimento, já que se cansou do mundinho intelectual tradicional e resolveu buscar novas experiências no Oriente e no Leste europeu. Os dois discutem sobre diversas perspectivas existenciais e profissionais, entre goles de bebidas finas e garfadas em manjares para lá de caros.

COMENTÁRIOS: Em seu exílio voluntário nos Estados Unidos, o diretor Louis Malle realizou algumas obras bastante inusitadas para os padrões do cinema ianque. Um bom exemplo disso é este filme, que se constitui simplesmente de quase duas horas de uma conversa pedante entre dois homens, sentados na mesa de um luxuoso restaurante. Por incrível que pareça, o resultado é muito menos tedioso do que se poderia supor, embora esteja longe de ser a obra-prima imaginada pelo diretor. O que acontece, neste caso, é que o filme tem necessariamente o valor de quem diz e daquilo que é dito. Se André Gregory corresponde ao tipo do "intelectual americano entediado com a sociedade de consumo" (que Woody Allen tornou tão popular), Wallace Shawn é uma criatura grotesca, que pouco diz e cuja presença serve apenas para que seu interlocutor não fique falando sozinho. O discurso de Gregory, totalmente coerente com o seu "papel", é uma longa enumeração de experiências existenciais um tanto amalucadas, que nos fazem pensar muito mais nas práticas de adolescentes do que nas vivências de um homem adulto. Em suma, trata-se de um bom meio para conhecermos melhor as angústias dos intelectuais americanos cuja maior tristeza e não terem nascido na decadente e moribunda Europa.

AVALIAÇÃO: ***

THE MYSTERIOUS MR. WONG

O misterioso Sr. Wong

DIRETOR: William Nigh

PAÍS: Estados Unidos

COMPANHIA PRODUTORA: Monogram Pictures

ANO DE PRODUÇÃO: 1934

DURAÇÃO: 63'

IDIOMA ORIGINAL: Inglês

PRODUÇÃO: George Yohalem

ARGUMENTO: Lew Levenson (or: Harry Stephen Keeler)

ROTEIRO: Nina Howatt

FOTOGRAFIA: Harry Neumann [p&b]

MONTAGEM: Jack Ogilvie

MÚSICA: Abe Meyer

ELENCO: Bela Lugosi, Wallace Ford, Arline Judge, Fred Warren, Lotus Long, Robert Emmet O'Connor, Edward Peil, Luke Chan, Lee Shumway, Etta Lee, Ernest F. Young

GÊNERO: Drama criminal

SINOPSE: No bairro chinês vive o velho Sin Fei, humilde proprietário de uma loja de bugigangas. Porém, Sin Fei é, na verdade, o mandarim Wong, líder nada humilde de uma poderosa quadrilha de malfeitores que atua entre os orientais. Disposto a assumir o poder sobre a sua província natal e, mais tarde, sobre toda a China, Wong se empenha em obter as doze moedas de ouro sagradas de Confúcio, signo de poder que lhe permitirá realizar seus sonhos. Como as moedas se encontram dispersas há muito tempo, Wong e seu grupo começam a buscá-las, matando todos aqueles que atravessam o seu caminho.

COMENTÁRIOS: Com um elenco ocidental maquiado e uma história bastante cheia de clichês, trata-se de um espetáculo pobre e sem imaginação, próprio para um passatempo inteiramente descompromissado (e que não deve ser confundido com um exemplar da série *Mr. Wong*, produzida pela mesma companhia e protagonizada por Boris Karloff).

AVALIAÇÃO: **

THE MYSTERY OF THE MARIE CELESTE / PHANTOM SHIP

O NAVIO FANTASMA

DIRETOR: Denison Clift

PAÍS: Inglaterra

COMPANHIA PRODUTORA: Hammer Film

ANO DE PRODUÇÃO: 1935

DURAÇÃO: 80'/62'

IDIOMA ORIGINAL: Inglês

PRODUÇÃO: Henry Passmore

ARGUMENTO: Denison Clift

ROTEIRO: Charles Larkworthy

FOTOGRAFIA: Geoffrey Faithfull, Eric Cross [p&b]

MÚSICA: Eric Ansell

ELENCO: Bela Lugosi, Shirley Grey, Arthur Margetson, Edmund Willard, Dennis Hoey, George Mozart, Johnnie Schofield, Gunner Moir, Ben Welden, Clifford McLaglen, Bruce Gordon, Gibson Gowland, Terrence de Marney, J. Edward Pierce, Herbert Cameron, Wilfred Essex, James Carew, Monti DeLyle, Alec Fraser

GÊNERO: Drama

SINOPSE: 1872: Benjamin Briggs, capitão do navio Marie Celeste, resolve casar-se de surpresa e levar sua esposa Sarah em sua próxima viagem. Ao saber do que houve, o capitão Jim, amigo de Benjamin, mas também pretendente à mão de Sara, jura vingar-se dos dois. Ao mesmo tempo, necessitando de uma tripulação, Ben contrata novos marinheiros e pede a seu imediato, o terrível Bilson, que sequestre os que ainda faltam. Entre os novos contratados, está o veterano marujo Anton, que embarca no Marie Celeste com um propósito sinistro. Há anos, ele havia sido sequestrado por Bilson e, ao se negar a trabalhar como escravo, fôra torturado e acabara aleijado, além de perder sua família. Precisando de um piloto, Ben pede ajuda a Jim, que envia para o Marie

Celeste um marinheiro com ordem de assassinar seu rival. Ao longo da viagem, misteriosas mortes começam a ocorrer, levando a tripulação ao pânico e ao desespero.

COMENTÁRIOS: Reconstituição livre do misterioso caso do navio Marie Celeste, encontrado à deriva e sem nenhum tripulante, em 1872. Produção muito pobre, o filme carece de reais momentos de tensão ou suspense. Porém, a cópia que consultamos foi a norte-americana, que apresenta um corte de 18 minutos (o que, certamente, compromete qualquer avaliação).

AVALIAÇÃO: ***

DER NAME DER ROSE / IL NOME DELLA ROSA / LE NOM DE LA ROSE

O NOME DA ROSA

DIRETOR: Jean-Jacques Annaud

PAÍS: Alemanha / Itália / França

COMPANHIA PRODUTORA: Neue Constantin / Cristaldifilm / Films Ariane

ANO DE PRODUÇÃO: 1986

DURAÇÃO: 132'

IDIOMA ORIGINAL: Inglês

PRODUÇÃO: Bernd Eichinger (coprodução: Franco Cristaldi, Alexandre Mnouchkine)

ARGUMENTO: Umberto Eco

ROTEIRO: Andrew Birkin, Gerard Brach, Howard Franklin, Alain Godard

FOTOGRAFIA: Tonino Delli Colli [cor]

MONTAGEM: Jane Seitz

MÚSICA: James Horner

ELENCO: Sean Connery, F. Murray Abraham, Elya Baskin, Feodor Chaliapin Jr., William Hickey, Michael Lonsdale, Ron Perlman, Volker Prechtel, Helmut Qualtinger, Valentina Vargas, Christian Slater, Michael Habeck, Urs Althaus, Leopoldo Trieste, Franco Valobra, Vernon Dobtcheff, Donal O'Brian, Andrew Birkin, Lucien Bodard, Peter Berling, Pete Lancaster, Dwight Weist (voz), Franco Adducci, Niko Brücher, Aristide Caporali, Fabio Carfora, Peter Clös, Mario Diano, Fabrizio Fontana, Rolando Fucili, Valerio Isidori, Luigi Leone, Armando Marra, Maurizio Mauri, Ludger Pistor, Francesco Scali, Maria Tedeschi, Andrea Tilli, Ennio Lollainni, Emil Feist, Francesco Maselli, Renato Nebolini, Antonio Cetta, Franco Covielleo, Daniele Ferretti, Sabatino Gennardo, Luciano Invidia, Mauro Leoni, Massimiliano Scarpa, Umberto Zuanelli, Mark Bellinghaus, David

Furtwängler, Patrick Kreuzer, Kim Rossi-Stuart, Lars Bo-
din-Jorgensen, Franco Diogene, Giordano Falzoni,
Eckehard Koch, Gina Poli, Gianni Rizzo, Lothar Schön-
brodt, Vittorio Zarfati, Carlo Bianchino, Eugenio Bonardi,
Pietro Ceccarelli, Franco Marino, Hans Schödel, Peter Welz,
Alberto Capone

GÊNERO: Drama de suspense

SINOPSE: Itália, século 14: Uma ordem religiosa está sob
suspeita de heresia e, para resolver o caso, promove-se um
encontro entre seus principais membros e um grupo de teó-
logos enviados pelo papa. O colóquio realiza-se num importante mosteiro e um dos convidados é o respeitado William
de Baskerville, que caiu em desgraça por discordar das práticas da Inquisição. Baskerville, que traz consigo seu pupilo
Adso de Melk, tem fama de homem inteligente e logo é convocado pelo abade, que lhe pede ajuda para um problema
que está perturbando a vida dos monges. Trata-se da morte
de um jovem monge, muito querido por seus colegas, que parece ter sido atirado da torre onde se localiza a biblioteca do
mosteiro (considerada uma das mais ricas da Europa). William conclui que se trata de um suicídio e procura afastar o
temor dos monges, mas logo outras mortes acontecem, au-
mentando ainda mais o mistério.

COMENTÁRIOS: Felicíssima adaptação do *best-seller* de
Umberto Eco, com uma história de crime e mistério em

plena Idade Média (o personagem William de Baskerville é uma homenagem a seu modelo, o detetive Sherlock Holmes). Com uma requintada reconstituição de época (apoiada por historiadores eméritos como Jacques Le Goff e Michel Pastoureau), o filme é visualmente brilhante e conta com um Sean Connery em sua melhor forma. Trata-se de um espetáculo do melhor nível, unindo um bom elenco, uma excelente história e uma produção riquíssima.

AVALIAÇÃO: ****

NIGHT HAS A THOUSAND EYES

A NOITE TEM MIL OLHOS

DIRETOR: John Farrow

PAÍS: Estados Unidos

COMPANHIA PRODUTORA: Paramount Pictures

ANO DE PRODUÇÃO: 1948

DURAÇÃO: 81'

IDIOMA ORIGINAL: Inglês

PRODUÇÃO: Endre Bohem

ARGUMENTO: Cornell Woolrich

ROTEIRO: Barre Lyndon, Jonathan Latimer

FOTOGRAFIA: John F. Seitz [p&b]

MONTAGEM: Eda Warren

MÚSICA: Victor Young

ELENCO: Edward G. Robinson, Gail Russell, John Lund, Virginia Bruce, William Demarest, Richard Webb, Jerome Cowan, Onslow Stevenson, John Alexander, Roman Bohnen, Luis Van Rooten, Henry Guttman, Mary Adams, Douglas Spencer

GÊNERO: Drama de suspense com elementos fantásticos

SINOPSE: John Tritton é um falso paranormal que ganha a vida fingindo ver o futuro alheio em teatros de terceira categoria. Um dia, ele começa a ter visões reais e, apesar de sua incredulidade, logo percebe que é capaz de prever mesmo o futuro, embora não possa controlar seu poder. Com isso, ele enriquece, junto com sua noiva e seu empresário. Porém, Tritton sente-se cada vez mais apreensivo, já que não sabe se vê o futuro inexorável ou se provoca os acontecimentos que pressente. Numa de suas visões, ele percebe que sua noiva morrerá no parto e decide salvá-la, abandonando tudo e desaparecendo sem deixar vestígio.

COMENTÁRIOS: Apesar de seu roteiro frágil (principalmente na composição do personagem Tritton) e cheio de situações forçadas, o filme consegue render algum suspense.

AVALIAÇÃO: ***

NINE HOURS TO RAMA

NOVE HORAS PARA A ETERNIDADE

DIRETOR: Mark Robson

PAÍS: Inglaterra

COMPANHIA PRODUTORA: Red Lion Film

ANO DE PRODUÇÃO: 1962

DURAÇÃO: 125'

IDIOMA ORIGINAL: Inglês

PRODUÇÃO: Mark Robson

ARGUMENTO: Stanley Wolpert

ROTEIRO: Nelson Gidding

FOTOGRAFIA: Arthur Ibbetson [cor]

MONTAGEM: Ernest Walter

MÚSICA: Malcolm Arnold

ELENCO: Horst Buchholz, Jose Ferrer, Valerie Gearon, Don Borisenko, Robert Morley, Diane Baker, Harry Andrews, Jairaj, David Abraham, Achla Sachoev, Marne Maitland, Harold Goldblatt, Wolfe Morris, Francis Matthews, Narendra Nath, Jack Hedley, Bobby Naidoo, Allan Cuthbertson, Peter Illing, Jagdev, Frank Olegario, Joseph Cuby, Shay Gorman, Nigel Phoenix, Harold Kasket,

Christopher Carlos, J. S. Casshyap, S. N. Seth, Julian Sherrier, M. Y. Shaikh, Mandhargir, Jagdish Raj, Keshov Singh, Sheri Mohan, Kurt Christian, Sheshi Pancholi, Thalia Kouri, Ishaq Bux, Kundan Malik, Lal Bahadur, R. S. Bansal, Rani Verma, Baseo Panday

GÊNERO: Drama com fundo histórico

SINOPSE: Índia, 1948: Nathuram Godse, jovem ativista político adversário das ideias de Mahatma Gandhi, prepara-se para assassinar o "pai" da independêndia da Índia. Enquanto espera a hora assinalada para o atentado, que deverá ocorrer durante uma cerimônia pública, Godse relembra sua vida e as circunstâncias que o levaram a discordar de Gandhi (especialmente o assassinato de seu pai e de sua esposa, nas mãos de extremistas). De tanto refletir, Godse – que pertence a um grupo radical – hesita em cometer o crime, enquanto é caçado por uma multidão de policiais. Como último recurso, ele vai procurar sua amante Rani – casada e adepta de Ghandi – convidando-a a fugir com ele.

COMENTÁRIOS: Curiosa reconstituição dos acontecimentos que marcaram o assassinato do líder político indiano Mahatma Gandhi, partindo do ponto de vista do próprio criminoso. As ações se resumem ao crime e às horas que o antecederam, com o pano de fundo sendo fornecido por *flashbacks* (que ocupam a maior parte da narrativa). Apesar de seu final piegas e concessivo, a história permite compreender um pouco melhor os motivos que levaram ao assassinato de Gandhi (que, com sua política pacifista, acirrou os conflitos religiosos que ainda hoje dividem regionalmente a Índia). Uma obra sólida, despojada e séria, sem a pirotecnia do "Gandhi" de Richard Attenborough (de 1982). Locações na Índia.

AVALIAÇÃO: ***

LE NOM DE LA ROSE

(Cf. Der Name der Rose)

IL NOME DELLA ROSA

(Cf. Der Name der Rose)

LA NOTTE

A NOITE

DIRETOR: Michelangelo Antonioni

PAÍS: Itália / França

COMPANHIA PRODUTORA: Nepi Film / Sofitedip / Silver Film

ANO DE PRODUÇÃO: 1961

DURAÇÃO: 116'

IDIOMA ORIGINAL: Italiano

PRODUÇÃO: Emanuele Cassuto

ARGUMENTO: Michelangelo Antonioni, Ennio Flaiano, Tonino Guerra

ROTEIRO: Michelangelo Antonioni, Ennio Flaiano, Tonino Guerra

FOTOGRAFIA: Gianni Di Venanzo [p&b]

MONTAGEM: Eraldo Da Roma

MÚSICA: Giorgio Gaslini

ELENCO: Marcello Mastroianni, Jeanne Moreau, Monica Vitti, Bernhard Wicki, Rosy Mazzacurati, Maria Pia Luzi, Guido Ajmone Marsan, Vittorio Bertolini, Vincenzo Corbella, Ugo Fortunati, Gitt Magrini, Giorgio Negro, Roberta Speroni

GÊNERO: Drama de relacionamento

SINOPSE: Giovanni é um bem-sucedido escritor, casado com a bela Lídia. Porém, o tempo esfriou o relacionamento do casal e transformou suas vidas em uma insuportável alternância entre o tédio doméstico e os eventos sociais, por vezes ainda mais entediantes. Durante uma festa, na casa de um industrial milionário, diversos acontecimentos conduzem o casal a uma profunda reavaliação do seu relacionamento.

COMENTÁRIOS: Segunda parte da famosa "trilogia da incomunicabilidade".

AVALIAÇÃO: ****

NUMBER SEVENTEEN

O MISTÉRIO DO NÚMERO 17

DIRETOR: Alfred Hitchcock

PAÍS: Inglaterra

COMPANHIA PRODUTORA: British International Pictures

ANO DE PRODUÇÃO: 1932

DURAÇÃO: 65'

IDIOMA ORIGINAL: Inglês

PRODUÇÃO: Leon M. Lion

ARGUMENTO: J. Jefferson Farjeon

ROTEIRO: Alma Reville, Alfred Hitchcock, Rodney Ackland

FOTOGRAFIA: John J. Cox [p&b]

MONTAGEM: A. C. Hammond

MÚSICA: A. Hallis [Adolph Hallis]

ELENCO: Leon M. Lion, Anne Grey, John Stuart, Donald Calthrop, Barry Jones, Ann Casson, Henry Caine, Garry Marsh

GÊNERO: Suspense e aventura

SINOPSE: Passeando casualmente por uma rua deserta, um rapaz vê luz numa casa abandonada e resolve averiguar. Lá dentro, ele encontra um marinheiro desempregado e um corpo sem identificação. Acreditando na afirmação do marinheiro – de que entrou na casa apenas para descansar e que nada tem a ver com o cadáver – o rapaz continua a investigar e, logo depois, assiste à chegada de uma moça. Esta alega ter vindo atrás de seu pai, policial e morador de uma casa da vizinhança, que teria marcado um encontro com alguém naquele local. Para complicar o caso, aparecem um ladrão de jóias, um casal de bandidos e um desconhecido, todos vindos para um misterioso encontro. O rapaz logo descobre que o tal encontro é para efetuar uma fuga coletiva para o continente, já que o porão da casa tem uma passagem secreta para a estação dos trens que vão para Dover, de onde se toma o barco para a França.

COMENTÁRIOS: Uma das mais movimentadas obras de Hitchcock, com uma narrativa que se divide em dois planos: no primeiro, um grupo heterogêneo de pessoas reúne-se num casarão abandonado, onde se estabelece o fundamento da trama. O segundo plano transcorre paralelamente num trem expresso e num ônibus, com ênfase para as perseguições e os efeitos. Passando de uma comicidade um tanto nonsense para o drama, este filme já revelava algumas vertentes que marcariam o trabalho de Hitchcock (em comédias negras como "O terceiro tiro" ou "Family plot"). Apesar de sua simplicidade dramática, o filme consegue despertar o interesse do espectador, com destaque para o personagem cômico do marinheiro.

AVALIAÇÃO: ***

ON HER MAJESTY'S SECRET SERVICE

007 A SERVIÇO SECRETO DE SUA MAJESTADE

DIRETOR: Peter Hunt

PAÍS: Inglaterra

COMPANHIA PRODUTORA: Danjaq

ANO DE PRODUÇÃO: 1969

DURAÇÃO: 142'

IDIOMA ORIGINAL: Inglês

PRODUÇÃO: Harry Saltzman, Albert R. Broccoli

ARGUMENTO: Ian Fleming

ROTEIRO: Richard Maibaum

FOTOGRAFIA: Michael Reed [cor]

MONTAGEM: John Glen

MÚSICA: John Barry

ELENCO: George Lazenby, Diana Rigg, Telly Savalas, Gabriele Ferzetti, Ilse Steppat, Angela Scoular, Lois Maxwell, Catherina von Schell, George Baker, Bernard Lee, Bernard Horsfall, Desmond Llewellyn, Yuri Borienko, Virginia North, Geoffrey Cheshire, Irvin Allen, Terry Mountain, James Bree, John Gay, Angela Scoular, Julie Ege, Mona Chong, Sylvana Henriques, Dani Sheridan, Joanna Lumley, Zara, Anoushka Hempel, Ingrit Back, Helena Ronee, Jenny Hanley

GÊNERO: Ação e aventura

SINOPSE: Após salvar a jovem Tracy de uma tentativa de suicídio, o agente secreto James Bond envolve-se romanticamente com ela, descobrindo que a moça é uma condessa e filha de Draco, um dos chefões da máfia francesa. Draco procura Bond e lhe oferece uma fortuna para que ele se case com

Tracy, já que teme que a moça tente matar-se novamente. Bond não aceita a proposta, mas se dispõe a namorar Tracy em troca de informações sobre o pérfido Blofeld, líder da organização criminosa Spectre. Através das dicas de Draco, Bond fica sabendo que Blofeld deseja ser reconhecido como um nobre inglês, tendo pedido uma perícia na sua árvore genealógica. Fazendo-se passar por um aristocrata e especialista em heráldica, Bond é levado para a Suíça por agentes de Blofeld, que tem uma clínica médica no topo dos Alpes. Lá, Bond fica sabendo que Blofeld está fazendo lavagem cerebral em moças de todo o mundo, a fim de que elas espalhem por toda parte uma terrível toxina, capaz de tornar todos os seres vivos estéreis.

COMENTÁRIOS: Sexta aventura do agente secreto James Bond, desta vez interpretado pelo australiano George Lazenby. Com a saída de Sean Connery, a série busca novos caminhos, com uma história mais bem elaborada e cheia de nuanças. De fato, o início da narrativa apela para o humor (chegando a satirizar a própria série), mas o final dramático está bem longe do habitual. Infelizmente, o bom roteiro e os ricos efeitos especiais (com destaque para as cenas de esqui) são obscurecidos pela presença de Lazenby, um ator medíocre e antipático. Locações na Suíça e em Portugal.

AVALIAÇÃO: ***

(Cf. Adrift)

ORIZURU OSEN

A PERDIÇÃO DE OSEN

DIRETOR: Kenji Mizoguchi

PAÍS: Japão

COMPANHIA PRODUTORA: Daiichi Eiga

ANO DE PRODUÇÃO: 1935

DURAÇÃO: 87'

IDIOMA ORIGINAL: Japonês

PRODUÇÃO: Masaichi Nagata

ARGUMENTO: Kyoka Izumi

ROTEIRO: Tatsunosuke Takashima

FOTOGRAFIA: Minoru Miki [p&b]

ELENCO: Daijiro Natsukawa, Isuzu Yamada, Ishiro Yoshizawa, Shin Shibata, Tadashi Torii, Genichi Fujii, Junichi Kitamura, Shizuko Takizawa, Eiji Nakano, Mitsusaburo Ramon, Suisei Matsui (voz)

GÊNERO: Melodrama

SINOPSE: Osen é uma ex-prostituta que trabalha para um inescrupuloso vigarista. Compassiva, ela acolhe um jovem maltrapilho, Sokichi, que viera do interior para tentar estudar medicina. Comovida com a pureza do rapaz, Osen denuncia o seu patrão e vai viver com ele, como irmã, patrocinando seus estudos. Porém, sem dinheiro, ela volta para a prostituição, até que é presa sob acusação de roubar um cliente. Os dois perdem o contato e, muitos anos depois, já sendo um médico respeitado, o rapaz volta a encontrar Osen, decadente e enlouquecida, numa pequena estação ferroviária.

COMENTÁRIOS: O filme contém doses maciças dos mais cabeludos clichês do melodrama clássico, com um herói que começa a história como um débil mental e termina como um tremendo ingrato. Como curiosidade, o filme é mudo e as legendas são lidas em japonês (sem a mais remota noção dramática).

AVALIAÇÃO: ***

ORPHÉE

ORFEU

DIRETOR: Jean Cocteau
PAÍS: França

COMPANHIA PRODUTORA: Films du Palais Royal / DisCina

ANO DE PRODUÇÃO: 1949

DURAÇÃO: 95'

IDIOMA ORIGINAL: Francês

PRODUÇÃO: André Paulvé

ARGUMENTO: Jean Cocteau

ROTEIRO: Jean Cocteau

FOTOGRAFIA: Nicolas Hayer [p&b]

MONTAGEM: J. Sadoul [Jacqueline Sadoul]

MÚSICA: Georges Auric

ELENCO: Jean Marais, François Périer, Maria Casarès, Marie Déa, Henri Crémieux, Juliette Gréco, Roger Blin, Edouard Dermithe, Maurice Carnège, René Worms, Raymond Faure, Pierre Bertin, Jacques Varennes, Jean Cocteau (voz)

GÊNERO: Drama mítico-poético-alegórico

SINOPSE: Orfeu é um poeta que, embora consagrado nacionalmente, sente-se frustrado com o desprezo de seus colegas invejosos. Ao socorrer o também poeta Cegeste – atropelado por motociclistas – Orfeu fica conhecendo uma mulher misteriosa, pela qual fica imediatamente interessado. Porém, ela é a Morte, que leva Cegeste e deixa Orfeu aos cuidados de seu motorista, o suicida Heurtebise. Junto com Heurtebise, Orfeu volta para casa, onde vive com sua esposa Euridice. Esta, que esconde de Orfeu que está grávida, fica com ciúmes por causa da indiferença do marido, que só pensa em buscar inspiração nas misteriosas frases que ouve numa estação radiofônica só existente no carro de Heurtebise. Ao enviar as frases para seu editor, este reconhece nelas as poesias do desaparecido Cegeste e Orfeu passa a ser suspeito de tê-lo matado. O caso não abala Orfeu, até que a Morte reaparece e carrega Euridice. Desesperado, Orfeu consegue de Heurtebise a chance de visitar o Hades e reencontrar sua esposa.

COMENTÁRIOS: Curiosa versão modernizada do mito de Orfeu, que é a segunda parte de uma trilogia realizada por Cocteau (que começa com o média-metragem "Le sang d'un poète" e termina com "O testamento de Orfeu"). Infelizmente, o filme não foge ao costumeiro teatralismo do cinema de Cocteau, acabando por produzir uma narrativa amesquinhada e fria. No entanto, algumas sequências fantásticas redimem o filme, que insere o mito grego no ambiente boêmio da França do pós-guerra.

AVALIAÇÃO: ***

DIRETOR: Luchino Visconti

PAÍS: Itália

COMPANHIA PRODUTORA: ICI

ANO DE PRODUÇÃO: 1942

DURAÇÃO: 135'

IDIOMA ORIGINAL: Italiano

ARGUMENTO: James M. Cain

ROTEIRO: Luchino Visconti, Mario Alicata, Giuseppe De Santis, Gianni Puccini

FOTOGRAFIA: Aldo Tonti, Domenico Scala [p&b]

MONTAGEM: Mario Serandrei

MÚSICA: Giuseppe Rosati

ELENCO: Clara Calamai, Massimo Girotti, Dhia Cristiani, Elio Marcuzzo, Vittorio Duse, Michele Riccardini, Juan de Landa

GÊNERO: Drama de relacionamento

SINOPSE: Gino é um jovem aventureiro em busca de liberdade, que perambula pelas estradas do interior italiano. Um dia, ao chegar ao posto de gasolina e restaurante do velho Brangana, Gino encanta-se por Giovanna, a esposa do dono do lugar. Ela, por sua vez, insatisfeita com o marido bem mais velho e cheio de achaques, induz Gino a ficar trabalhando como mecânico no posto e entrega-se a ele, tornando-se sua amante. Como Giovanna não suporta mais a vida ao lado do marido pançudo, Gino – apaixonado – se oferece para levá-la com ele. Porém, Giovanna tem horror de voltar para a pobreza de sua vida de solteira, recusando-se a abandonar o marido e sugerindo a Gino que eles o matem.

COMENTÁRIOS: A história, baseada – ilegalmente – no romance norte-americano *The postman always rings twice*, seria retomada por Hollywood em 1946 e 1981. Primeiro longa de Visconti, que já antecipa alguns elementos da abordagem neorrealista.

AVALIAÇÃO: ***

OTONA NO MIRU EHON – UMARETE WA MITA KEREDO

Meninos de Tóquio

DIRETOR: Yasujiro Ozu

PAÍS: Japão

COMPANHIA PRODUTORA: Shochiku

ANO DE PRODUÇÃO: 1932

DURAÇÃO: 91'

IDIOMA ORIGINAL: Mudo

ARGUMENTO: Geibei Ibushiya (or: Yasujiro Ozu)

ROTEIRO: Akira Fushimi

FOTOGRAFIA: Hideo Shigehara [p&b]

MONTAGEM: Hideo Shigehara

ELENCO: Tatsuo Saitô, Tokkan-Kozou, Mitsuko Yoshikawa, Hideo Sugawara, Takeshi Sakamoto, Teruyo Hayami, Seiichi Kato, Shoichi Kofujita, Seiji Nishimura, Zentaro Iijima, Shotaro Fujimatsu, Masao Hayama, Michio Sato, Kuniyasu Hayashi, Akio Nomura, Teruaki Ishiwatari

GÊNERO: Comédia dramática de relacionamento

SINOPSE: Dois garotos mudam-se para um subúrbio de Tóquio, onde enfrentam dificuldades para se adaptar à escola e aos novos amigos. Ao mesmo tempo, eles observam a maneira como seu pai adula o patrão e começam a questionar o seu valor.

COMENTÁRIOS: Sutil abordagem do universo infantil na sociedade japonesa, com a presença constante da influência ocidental em paralelo com as tradições.

AVALIAÇÃO: ****

O RELÓGIO DE PANDORA

DIRETOR: Eric Laneuville

PAÍS: Estados Unidos

COMPANHIA PRODUTORA: Citadel Entertainment / Comsky Group / NBC Enterprises

ANO DE PRODUÇÃO: 1996

DURAÇÃO: 176'

IDIOMA ORIGINAL: Inglês

PRODUÇÃO: Michael O. Gallant

ARGUMENTO: John J. Nance

ROTEIRO: David Israel

FOTOGRAFIA: Steven Shaw [cor]

MONTAGEM: Stephen Lovejoy

MÚSICA: Don Davis

ELENCO: Richard Dean Anderson, Daphne Zuniga, Jane Leeves, Richard Lawson, Stephen Root, Tim Grimm, Edward Herrmann, Robert Guillaume, Robert Loggia, Jerry Hardin, Kurt Fuller, Jennifer Savidge, Kate Hodge, Scott Bryce, Penny Peyser, Wolf Muser, Byrne Piven, Grant Goodeve, Stephen Godwin, John Considine, Darryl Scott,

Sheila Scott, Mark Schwötzer, Teru McDonald, Dick Arnold, John J. Nance, Michael David Simms, Jane Jones, Heidi Turner, Lita Stevens, Jim French, Elaine Miles, Dimitri Boudrine, Ivars Mikelson, John Holyoke, Stefan Enriquez, Sean E. Markland, Vince Deadrick Jr., Jerry Meyers, Steve Blalock, Barbara Anne Klein, Jamie Sue Bunch, Ronald M. Sarchian

GÊNERO: Drama de ação e suspense

SINOPSE: Em Frankfurt, um avião levanta voo com destino aos Estados Unidos, levando quase 250 passageiros. Porém, um deles pode estar contaminado com um vírus desconhecido, com altíssimo percentual de contágio e de mortes. Quando o piloto é avisado, tenta pousar a aeronave na Inglaterra, mas as autoridades não querem expor o país à uma epidemia. Como nenhum outro país permite o pouso, as autoridades americanas resolvem assumir o caso — já que um dos passageiros é seu embaixador e está encarregado de resolver graves questões no Oriente Médio. A CIA começa a investigar o assunto e descobre que o vírus pode ser, na verdade, uma criação dos laboratórios de guerra bacteriológica da extinta União Soviética. Para resolver o caso, a CIA decide levar o avião para o meio do deserto do Saara, onde os passageiros poderão ficar de quarentena. Porém, uma bióloga da própria organização desconfia de que todo o caso pode ser uma grande armação.

COMENTÁRIOS: Curioso telefilme que mistura diversos gêneros, combinando cinema catástrofe, espionagem e ação. Na verdade, trata-se de uma versão aérea de "A travessia de Cassandra" (George Pan Cosmatos, 1976) com elementos de "Airport 1980" e de vários outros filmes. Mas a salada até que é bem temperada e pode resultar numa diversão interessante (se ignorarmos que o piloto do avião é o McGyver, que teria a obrigação de resolver todo o caso sozinho).

AVALIAÇÃO: ***

PARADISE CANYON

O VALE DO PARAÍSO

DIRETOR: Carl L. Pierson

PAÍS: Estados Unidos

COMPANHIA PRODUTORA: Lone Star Productions

ANO DE PRODUÇÃO: 1935

DURAÇÃO: 53'

IDIOMA ORIGINAL: Inglês

PRODUÇÃO: Paul Malvern

ARGUMENTO: Lindsley Parsons

ROTEIRO: Robert Emmett

FOTOGRAFIA: Archie Stout [p&b]

MONTAGEM: Jerry Roberts

ELENCO: John Wayne, Marion Burns, Reed Howes, Earle Hodgins, Gino Corrado, Yakima Canutt, Perry Murdock, Gordon Clifford, Henry Hall

GÊNERO: Faroeste

SINOPSE: John Wyatt é um agente federal que recebe uma importante missão: descobrir a origem de uma grande quantidade de dólares falsos que estão aparecendo na região da fronteira com o México. Para isso, John infiltra-se incognitamente na trupe do Dr. Carter, um ex-condenado por falsificação que é o principal suspeito das autoridades.

COMENTÁRIOS: Mais um média-metragem do início da carreira de John Wayne, com histórias simples e um esquema bastante repetitivo.

AVALIAÇÃO: **

PARADISO INFERNALE / GREEN INFERNO

PARAÍSO INFERNAL

DIRETOR: Antonio Climati

PAÍS: Itália / Espanha

COMPANHIA PRODUTORA: Filmes International / Dania Film / National Cinematografica / Medusa Distribution

ANO: 1988

DURAÇÃO: 87'

IDIOMA ORIGINAL: Italiano

PRODUTOR:

ARGUMENTO: Antonio Climati, Marco Merlo

ROTEIRO: Franco Prosperi, Antonio Climati, Federico Moccia, Lorenzo Castellano

FOTOGRAFIA: Antonio Climati [cor]

MONTAGEM: Eugenio Alabiso

MÚSICA: Maurizio Dami

ELENCO: Marco Merlo, Fabrizio Merlo, May Deseligny, Pio Maria Federici, Bruno Corazzari, Roberto Ricci, Jessica Quintero, David Maunsell, Sasha D'Ark, Roberto Alessandri, Salvatore Borgese

GÊNERO: Ação e aventura

SINOPSE: Jemma é uma jornalista que está em busca do professor Korenz, um antropólogo humanista que desapareceu enquanto realizava uma expedição à Amazônia, em busca de vestígios da antiga civilização ima. Para encontrá-lo, ela busca a ajuda de um biólogo debiloide e de dois aventureiros descerebrados, que a acompanham entusiasticamente em uma viagem à floresta. Precisando de gasolina para o seu avião, o grupo concorda em pagar o combustível caçando macacos para um contrabandista de animais. Porém, enquanto estão no meio da selva, eles são capturados por uma bizarra tribo de selvagens que não gosta de intrusos. A partir daí o quarteto se envolve nas mais perigosas e mirabolantes aventuras, sempre guiados pela mais jovial insensatez.

COMENTÁRIOS: Retomada bastante anacrônica dos filmes de selva do início dos anos 80, na linha de "Canibal Holocausto" e "Canibal Ferox". Embora, neste exemplar, não existam situações de canibalismo, a estrutura dramática é bastante similar, com muitas cenas de escatologia e de maus tratos a animais. De resto, trata-se de um amontoado de clichês de filmes de selva em versão amazônica, com uma tentativa de substituir a falta de qualidade generalizada por uma enxurrada de peripécias um tanto idiotas e absurdas. Último filme do italiano Climati (1931-2015), com uma impressionante quantidade de cenas de violência contra animais. Locações em Leticia (COL).

AVALIAÇÃO: *

Um dia no campo

DIRETOR: Jean Renoir

PAÍS: França

COMPANHIA PRODUTORA: Panthéon-Production

ANO DE PRODUÇÃO: 1936

DURAÇÃO: 40'

IDIOMA ORIGINAL: Francês

PRODUÇÃO: Pierre Braunberger

ARGUMENTO: Guy de Maupassant

ROTEIRO: Jean Renoir

FOTOGRAFIA: Claude Renoir [p&b]

MONTAGEM: (direção: Marguerite Houle Renoir) (montadora: Marinette Cadix)

MÚSICA: Kosma [Joseph Kosma]

ELENCO: Sylvia Bataille, Georges Saint-Saens, Jeanne Marken, Gabriello [André Gabriello], Jacques Borel [Jacques B. Brunius], Paul Temps, Gabrielle Fontan, Jean Renoir, Marguerite Renoir

GÊNERO: Drama romântico

SINOPSE: O comerciante parisiense Dufour resolve levar a família para um passeio pelo campo. Enquanto todos almoçam em uma hospedaria, dois pescadores se interessam pela esposa e pela filha de Dufour, se dispondo a seduzi-las enquanto o comerciante e seu futuro genro estão pescando.

COMENTÁRIOS: Baseada em um conto, essa obra nunca foi concluída, embora tenha sido lançada nos cinemas logo depois da 2ª Guerra, sem a intervenção de Renoir (que ainda estava em Hollywood).

AVALIAÇÃO: ****

PATHER PANCHALI

A CANÇÃO DA ESTRADA

DIRETOR: Satyajit Ray

PAÍS: Índia

COMPANHIA PRODUTORA: Government of West Bengal

ANO DE PRODUÇÃO: 1955

DURAÇÃO: 115'

IDIOMA ORIGINAL: Bengali

ARGUMENTO: Bibhutibhushan Banerjee

ROTEIRO: Satyajit Ray

FOTOGRAFIA: Subrata Mitra [p&b]

MONTAGEM: Dulal Dutta

MÚSICA: Pandit Ravi Shankar

ELENCO: Kanu Banerjee, Karuna Banerjee, Subir Banerjee, Uma Das Gupta, Runki Banerjee, Chunibala Devi, Haren Banerjee

GÊNERO: Drama

SINOPSE: Apesar de pentencer à casta dos letrados, Harihar Ray é um homem ingênuo e pobre, que não consegue oferecer uma vida tranquila e confortável à sua esposa Sarbajaya e aos seus filhos Durga e Apu. Apesar de alimentar o sonho de melhorar de vida, Harihar insiste em permanecer na pequena cidade natal de seus ancestrais, em Bengala, onde as condições são bastante difíceis. Para remediar a situação, ele vai procurar trabalho numa região distante, deixando a família por alguns dias. Porém, diversos acontecimentos fazem com que sua ausência se prolongue por muitos meses, levando sua mulher e seus filhos ao desespero e à miséria.

COMENTÁRIOS: Primeira parte da célebre "Trilogia de Apu", esboçando um rico panorama dos costumes e valores indianos. Com uma narrativa simples e acessível a um público universal, o diretor Ray – em sua estreia no longa-metragem – tornou-se rapidamente a maior expressão internacional do cinema de seu país.

AVALIAÇÃO: ****

LA PEAU DOUCE

Um só pecado

DIRETOR: François Truffaut

PAÍS: França

COMPANHIA PRODUTORA: Films du Carrosse / SEDIF – Societé d'Exploitation et de Distribution de Films / Simar

ANO DE PRODUÇÃO: 1964

DURAÇÃO: 113'

IDIOMA ORIGINAL: Francês

ARGUMENTO: F. Truffaut [François Truffaut], Jean-Louis Richard

ROTEIRO: F. Truffaut [François Truffaut], Jean-Louis Richard

FOTOGRAFIA: Raoul Coutard [p&b]

MONTAGEM: Claudine Bouché

MÚSICA: Georges Delerue

ELENCO: Jean Desailly, Françoise Dorléac, Nelly Benedetti, Daniel Ceccaldi, Laurence Badie, Philippe Dumat, Paule Emanuele, Maurice Garrel, Sabine Haudepin, Dominique Lacarrière, Jean Lanier, Pierre Risch

GÊNERO: Drama de relacionamento

SINOPSE: Pierre Lachenay é um conhecido e respeitado historiador da literatura e editor de uma revista literária. Durante uma conferência em Lisboa, Pierre envolve-se com a aeromoça Nicole, bem mais jovem do que ele. Tomado por uma paixão instantânea, Pierre passa a sair constantemente com Nicole, deixando de lado sua esposa Franca e a filha pequena. Finalmente, após uma discussão, Franca e Pierre resolvem se separar e o escritor corre rapidamente para os braços de sua amante. Porém, Nicole já percebeu que existem muitas diferenças entre eles, e que Pierre é pusilânime demais para assumir uma relação verdadeira.

COMENTÁRIOS: Drama de relacionamento que consegue a proeza de ser uma reprodução perfeita de seu protagonista: burguês, medíocre, trivial e conformista. É difícil perceber a intenção de Truffaut com a realização deste filme sem conhecer sua preferência por retratar a vida conjugal da pequena-burguesia e sua atração por personagens passivos e sem muita firmeza de caráter (como o seu *alter ego* Antoine Doinel). No fim das contas, examinando esta obra com o devido distanciamento (ou seja, sem considerar a fama do diretor), estamos diante de um pouco inspirado folhetim de traição conjugal.

AVALIAÇÃO: ***

O DEMÔNIO DA ARGÉLIA

DIRETOR: Julien Duvivier

PAÍS: França

COMPANHIA PRODUTORA: Paris Film

ANO DE PRODUÇÃO: 1937

DURAÇÃO: 94'

IDIOMA ORIGINAL: Francês

PRODUÇÃO: Raymond Hakim, Robert Hakim

ARGUMENTO: J. Constant (or: Ashelbé [Henri La Barthe])

ROTEIRO: Détective Ashelbé [Henri La Barthe], Julien Duvivier (diálogos: Henri Jeanson)

FOTOGRAFIA: Kruger [Jules Kruger], Marc Fossard [p&b]

MONTAGEM: Marguerite Beaugé

MÚSICA: Vincent Scotto, Mohamed Yguerbouchen

ELENCO: Jean Gabin, Mireille Balin, Gabriel Gabrio, Lucas Gridoux, Gilbert-Gil, Line Noro, Saturnin Fabre, Charpin [Fernand Charpin], Dalio [Marcel Dalio], Granval [Charles Granval], Gaston Modot, Bergeron [René Bergeron], Escoffier [Paul Escoffier], Legris [Roger Legris], Temerson [Jean Temerson], Robert Ozanne, Philippe Richard, Péclet [Georges Péclet], Fréhel, Olga Lord, Renée Carl

GÊNERO: Drama romântico

SINOPSE: Após cometer um grande assalto, o gangster parisiense Pépé foge para a Argélia e instala-se no bairro do Casbah, onde torna-se o líder de toda a marginália local. Com suas infinitas ruelas, becos e passagens, o lugar é inacessível à polícia, que tenta, há dois anos, capturar Pépé sem qualquer resultado. Porém, apesar da boa vida que leva, Pépé sente-se, de fato, prisioneiro, já que não pode deixar Casbah e sofre atrozmente com saudades de sua querida Paris. Uma noite, durante uma batida policial, ele é ferido e vai tratar-se na casa de uma matrona, onde encontra a jovem Gaby Gould. A moça é, como ele, parisiense e está numa viagem turística, na companhia de "um senhor que lhe ajuda". Os dois são apresentados pelo inspetor Slimane – policial com quem Pépé mantém recíprocas relações de amor e ódio – e logo o gangster se deixa fascinar por Gaby, que lhe traz lembranças da velha Paris (e é branca, ao contrário de Inês, sua mulher cigana, e das outras mestiças e árabes com quem ele se relaciona). Gaby, apesar de arrivista, também se deixa fascinar pelo charme rude de Pepe e os dois iniciam um caso amoroso, vigiados de perto pelo esperto Slimane.

COMENTÁRIOS: Um dos filmes mais representativos dos anos 30, essa é, possivelmente, a obra-prima do diretor Duvivier (um soberbo artesão, diga-se de passagem). Devido ao seu grande sucesso, a história foi refilmada por Hollywood, ainda no ano seguinte ("Algiers", John Cromwell, 1938), com Charles Boyer atestando o talento de Jean Gabin. Sob essa aparente mistura de filme policial e aventura oriental (típica do cinema neocolonial), esconde-se a história de um homem que definha com saudades de sua pátria (Paris, terra mítica dos sonhadores deste mundo). Pépé é, antes de tudo, um homem apaixonado pelos bulevares e cafés de sua terra, não conseguindo adaptar-se ao caos infecto do seu "reino" argelino. Gaby, bem mais que uma simples mulher (bem medíocre, em todos os sentidos), é a encarnação do imaginário de Pépé, o elemento deflagrador do processo alucinatório que o levará à morte (uma auto-imolação no altar dos seus sonhos frustrados).

AVALIAÇÃO: ***

Crime na cidade perfeita

DIRETOR: Lawrence Schiller

PAÍS: Estados Unidos

COMPANHIA PRODUTORA: PMPT Productions

ANO DE PRODUÇÃO: 2000

DURAÇÃO: 178'

IDIOMA ORIGINAL: Inglês

PRODUÇÃO: Lawrence Schiller

ARGUMENTO: Lawrence Schiller

ROTEIRO: Tom Topor

FOTOGRAFIA: Peter Sova [cor]

MONTAGEM: Freeman Davies

MÚSICA: John Cacavas

ELENCO: Kris Kristofferson, Marg Helgenberger, Ronny Cox, Ken Howard, John Heard, Peter Friedman, Scott Cohen, Deirdre Lovejoy, Sean Whalen, John Rubinstein, Jane Powell, Dennis Boutsikaris, J. C. MacKenzie, Murphy Guyer, Margo Martindale, John Benjamin Hickey, Patrick

Tovatt, Juan Hernandez, R. E. Rodgers, Tim Hopper, Frederick Coffin, Bob Eric Hart, Dyanne Iandoli, Ann-Margret, Scott Wilkinson, John Seitz, Rod McLachlan, Elizabeth Hansen, Phil Reisen, Coco Nebeker, Tayva Patch, Bill Mondy, Christy Summerhays, Tyler Sharp, Bruce Newbold, Anne Sward, Jeremy Hoop, Rick Macy, Alan Peterson, L. Melvin Ward, Rob Sedgwick, Ntare Mwine, Jeannine Corbo, Matt Malloy, Terry Wood, Craig Clyde, Ruby Chase O'Neil, Danielle Sanborn, Teri Cowan, Derek White, Lincoln Hoppe, Joel Bishop, Julie Hayden Jordon, Marianne Wesson, Brian Maass, Craig Lewis

GÊNERO: Drama baseado em fatos reais

SINOPSE: Boulder, Colorado, manhã de Natal de 1996: Patsy Ramsey, da alta burguesia local, liga desesperada para a polícia, comunicando o desaparecimento de sua filha Jon-Benét, de apenas seis anos. A polícia logo chega à casa dos Ramsey, onde é encontrado um bilhete exigindo 118 mil dólares pelo resgate da menina. Algumas horas depois, John — o pai de JonBenét — vai revistar a casa e encontra o cadáver da filha no porão. O caso ganha repercussão e a polícia se vê às voltas com um mistério, já que não existem pistas claras sobre o que aconteceu. Porém, a estranha atitude do casal Ramsey — que deseja ausentar-se imediatamente da cidade — desperta as suspeitas da polícia, que desconfia de um crime ligado à violência doméstica. As investigações prosseguem, numa crescente disputa entre a polícia, comandada pelo chefe de detetives John Eller, e a promotoria pública, chefiada por Alex Hunter.

COMENTÁRIOS: Condensação de uma minissérie de TV que resume os principais fatos ligados ao caso do assassinato da menina JonBenét Ramsey, que despertou um extraordinário interesse na opinião pública norte-americana. O filme procura – de modo bastante sensato – manter-se isento, apresentando tanto as circunstâncias que incriminariam os Ramsey quanto as razões alegadas por sua defesa. Porém, como o caso ainda não teve – e talvez nunca tenha – qualquer solução, o filme frustrará bastante aqueles que o assistirem como um suspense ficcional. Devido à sua origem televisiva e aos interesses envolvidos, tudo caminha num certo tom burocrático que também não colabora com o espetáculo.

AVALIAÇÃO: ***

PERIL AT END HOUSE

PERIGO NA CASA DO PENHASCO

DIRETOR: Renny Rye

PAÍS: Inglaterra

COMPANHIA PRODUTORA: Picture Partnership Productions / LWT

ANO DE PRODUÇÃO: 1990

DURAÇÃO: 98'

IDIOMA ORIGINAL: Inglês

PRODUÇÃO: Brian Eastman

ARGUMENTO: Agatha Christie

ROTEIRO: Clive Exton

FOTOGRAFIA: Peter Bartlett [cor]

MONTAGEM: Frank Webb

MÚSICA: Christopher Gunning (incidental: Richard Hewson)

ELENCO: David Suchet, Hugh Fraser, Philip Jackson, Pauline Moran, Polly Walker, John Harding, Alison Sterling, Paul Geoffrey, Christopher Baines, Elizabeth Downes, Jeremy Young, Carol Macready, Mary Cunningham, Geoffrey Greenhill, Joe Bates, Godfrey James, John Crocker, Jenny Funnell, Fergus McLarnon, Jane Paton, Janice Cramer, Edward Pinner

GÊNERO: Drama criminal

SINOPSE: Passando férias em Cornwall, Poirot investiga os

atentados sofridos por uma bela jovem aristocrata, proprietária de uma mansão arruinada. Como a garota não deseja
abandonar sua casa, Poirot recomenda que ela convide uma
prima para passar uma temporada com ela. Porém, quando
a prima é assassinada – provavelmente por ter sido confun-
dida com a garota – Poirot percebe que está lidando com
uma mente bastante diaólica.

COMENTÁRIOS: Episódio duplo da série "Agatha Christie's Poirot". Como sempre, além da excelente participação
do quarteto de protagonistas da série, temos um grande
time de atores em uma produção muito bem cuidada.

AVALIAÇÃO: ***

PHANTOM SHIP

(Cf. The mystery of the Marie Celeste)

THE PILLOW BOOK

O LIVRO DE CABECEIRA

DIRETOR: Peter Greenaway

PAÍS: Holanda / França / Inglaterra

COMPANHIA PRODUTORA: Kasander & Wigman Productions / Alpha Films / Woodline Films

ANO DE PRODUÇÃO: 1995

DURAÇÃO: 126'

IDIOMA ORIGINAL: Inglês

PRODUÇÃO: Kees Kasander

ARGUMENTO: Peter Greenaway

ROTEIRO: Peter Greenaway

FOTOGRAFIA: Sacha Vierny [cor/p&b]

MONTAGEM: Chris Wyatt, Peter Greenaway

MÚSICA: "diversos"

ELENCO: Vivian Wu, Ken Ogata, Yoshi Oida, Hideko Yoshida, Ewan McGregor, Judy Ongg, Ken Mitsuichi, Yutaka Honda, Barbara Lott, Miwako Kawai, Chizuru Ohnishi, Shiho Takamatsu, Aki Ishimaru

GÊNERO: Drama escatológico

SINOPSE: Desde criança, Nagiko tornou-se uma apaixonada pela beleza da caligrafia e da literatura japonesas, já que seu pai era escritor e sua mãe costumava ler para ela uma coletânea de velhas histórias, escritas por uma dama da corte japonesa há quase mil anos. Porém, uma sombra pesava sobre a vida da jovem, já que seu pai mantinha um estranho relacionamento com seu editor, de quem era amante e totalmente dependente. Por isso, Nagiko foi obrigada a casar-se com o filho do editor, um homem grosseiro que reprimia violentamente seu desejo de se educar. Cansada de sofrer, Nagiko foge do marido e vai para Hong Kong, onde se torna uma rica modelo. Porém, a moça não consegue livrar-se de sua obsessão, só conseguindo relacionar-se sexualmente através da caligrafia (escrevendo em seus parceiros ou servindo de lousa para eles). Quando descobre que o editor de seu falecido pai mudou-se para a cidade, Nagiko escreve um livro e o oferece a ele. Quando seu livro é recusado, ela decide preparar uma vingança exemplar contra o homem que tanto a humilhara.

COMENTÁRIOS: Extremo refinamento estético, abundância de elementos simbólicos e escatológicos e uma abordagem mórbida do comportamento humano.

AVALIAÇÃO: ***

POCIAG

TREM NOTURNO

DIRETOR: Jerzy Kawalerowicz
PAÍS: Polônia

COMPANHIA PRODUTORA: Kadr

ANO DE PRODUÇÃO: 1959

DURAÇÃO: 101'

IDIOMA ORIGINAL: Polonês

ROTEIRO: Jerzy Lutowski, Jerzy Kawalerowicz

FOTOGRAFIA: Jan Laskowski [p&b]

MONTAGEM: Wieslawa Otocka

MÚSICA: Andrzej Trzaskowski

ELENCO: Lucyna Winnicka, Leon Niemczyk, Teresa Szmigielówna, Zbigniew Cybulski, Helena Dabrowska, Ignacy Machowski, Roland Glowacki, Aleksander Sewruk, Zygmunt Zintel, Tadeusz Gwiazdowski, Witold Skaruch, Michal Gazda, Zygmunt Malawski, Józef Lodynski, Kazimierz Wilamowski, Jerzy Zapiór

GÊNERO: Drama de relacionamento

SINOPSE: Um grupo de pessoas embarca na segunda classe de um trem noturno, que as levará a um balneário para as férias. Um dos passageiros, homem misterioso, aluga uma cabine dupla para ficar sozinho, mas é obrigado a dividi-la com a jovem Marta, que comprou uma passagem para o mesmo lugar. No decorrer da viagem, os passageiros vão se conhecendo e vivendo seus pequenos dramas. Na cabine, Marta e seu vizinho têm uma aproximação tensa, já que ambos vêm de situações pessoais bastante graves. Marta vai ao encontro de um antigo amante, com o qual teve um relacionamento traumático. Para isso, ela abandona seu namorado atual, que insiste em segui-la no mesmo trem. Já o outro passageiro é um médico, angustiado por não poder salvar a vida de seus pacientes. Em plena madrugada, um grupo de policiais entra no trem e prende o médico, sob a acusação de ter assassinado sua esposa.

COMENTÁRIOS: A narrativa, que transcorre quase inteiramente durante uma viagem de trem, tem uma trama central e diversas pequenas histórias e episódios isolados que se entrecruzam, buscando esboçar um microcosmos das relações humanas. Um filme simpático, apesar de seu caráter deliberadamente fragmentário (o que prejudica o aprofundamento psicológico necessário para a caracterização dos personagens).

AVALIAÇÃO: ***

A POCKETFUL OF RYE

CEM GRAMAS DE CENTEIO

DIRETOR: Guy Slater

PAÍS: Inglaterra / Estados Unidos / Austrália

COMPANHIA PRODUTORA: BBC / The Arts and Entertainment Network / The Seven Network

ANO DE PRODUÇÃO: 1984

DURAÇÃO: 103'

IDIOMA ORIGINAL: Inglês

PRODUÇÃO: George Gallaccio

ARGUMENTO: Agatha Christie

ROTEIRO: T. R. Bowen

FOTOGRAFIA: John Walker [cor]

MONTAGEM: Graham Walker

MÚSICA: Ken Howard, Alan Blaikley (direção: John Altman)

ELENCO: Joan Hickson, Fabia Drake, Timothy West, Peter Davison, Tom Wilkinson, Clive Merrison, Stacy Dorning, Selina Cadell, Martyn Stanbridge, Rachel Bell, Frances Low, Merelina Kendall, Frank Mills, Annette Badland, Jon Glover, Charles Pemberton, Laurin Kaski

GÊNERO: Drama criminal

SINOPSE: Rex Fosterscue, um rico empresário, morre envenenado em seu escritório. A polícia logo descobre que o envenenamento deve ter ocorrido na própria casa da vítima.

Porém, como o camarada não era nada que prestasse, a polícia vai ter que lidar com muitos suspeitos. Como uma das empregadas da casa é uma protegida de Miss Marple, a doce velhinha logo vai dar as caras para ajudar a polícia a investigar o caso.

COMENTÁRIOS: Telefilme da série "Miss Marple", dividido em duas partes e baseado no livro homônimo. Como seria de se esperar, em uma produção inglesa, o elenco é muito bom, mas a adaptação da história deixa bastante a desejar.

AVALIAÇÃO: ***

POPIOL I DIAMENT

CINZAS E DIAMANTES

DIRETOR: Andrzej Wajda

PAÍS: Polônia

COMPANHIA PRODUTORA: Kadr

ANO DE PRODUÇÃO: 1958

DURAÇÃO: 108'/103'

IDIOMA ORIGINAL: Polonês

ARGUMENTO: Jerzy Andrzejewski

ROTEIRO: Jerzy Andrzejewski, Andrzej Wajda

FOTOGRAFIA: Jerzy Wójcik [p&b]

MONTAGEM: Halina Nawrocka

MÚSICA: Filip Nowak

ELENCO: Zbigniew Cybulski, Ewa Krzyzewska, Waclaw Zastrzezynski, Adam Pawlikowski, Bogumil Kobiela, Jan Ciecierski, Stanislaw Milski, Artur Mlodnicki, Halina Kwiatkowska, Ignacy Machowski, Zbigniew Skowronski, Barbara Kraftówna, Aleksander Sewruk, Z. Czerwinska [Zofia Czerwinska], W. Grotowicz [Wiktor Grotowicz], I. Orzewska [Irena Orzewska], M. Loza [Mieczyslaw Loza], H. Siekierko [Halina Siekierko], T. Kalinowski [Tadeusz Kalinowski], G. Staniszewska [Grazyna Staniszewska], E. Matysik, J. Adamczyk [Jerzy Adamczak], J. Pieracki [Józef Pieracki], A. Chronicki [Adolf Chronicki]

GÊNERO: Drama

SINOPSE: Na Polônia recém-libertada do domínio nazista, rebeldes anti-comunistas lutam contra o novo governo pró-soviético. Dois membros da resistência militar recebem a missão de assassinar um importante dirigente comunista, a fim de abalar o regime. Um primeiro atentado fracassa e eles decidem tentar novamente, aproveitando a presença de seu alvo num banquete promovido pelo prefeito de uma cidade

próxima (na verdade, um reacionário disfarçado e o idealizador do atentado). A dupla se divide e, enquanto o soldado
mais jovem, Maciek – encarregado de executar o crime – espera a oportunidade de abater sua vítima, seu companheiro
organiza a fuga. Porém, enquanto espera, Maciek envolve-se
com uma das atendentes do bar de seu hotel, onde também
está hospedado o dirigente comunista.

COMENTÁRIOS: Este primeiro – e talvez mais marcante
– sucesso internacional do diretor Wajda teve um imenso
prestígio nos anos 60/70, sendo ponto de referência quase
obrigatório para a análise dos "cinemas novos" daquele período. Deixando para segundo plano seu aparente tema principal (a resistência anti-comunista no pós-guerra), Wajda
concentra-se na história do amor impossível entre dois seres
marcados pelo longo período de privações e violência. Porém, esse encontro – uma possibilidade de felicidade em meio
à catástrofe – não é forte o bastante para mudar o destino
do protagonista que, como os antigos heróis trágicos, segue
de perto sua própria morte e fatalmente a encontra.

AVALIAÇÃO: ***

O porteiro da noite

DIRETOR: Liliana Cavani

PAÍS: Itália

COMPANHIA PRODUTORA: Lotar Film

ANO DE PRODUÇÃO: 1973

DURAÇÃO: 115'

IDIOMA ORIGINAL: Inglês / Italiano

PRODUÇÃO: Robert Gordon Edwards

ARGUMENTO: Liliana Cavani, Barbara Alberti, Amedeo Pagani

ROTEIRO: Liliana Cavani, Italo Moscati

FOTOGRAFIA: Alfio Contini [cor]

MONTAGEM: Franco Arcalli

MÚSICA: Daniele Paris

ELENCO: Dirk Bogarde, Charlotte Rampling, Philippe Leroy, Giuseppe Addobbati, Amedeo Amodio, Ugo Cardea, Marino Masé, Isa Miranda, Nora Ricci, Gabriele Ferzetti, Nino Bignamini, Piero Mazzinghi, Geoffrey Copleston, Manfred Freiberger, Hilda Gunther, Carlo Mangano, Kai S. Seefeld, Luigi Guerra

GÊNERO: Drama de relacionamento

SINOPSE: Viena, 1957: Max, ex-oficial nazista que ocupou um posto importante num campo de concentração, procura esconder o seu passado trabalhando como porteiro noturno de um hotel. Mantendo ligação com seus velhos companheiros, ele faz parte de uma organização que busca "limpar" a ficha de seus membros, através da destruição de documentos comprometedores e da eliminação de testemunhas. É justamente quando espera a ocasião de ser limpo que Max reencontra Lucia, uma das antigas prisioneiras de seu campo, com quem ele mantivera um intenso relacionamento sadomasoquista. Porém, longe de entregá-lo às autoridades, Lucia sente-se dominada pelos velhos sentimentos e os dois reatam sua mórbida paixão. Lucia, então, resolve fugir de seu marido, um famoso maestro, e vai viver secretamente no apartamento de Max. Mas os nazis logo descobrem o que está acontecendo e intimam Max a entregar a moça, já que ela é a única testemunha que pode comprometê-lo.

COMENTÁRIOS: Um bom clima, prejudicado por uma certa ingenuidade no desenvolvimento das situações. O filme despertou um certo mal-estar na crítica mais politizada, ao romper as concepções maniqueístas ligadas ao papel de vítima e carrasco no contexto do holocausto.

AVALIAÇÃO: ***

THE POSEIDON ADVENTURE

O destino do Poseidon

DIRETOR: Ronald Neame

PAÍS: Estados Unidos

COMPANHIA PRODUTORA: Kent Productions

ANO DE PRODUÇÃO: 1972

DURAÇÃO: 117'

IDIOMA ORIGINAL: Inglês

PRODUÇÃO: Irwin Allen

ARGUMENTO: Paul Gallico

ROTEIRO: Stirling Silliphant, Wendell Mayes

FOTOGRAFIA: Harold E. Stine [cor]

MONTAGEM: Harold F. Kress

MÚSICA: John Williams

ELENCO: Gene Hackman, Ernest Borgnine, Red Buttons, Carol Lynley, Roddy McDowall, Stella Stevens, Shelley Winters, Jack Albertson, Pamela Sue Martin, Arthur O'Connell, Eric Shea, Fred Sadoff, Sheila Mathews, Jan Arvan, Byron Webster, John Crawford, Bob Hastings, Erik Nelson, Leslie Nielsen

GÊNERO: Filme catástrofe

SINOPSE: O Poseidon, um enorme transatlântico com centenas de passageiros, cruza o oceano em plena passagem de ano. Subitamente, uma gigantesca onda (provocada por um maremoto) atinge o navio, que vira literalmente de cabeça para baixo. Enquanto uma parte dos passageiros espera por ajuda, o reverendo Frank Scott convence um grupo a seguir com ele rumo à hélice do Poseidon, de onde talvez seja possível escapar (já que o navio pode afundar a qualquer momento).

COMENTÁRIOS: O filme é a súmula do cinema catástrofe: um bando de astros veteranos e efeitos especiais de impacto, numa trama paupérrima que serve apenas para dar algum conteúdo humano a uma infindável cadeia de desastres.

AVALIAÇÃO: ***

PURSUIT TO ALGIERS

DESFORRA EM ARGEL

DIRETOR: Roy William Neill

PAÍS: Estados Unidos

COMPANHIA PRODUTORA: Universal Pictures

ANO DE PRODUÇÃO: 1945

DURAÇÃO: 65'

IDIOMA ORIGINAL: Inglês

PRODUÇÃO: Roy William Neill

ARGUMENTO: Leonard Lee (or: Arthur Conan Doyle)

ROTEIRO: Leonard Lee

FOTOGRAFIA: Paul Ivano [p&b]

MONTAGEM: Saul A. Goodkind

MÚSICA: Edgar Fairchild

ELENCO: Basil Rathbone, Nigel Bruce, Marjorie Riordan, Rosalind Ivan, Morton Lowry, Leslie Vincent, Martin Kosleck, Rex Evans, John Abbott, Gerald Hamer, Wee Willie Davis, Frederic Worlock

GÊNERO: Suspense criminal

SINOPSE: Holmes é encarregado de escoltar secretamente um príncipe estrangeiro até o seu reino, onde ele deverá subir ao trono. Porém, o mesmo grupo que assassinou o antigo rei quer eliminar seu sucessor. Assim, a viagem de navio de Holmes, Watson e do príncipe será uma aventura cheia de emoções e perigos.

COMENTÁRIOS: Nada de notável neste episódio da série *Sherlock Holmes*, que se passa quase todo no interior de um transatlântico.

AVALIAÇÃO: ***

ALGUÉM ATRÁS DA PORTA

DIRETOR: Nicolas Gessner

PAÍS: França / Itália

COMPANHIA PRODUTORA: Lira Films / Comacico / Medusa Distribuzione

ANO DE PRODUÇÃO: 1971

DURAÇÃO: 97'

IDIOMA ORIGINAL: Inglês

PRODUÇÃO: Raymond Danon

ARGUMENTO: Jacques Robert

ROTEIRO: Marc Behm, Jacques Robert, Nicolas Gessner

FOTOGRAFIA: Pierre Lhomme [cor]

MONTAGEM: Victoria Mercanton

MÚSICA: Georges Garvarentz

ELENCO: Charles Bronson, Anthony Perkins, Jill Ireland, Henri Garcin, Adriano Magistretti, Agathe Natanson, André Penvern, Viviane Everly, Carl J. Studer, Colin Mann, Denise Peronne, Isabelle del Rio, Silvana Blasi, Yves Elliot

GÊNERO: Drama psicológico

SINOPSE: Ao descobrir que está sendo traído pela esposa, o famoso psiquiatra Paul elabora um sinistro plano de vingança. Ao receber, no hospital em que trabalha, um paciente desmemoriado e com sinais de grave psicopatia, Paul resolve levá-lo para sua casa – aproveitando a viagem da esposa, que foi encontrar-se com o amante. Sozinho com ele, Paul usa seus conhecimentos médicos para manipulá-lo, buscando convencer o louco de que ele é o marido traído e de que deve buscar vingança.

COMENTÁRIOS: Um dos mais interessantes trabalhos de Charles Bronson na Europa (onde o carrancudo ator estagiou na passagem dos anos 60 para os 70). Apesar de um tanto forçada e inverossímil, a trama é bastante original e desenvolvida com razoável sobriedade.

AVALIAÇÃO: ***

REAR WINDOW

Janela indiscreta

DIRETOR: Alfred Hitchcock

PAÍS: Estados Unidos

COMPANHIA PRODUTORA: Patron / Paramount

ANO DE PRODUÇÃO: 1954

DURAÇÃO: 112'

IDIOMA ORIGINAL: Inglês

PRODUÇÃO: Alfred Hitchcock

ARGUMENTO: Cornell Woolrich

ROTEIRO: John Michael Hayes

FOTOGRAFIA: Robert Burks [cor]

MONTAGEM: George Tomasini

MÚSICA: Franz Waxman

ELENCO: James Stewart, Grace Kelly, Wendell Corey, Thelma Ritter, Raymond Burr, Judith Evelyn, Ross Bagdasarian, Georgine Darcy, Sara Berner, Frank Cady, Jesslyn Fax, Rand Harper, Irene Winston, Havis Davenport

GÊNERO: Suspense

SINOPSE: Jeffries é um famoso fotógrafo aventureiro, obrigado a interromper suas perigosas atividades devido a uma grave fratura na perna (que o deixou quase completamente imobilizado, preso em seu apartamento). Para aliviar o tédio, Jeffries passa a observar a vida de seus vizinhos do prédio em frente, exercitando o voyeurismo inerente à sua profissão. Enquanto isso, o rapaz também tem que decidir os rumos de seu romance com a bela Lisa, uma mulher sofisticada que o ama, embora não esteja disposta a participar de sua vida perigosa. Uma noite, ao observar uma movimentação anormal no apartamento de um dos vizinhos, Jeffries passa a desconfiar de que o dono do imóvel pode ter assassinado sua esposa, com quem vivia brigando. Como a polícia não acredita em sua história, ele conta o caso para Lisa, que resolve ajudá-lo na investigação.

COMENTÁRIOS: Apesar de sua fama imerecida – já que é um suspense bastante morno – o filme vale pela presença de Grace Kelly, esbanjando sensualidade, classe e beleza.

AVALIAÇÃO: ***

LA RÈGLE DU JEU

A REGRA DO JOGO

DIRETOR: Jean Renoir

PAÍS: França

ANO DE PRODUÇÃO: 1939

DURAÇÃO: 110'

IDIOMA ORIGINAL: Francês

PRODUÇÃO: Jean Renoir

ROTEIRO: Jean Renoir (colaboração: Koch [Carl Koch])

FOTOGRAFIA: Bachelet [Jean Bachelet], Jacques

Lemare, Alphen [Jean-Paul Alphen], Alain Renoir [p&b]

MONTAGEM: Marguerite [Marguerite Renoir], Mme Huguet [Marthe Huguet]

MÚSICA: Roger Desormières (músicas: Mozart, Monsigny)

ELENCO: Nora Grégor, Paulette Dubost, Mila Parély, Odette Talazac, Claire Gérard, Anne Mayen, Lise Élina, Dalio [Marcel Dalio], Carette [Julien Carette], Roland Toutain, Gaston Modot, Jean Renoir, Pierre Magnier, Eddy Debray, Pierre Nay, Francoeur [Richard Francoeur], Léon Larive

GÊNERO: Drama de relacionamento

SINOPSE: O aristocrata Robert de la Cheyniest é casado com a veterana austríaca Christine, filha de um famoso maestro. Porém, a situação do casal é bastante complicada, já que Christine está romanticamente apaixonada pelo jovem ás da aviação André Jurieu, enquanto Robert mantém um longo caso amoroso com a liberada Geneviève. Quando os Cheyniest reúnem os amigos para uma caçada, em sua casa de campo, todos os personagens da história se reúnem, gerando uma série de conflitos amorosos – ou nem tanto.

COMENTÁRIOS: Um dos mais famosos filmes de Renoir, esta tragicomédia romântica sintetiza os temas que – na época – absorviam o cineasta. Em primeiro lugar, a crítica maniqueísta das diferenças sociais, apresentando os aristocratas como um bando de libertinos, imorais, hipócritas e interesseiros. Em segundo, a visão quase patológica da mulher, invariavelmente escrava de seus furores uterinos (esta obsessão, aliás, acompanharia toda a obra de Renoir, um legítimo discípulo da escola lombrosiana, que dividia as mulheres em santas e prostitutas). Com autênticos momentos de comédia de quiproquós e violentas cenas de caçada (com a morte real de vários animais), este filme envelheceu bastante e já não merece sua celebridade – mesmo dentro da obra do diretor. Porém, como esta é uma versão restaurada (por Jean Gaborit e Jacques Durand, com a consultoria de Renoir), fica difícil pronunciar um julgamente mais preciso. Como detalhe nada desprezível, a péssima escolha da atriz Nora Gregor para o papel de Christine. Se a personagem desperta muitas e ardentes paixões, a atriz está extremamente longe disso.

AVALIAÇÃO: ***

RENDEZ-VOUS

RENDEZ-VOUS

DIRETOR: André Téchiné

PAÍS: França

COMPANHIA PRODUTORA: T. Films / Films A2

ANO DE PRODUÇÃO: 1984

DURAÇÃO: 87'

IDIOMA ORIGINAL: Francês

PRODUÇÃO: Alain Terzian

ARGUMENTO: André Téchiné, Olivier Assayas

ROTEIRO: André Téchiné, Olivier Assayas

FOTOGRAFIA: Rénato Berta [cor]

MONTAGEM: Martine Giordano

MÚSICA: Philippe Sarde

ELENCO: Lambert Wilson, Juliette Binoche, Wadeck Stanczak, Jean-Louis Trintignant, Dominique Lavanant, Jean-Louis Vitrac, Jacques Nolot, Anne Wiazemsky, Olimpia Carlisi, Caroline Faro, Katsumi Furukata, Arlette Gordon, Philippe Landoulsi, Madeleine Marie, Serge Martina, Michèle Moretti, Annie Noël, Patrick Perez

GÊNERO: Drama de relacionamento

SINOPSE: Nina é uma jovem provinciana francesa que vai para Paris, em busca de liberdade e de uma carreira no teatro. Sozinha e carente, ela entrega-se a todos os homens, encontrando todas as decepções e sofrimentos reservados à prostituição amadora. Um dia, procurando um apartamento, ela conhece Paulot, funcionário de uma imobiliária, que logo se interessa por ela. Quando Nina briga com seu namorado de momento, Paulot a convida para morar em sua casa. Porém, o rapaz divide o apartamento com o jovem Quentin, um sujeito complicado que não recebe bem a recém-chegada. Aborrecida, Nina vai-se embora e logo é procurada por Quentin, que revela estar apaixonado por ela. Inicialmente, Nina o rejeita – já que ele é extremamente niilista e auto-destrutivo. Apesar disso, os dois iniciam uma relação e são descobertos por Paulot, que se sente traído (já que é o único homem rejeitado sexualmente por Nina).

COMENTÁRIOS: A trama do filme contrapõe três jovens com sentimentos bastante distintos, que têm em comum a impossibilidade de satisfazer seus desejos. Nina busca satisfação no sexo, mas frustra-se com o prazer momentâneo e o desprezo de seus amantes; já Quentin é um niilista, em busca de força (ou de fraqueza) suficiente para acabar com sua insuportável existência; Paulot é um rapaz tímido e retraído, cujo maior esforço e manter sob controle suas paixões ocultas. Curiosamente, o esperado triângulo amoroso não chega a se concretizar e boa parte da narrativa concentra-se nos processos psicológicos de Nina – perturbada por sua estréia teatral. Com uma forte carga de erotismo e um elenco competente, trata-se de um filme bastante interessante, apesar de seus exageros.

AVALIAÇÃO: ***

A VOLTA DE CHANDU

DIRETOR: Ray Taylor

PAÍS: Estados Unidos

COMPANHIA PRODUTORA: Principal Pictures Corporation

ANO DE PRODUÇÃO: 1934

DURAÇÃO: 208'

IDIOMA ORIGINAL: Inglês

PRODUÇÃO: Sol Lesser

ARGUMENTO: Harry A. Earnshaw, Vera M. Oldham, R. R. Morgan (supervisão: R. Chandlee [Harry Chandlee])

ROTEIRO: Barry Barringer

FOTOGRAFIA: John Hickson [p&b]

MONTAGEM: Carl Himm, Lou Sackin

MÚSICA: Abe Meyer

ELENCO: Bela Lugosi, Maria Alba, Clara Kimball Young, Lucien Prival, Deane Benton, Phyllis Ludwig, Cyril Armbrister, Murdock McQuarrie, Wilfred Lucas, Josef Swickard, Jack Clark, Baby Peggy

GÊNERO: Ação e aventura

SINOPSE: Frank Chandler é um norte-americano que passou longos anos no Oriente, estudando todos os segredos da magia com um sábio iogue. Tornando-se um mágico poderoso, Frank ganhou de seu mestre o nome de Chandu, passando a usar seus poderes para combater o mal. Dessa vez, Chandu se vê às voltas com uma seita de adoradores da deusa egípcia Ubasti, que desejam fazer um sacrifício humano para ressuscitar uma antiga sacerdotisa que lhes devolverá o domínio do mundo. Como a vítima escolhida é Nadji, uma princesa egípcia pela qual Chandu é apaixonado, o mágico leva a moça para os Estados Unidos, hospedando-a na casa de sua irmã. No entanto, mesmo em solo americano, Nadji continua ameaçada pelos membros da seita, o que vai obrigar Chandu a fazer uso de todo o seu repertório de encantos.

COMENTÁRIOS: Seriado em 12 capítulos: 1) THE RETURN OF CHANDU; 2) THE HOUSE IN THE HILLS; 3) ON THE HIGH SEAS; 4) THE EVIL EYE; 5) THE INVISIBLE CIRCLE; 6) CHANDU'S FALSE STEP; 7) MYSTERIOUS MAGIC; 8) THE EDGE OF THE PIT; 9) THE TERROR INVISIBLE; 10) THE CRUSHING ROCK; 11) THE UPLIFTED KNIFE; 12) THE KNIFE DESCENDS. O filme – um típico seriado de aventura dos anos 30 – apresenta todos os clichês que caracterizam esse gênero (situações absurdas, ingenuidade patológica dos personagens "bonzinhos", quase completa ausência de policiais ou de armas de fogo...), mas padece de uma certa falta de ação (especialmente na primeira metade) e pela óbvia inadequação de Lugosi para o papel de um herói romântico (para piorar, ele tinha sido o vilão do primeiro filme de Chandu, realizado em 1932). Além da versão em episódios, o filme foi partido ao meio e apresentado na forma de dois longas: "The return of Chandu" e "Chandu on the magic island".

AVALIAÇÃO: ***

ROMA, CITTÀ APERTA

ROMA, CIDADE ABERTA

DIRETOR: Roberto Rossellini

PAÍS: Itália

COMPANHIA PRODUTORA: Excelsa Film

ANO DE PRODUÇÃO: 1945

DURAÇÃO: 100'

IDIOMA ORIGINAL: Italiano

ARGUMENTO: Sergio Amidei

ROTEIRO: S. Amidei [Sergio Amidei] (colaboração: F. Fellini [Federico Fellini])

FOTOGRAFIA: Ubaldo Arata [p&b]

MONTAGEM: Eraldo Da Roma

MÚSICA: Renzo Rossellini

ELENCO: Aldo Fabrizi, Anna Magnani, V. Annicchiarico [Vito Annicchiarico], N. Bruno [Nando Bruno], H. Feist [Harry Feist], F. Grandjacquet [Francesco Grandjacquet], M. Michi [Maria Michi], M. Pagliero [Marcello Pagliero], E. Passanelli [Eduardo Passanelli], C. Sindici [Carlo Sindici], A. Tolnay [Ákos Tolnay], van Hulzen [Joop van Hulzen]

GÊNERO: Drama

SINOPSE: Roma, 1944: Enquanto os aliados vão libertando a Itália, a capital continua sob domínio dos nazistas, que enfrentam a perspectiva da chegada dos americanos e as atividades cada vez mais ousadas da resistência. Pina, uma viúva de meia-idade, prepara seu casamento com o vizinho Francesco (tipógrafo que trabalha na impressão de um jornal clandestino), de quem espera um filho. Enquanto isso, sua irmã mais nova tenta ganhar a vida nos cabarés de soldados alemães e seu filho pequeno participa – junto com outros garotos da vizinhança – de um grupo terrorista. Perseguido pela SS – como antigo dirigente comunista e membro da resistência – o engenheiro Giorgio esconde-se na casa de Francesco, contando com o apoio de Pina. Para comunicar-se com seus companheiros, Giorgio utiliza os serviços de dom Pietro, um padre que se aproveita de suas imunidades para colaborar com a luta anti-nazista. Nas vésperas de seu casamento, a polícia alemã cerca o prédio e prende Francesco. Desesperada, Pina protesta e acaba sendo assassinada. Libertado por seus companheiros, Francesco une-se a Giorgio e os dois vão passar a noite na casa da vedete Marina, ex-namorada do engenheiro. Viciada em morfina, a moça acaba delatando os dois à SS, em troca da droga. Francesco consegue escapar, mas Giorgio é preso junto com dom Pietro e um desertor austríaco.

COMENTÁRIOS: Marco inicial do neo-realismo, este filme foi rodado nas próprias ruas de Roma, ainda em plena devastação causada pela guerra.

AVALIAÇÃO: *****

SALMONBERRIES

UM AMOR DIFERENTE

DIRETOR: Percy Adlon

PAÍS: Alemanha

COMPANHIA PRODUTORA: Pelemele Film

ANO DE PRODUÇÃO: 1991

DURAÇÃO: 95'

IDIOMA ORIGINAL: Inglês

PRODUÇÃO: Eleonore Adlon

ARGUMENTO: Percy Adlon

ROTEIRO: Percy Adlon, Felix O. Adlon

FOTOGRAFIA: Tom Sigel [cor]

MONTAGEM: Conrad Gonzalez

MÚSICA: Bob Telson

ELENCO: k. d. lang, Rosel Zech, Chuck Connors, Jane Lind, Oscar Kawagley, Wolfgang Steinberg, Christel Merian, Eugene Omiak, Wayne Waterman, Alvira H. Downey, George Barril, Gary Albers

GÊNERO: Drama de relacionamento

SINOPSE: Numa remota localidade do Alasca vive a alemã Roswitha, que trabalha como bibliotecária. A razão de sua presença naquele canto perdido do fim do mundo é o trauma da perda do seu marido, assassinado enquanto o casal tentava fugir da Alemanha Oriental. Subitamente, a vida de Roswitha se modifica com o surgimento de Kotzebue, uma esquimó que trabalha numa companhia de mineração. Rude e masculinizada, Kotzebue apaixona-se por Roswitha e lhe pede ajuda para encontrar seus pais, que ela nunca conheceu. Roswitha incomoda-se com a presença da esquimó, que passa a assediá-la. Ao saber da história da alemã, Kotzebue resolve ajudá-la e rouba algum dinheiro do bingo local, convidando sua amada a viajar com ela para a Alemanha, num acerto de contas com o passado.

COMENTÁRIOS: Mais uma das excentricidades cinematográficas do diretor Adlon, com um enredo que mistura esquimós com a queda do Muro de Berlim e um elenco que junta uma cantora lésbica canadense com um veterano canastrão do cinema B hollywoodiano. O resultado é o mesmo de filmes como "Bagdad Café" e "Zuckerbaby": uma obra que parece ser bem mais inteligente do que realmente é.

AVALIAÇÃO: ***

SALT OF THE EARTH

Espírito de união

DIRETOR: Herbert J. Biberman

PAÍS: Estados Unidos

COMPANHIA PRODUTORA: Independent Productions Corporation / The International Union of Mine, Mill and Smelter Workers

ANO DE PRODUÇÃO: 1953

DURAÇÃO: 94'

IDIOMA ORIGINAL: Inglês

PRODUÇÃO: Paul Jarrico

ROTEIRO: Michael Wilson

FOTOGRAFIA: Stanley Meredith, Leonard Stark [p&b]

MONTAGEM: Joan laird, Ed Spiegel

MÚSICA: Sol Kaplan

ELENCO: Rosaura Revueltas, Juan Chacon, Will Geer, David Wolfe, David Sarvis, Mervin Williams, E. A. Rockwell, William Rockwell, Henrietta Williams, Angela Sanchez, Clorinda Alderette, Virginia Jencks, Clinton Jencks, Joe T. Morales, Ernest Velasquez, Charles Coleman, Victor Torres, Frank Talevera, Mary Lou Castillo, Floyd Bostick, E. S. Conerly, Adolfo Barela, Albert Muñoz

GÊNERO: Drama social

SINOPSE: No Novo México, Estados Unidos, os trabalhadores mexicanos – ou de origem latina – de uma mina de zinco enfrentam uma pesada discriminação de seus patrões, com menores salários e piores condições de trabalho que seus colegas brancos ianques. Para lutar contra isso, eles iniciam uma greve e reivindicam igualdade. Porém, inspiradas pelo movimento, as próprias esposas dos mineiros também começam a clamar por igualdade de tratamento, primeiro no setor da higiene pública e depois na própria vida doméstica. Os machistas chicanos logo se insurgem contra isso, mas a greve é reprimida e eles são obrigados a recorrer às mulheres, que se colocam à frente das manifestações.

COMENTÁRIOS: Um raro documento do cinema político de esquerda nos Estados Unidos, realizado com o concurso de um sindicato internacional e usando elenco predominantemente amador. O filme segue uma linha didática típica do cinema engajado, mostrando como uma comunidade – com o devido apoio de uma estrutura ideológica (o partido, disfarçado como "sindicato") – pode se unir para derrotar seus opressores e resolver problemas estruturais. Apesar de um certo simplismo e pieguice, o filme aborda com certa ousadia a questão do feminismo e das contradições do proletariado.

AVALIAÇÃO: ***

LE SANG D'UN POÈTE

O SANGUE DE UM POETA

DIRETOR: Jean Cocteau

PAÍS: França

ANO DE PRODUÇÃO: 1930

DURAÇÃO: 55'/50'

IDIOMA ORIGINAL: Francês

PRODUÇÃO: Visconde de Noailles

ARGUMENTO: Jean Cocteau

ROTEIRO: Jean Cocteau

FOTOGRAFIA: Georges Périnal [p&b]

MONTAGEM: Jean Cocteau

MÚSICA: Georges Auric

ELENCO: Lee Miller [Elizabeth Lee Miller], Pauline Carton, Odette Talazac, Errique Rivero [Enrique Rivero], Jean Desbordes, Fernand Dichamps, Lucien Jager, Féral Benga, Barbette, Jean Cocteau (voz)

GÊNERO: Experimental

SINOPSE: O artista tenta apagar a boca que ele acabou de pintar em um quadro. Porém, a boca fica presa na sua mão e depois em uma estátua, que ganha vida e desafia o artista a entrar em um espelho. Do outro lado, ele percorre um estranho hotel, no qual presencia uma série de situações bizarras. Depois de uma batalha de bolas de neve, na qual um estudante é mortalmente ferido, o artista e a estátua jogam cartas em uma disputa pela vida.

COMENTÁRIOS: Exercício surrealista que assinala a verdadeira estreia de Cocteau no cinema (embora ele já houvesse realizado um curta experimental, em 1925). Com elementos que recordam "Le chien andalou", de Buñuel, este filme forma uma espécie de trilogia com "Orphée" (1950) e "Le testament d'Orphée" (1960).

AVALIAÇÃO: ***

SCHIAVE BIANCHE: VIOLENZA IN AMAZZONIA / CANNIBAL HOLOCAUST 2

DIRETOR: Roy Garrett [Mario Gariazzo]

PAÍS: Itália / Venezuela

COMPANHIA PRODUTORA: Cinevega / Industrial Cinematografica Tripoli

ANO DE PRODUÇÃO: 1985

DURAÇÃO: 90'

IDIOMA ORIGINAL: Inglês

ARGUMENTO: Franco Prosperi

ROTEIRO: Franco Prosperi

FOTOGRAFIA: Silvano Ippoliti [cor]

MONTAGEM: Gianfranco Amicucci

MÚSICA: Franco Campanino

ELENCO: Elvire Audray, Will Gonzales, Dick Marshall, Andrew Louis Coppola, Dick Cambell, Alma Vernon, Grace Williams, Sara Fleszer, Mark Cannon, James Boyle, Peter Robyns, Jessica Bridges, Stephanie Walters, Neal Berger,

Deborah Savage, Kim Arnold

GÊNERO: Drama escatológico

SINOPSE: A jovem estudante inglesa Catherine Miles vai passar uma temporada com seus pais, proprietários de uma plantação de mato na Amazônia. Enquanto passeiam de barco, eles são atacados e os pais de Catherine são mortos com dardos envenenados. Ferida, a moça é salva por um grupo de índios caçadores de cabeças, que a levam como escrava para a sua aldeia.

COMENTÁRIOS: Em algumas versões internacionais, este filme se apresenta falsamente como uma continuação do clássico "Cannibal holocaust", embora não passe de uma imitação na qual também existem algumas cenas dose de violência contra os animais.

AVALIAÇÃO: **

LA SECTA DE LOS MISTERIOSOS

DIRETOR: Alberto Marro

PAÍS: Espanha

COMPANHIA PRODUTORA: Hispano Films

ANO DE PRODUÇÃO: 1916

DURAÇÃO: 66'

IDIOMA ORIGINAL: Mudo

PRODUÇÃO: Alberto Marro

FOTOGRAFIA: [p&b]

ELENCO: Alexia Ventura

GÊNERO: Ação e aventura

SINOPSE: Uma seita de ladrões (que não é o PT e nem a Igreja Universal) está em busca das duas metades de uma corrente, que pode ser a chave para o esconderijo de um tesouro do tempo das cruzadas. Para obter uma das metades, eles invadem a casa de uma condessa e sequestram sua filhinha Alexia. Porém, um bravo policial se põe no encalço dos bandidos, disposto a acabar com a quadrilha.

COMENTÁRIOS: Este filme, em sua versão original espanhola, era um seriado em três episódios, seguindo um modelo que já fazia um grande sucesso na época. A única versão remanescente, proveniente de uma distribuidora alemã, se apresenta como um longa-metragem repleto de lacunas, que provavelmente contém cerca de metade do material original. A cópia é tingida em vários tons e apresenta cartelas em alemão. Apesar das muitas lacunas – que impossibilitam uma avaliação do roteiro – é possível dizer que se tratava de uma produção bastante rudimentar, com todos os clichês que se tornariam legendários (inclusive a vítima dos vilões amarrada nos trilhos de um trem).

AVALIAÇÃO: ***

SEGOVIAKO IHESA

(Cf. La fuga de Segovia)

SEISHUN ZANKOKU MONOGATARI

JUVENTUDE DESENFREADA

DIRETOR: Nagisa Oshima

PAÍS: Japão

COMPANHIA PRODUTORA: Shochiku

ANO DE PRODUÇÃO: 1960

DURAÇÃO: 96'

IDIOMA ORIGINAL: Japonês

PRODUÇÃO: Tomio Ikeda

ARGUMENTO: Nagisa Oshima

ROTEIRO: Nagisa Oshima

FOTOGRAFIA: Takashi Kawamata [p&b]

MONTAGEM: Keiichi Uraoka

MÚSICA: Riichiro Manabe

ELENCO: Yusuke Kawazu, Miyuki Kuwano, Yoshiko Kuga, Fumio Watanabe, Shinji Tanaka, Yosuke Hayashi, Shinjiro Matsuzaki, Toshiko Kobayashi, Jun Hamamura, Shinko Ujiie, Aki Morishima, Yuki Tominaga, Kei Satô, Asao Sano, Hiroshi Nihonyanagi

GÊNERO: Drama psicológico

SINOPSE: Makoto é uma garota problemática que, ao pedir carona, é atacada por um velho tarado. Ela é salva pelo estudante Kiyoshi, de quem se torna amante. Porém, Kiyoshi é gigolô de uma velha rica, que o mantém sob rigoroso controle. Quando precisa pagar uma dívida com alguns gângsteres, Kiyoshi convence Makoto a ser sua cúmplice em um plano para extorquir dinheiro de velhos ricos, inspirando-se nas próprias circunstâncias em que eles se conheceram. Makoto, então, passa a aceitar carona de homens ricos, que são achacados por Kiyoshi – que os segue numa motocicleta. Os dois vão viver juntos, mas Makoto fica grávida e Kiyoshi a obriga a fazer um aborto. Quando tudo parece melhorar, uma das vítimas denuncia o golpe e o casal é preso.

COMENTÁRIOS: Em um de seus primeiros trabalhos, Oshima aborda a versão japonesa da "juventude transviada" (tema frequente no cinema dos anos 50/60). Prenunciando o estilo que caracterizaria sua obra cinematográfica madura, o diretor associa a transgressão dos tabus sexuais com a morte, numa mistura de crítica social e drama psicológico.

AVALIAÇÃO: ***

SEVEN DAYS TO NOON

Ultimatum

DIRETOR: Roy Boulting, John Boulting

PAÍS: Inglaterra

COMPANHIA PRODUTORA: London Films / The Boulting Brothers

ANO DE PRODUÇÃO: 1950

DURAÇÃO: 94'

IDIOMA ORIGINAL: Inglês

PRODUÇÃO: Roy Boulting, John Boulting

ARGUMENTO: Paul Dehn, James Bernard

ROTEIRO: Frank Harvey, Roy Boulting

FOTOGRAFIA: Gilbert Taylor [p&b]

MONTAGEM: Roy Boulting, John Boulting

MÚSICA: John Addison

ELENCO: Barry Jones, Olive Sloane, André Morell, Sheila Manahan, Hugh Cross, Joan Hickson, Ronald Adam, Marie Ney, Wyndham Goldie, Russell Waters, Martin Boddey,

Frederick Allen, Victor Maddern, Geoffrey Keen, Merrill Mueller

GÊNERO: Drama

SINOPSE: Subitamente, o governo britânico recebe uma carta do professor Willingdon – famoso físico nuclear – com uma horripilante ameaça: caso a Inglaterra não abandone imediatamente o fabrico de armas nucleares, o professor ameaça destruir a sede do governo num prazo de sete dias, com uma bomba atômica que ele roubou. Logo, as autoridades começam a caçar Willingdon, que está escondido em Londres, carregando a bomba em uma valise. Stephen, o assistente do professor, colabora nas investigações, junto com Ann, sua noiva e filha do fugitivo. Emocionalmente abalado pelas consequências funestas de seu trabalho, Willingdon decidira agir de maneira radical, disposto a cumprir suas ameaças. Não conseguindo encontrar o professor, as autoridades resolvem evacuar a cidade, a fim de evitar mortes e facilitar as buscas.

COMENTÁRIOS: Curioso exemplar britânico do cinema do pós-guerra, quando a opinião pública ainda oscilava entre o trauma do conflito recente e a perspectiva da guerra-fria. Numa abordagem típica do período, a energia nuclear é apresentada como uma benfeitora da humanidade e a corrida armamentista é apontada como uma necessidade política indiscutível. Esta posição não é claramente defendida pelos diretores, mas a caracterização de Willingdon como um desequilibrado mental não deixa dúvidas (afinal, as armas atômicas haviam contribuído para o fim da guerra, matando apenas os inimigos).

AVALIAÇÃO: ***

7TH HEAVEN

Sétimo céu

DIRETOR: Frank Borzage

PAÍS: Estados Unidos

COMPANHIA PRODUTORA: Fox Film Corporation

ANO DE PRODUÇÃO: 1927

DURAÇÃO: 119'

IDIOMA ORIGINAL: Mudo

PRODUÇÃO: Frank Borzage

ARGUMENTO: Austin Strong

ROTEIRO: Benjamin Glazer

FOTOGRAFIA: Ernest Palmer, J. A. Valentine [p&b]

MONTAGEM: Barney Wolf

ELENCO: Janet Gaynor, Charles Farrell, Albert Gran, David Butler, Marie Mosquini, Gladys Brockwell, Émile Chautard, Ben Bard, George Stone

GÊNERO: Melodrama

SINOPSE: Paris, 1914: Diane é uma pobre órfã que vive com sua irmã Naná em um sórdido arrabalde. A miséria de Diane é agravada pelos vícios de Naná, uma criatura maldosa que a espanca constantemente. Porém, surge a oportunidade das duas viverem com luxo e conforto, quando um casal de velhos tios chega das colônias, disposto a adotá-las. Mas a honesta Diane recusa-se a mentir para os tios, que as consideram como mulheres perdidas e desistem de levá-las. Furiosa, Naná parte para matar a irmã, sendo impedida pelo limpador de esgotos Chico. Este, um jovem forte e arrogante, põe Naná para correr, ameaçando atirá-la no esgoto. Embora seja um rapaz de boa índole, Chico ressente-se com sua humilde profissão, almejando ser lavador de ruas. Justamente nesta ocasião, um padre amigo resolve premiar Chico com este emprego, usando sua influência junto ao departamento de limpeza. Logo depois, a polícia prende Naná e se prepara para apanhar Diane. Porém, mais uma vez Chico intercede por ela, dizendo-se seu marido. Mas os policiais prometem averiguar a verdade e, com medo de perder seu novo emprego, Chico convida Diane para passar alguns dias em sua casa. Logo a dedicação da moça comove o coração do rapaz que, mesmo após a visita da polícia, pede que ela continue na casa. Finalmente, após alguns meses de convivência, ele a pede em casamento. Mas, nesse mesmo dia, surge a notícia da invasão das tropas do kaiser e Chico é chamado para embarcar imediatamente para a guerra. O rapaz promete voltar e parte para se juntar a seus camaradas, numa luta sangrenta e cheia de sofrimentos.

COMENTÁRIOS: O filme serve como um verdadeiro catálogo dos clichês do melodrama clássico, exagerados demais para os padrões atuais.

AVALIAÇÃO: ***

SEX MADNESS / THEY MUST BE TOLD!

DIRETOR: Dwain Esper

PAÍS: Estados Unidos

COMPANHIA PRODUTORA: Cinema Service Corp.

ANO DE PRODUÇÃO: 1938

DURAÇÃO: 57'

IDIOMA ORIGINAL: Inglês

PRODUÇÃO: Dwain Esper

ROTEIRO: Joseph Seiden, Vincent Valentini

FOTOGRAFIA: [p&b]

ELENCO: Vivian McGill, Rose Tapley, Al Rigali, Stanley Barton [Mark Daniels], Linda Lee Hill, Ruth Edell, Charles Olcott, Ed Redding, Pat Lawrence, Allan Tower, Richard Bengali, William Blake, Frank Howsen, Allan Lee, Jean Temple, Albert Patterson, Miriam Bilavsky, Nathalie Donet, Polly Bester, Joseph Kramer, Harry Antrim

GÊNERO: Drama moralista

SINOPSE: A jovem Millicent contrai sífilis por conta das suas atividades como corista de teatro. Quando quer se casar com o seu amado, ela faz um tratamento miraculoso e pensa ter ficado curada. Porém, ela foi vítima de um médico charlatão, e acaba passando a terrível doença para o marido e para o seu filhinho.

COMENTÁRIOS: Produção bizarra, tratando das doenças venéreas com um propósito pretensamente educativo. Porém, trata-se apenas de um dos primeiros exemplares do cinema exploitation, já rondando as fronteiras da censura para oferecer ao seu público sugestões, mais do que realidades. A cópia consultada não continha créditos, a não ser o título alternativo.

AVALIAÇÃO: **

A cobra de Shanghai

DIRETOR: Phil Karlson

PAÍS: Estados Unidos

COMPANHIA PRODUTORA: Monogram Pictures Corporation

ANO DE PRODUÇÃO: 1945

DURAÇÃO: 65'

IDIOMA ORIGINAL: Inglês

PRODUÇÃO: James S. Burkett

ARGUMENTO: George Callahan (or: Earl Derr Biggers)

ROTEIRO: George Callahan, George Wallace Sayre

FOTOGRAFIA: Vincent Farrar [p&b]

MONTAGEM: Ace Herman

MÚSICA: Edward J. Kay

ELENCO: Sidney Toler, Mantan Moreland, Benson Fong, James Cardwell, Joan Barclay, Addison Richards, Arthur Loft, Janet Warren, Gene Stutenroth, Joe Devlin, James Flavin, Roy Gordon, Walter Fenner

GÊNERO: Suspense criminal

SINOPSE: Funcionários de um grande banco estão sendo assassinados com veneno de cobra, o mesmo método usado por um criminoso condenado em Xangai, antes da guerra. Como os arquivos da polícia chinesa foram destruídos, a única pessoa capaz de identificar o assassino é o detetive Charlie Chan, que é convocado para o caso. Logo, Chan descobre que os crimes podem estar ligados ao fato de que, nos cofres do bando, está depositada uma grande quantidade de rádio pertencente ao governo norte-americano.

COMENTÁRIOS: Exemplar bastante comum da série *Charlie Chan*, sem nenhum interesse maior.

AVALIAÇÃO: ***

LA SIRÈNE DU MISSISSIPI

A SEREIA DO MISSISSIPI

DIRETOR: François Truffaut

PAÍS: França / Itália

COMPANHIA PRODUTORA: Les films du Carrosse / Les Productions Artistes Associés / Produzioni Associate Delphos

ANO DE PRODUÇÃO: 1969

DURAÇÃO: 123'

IDIOMA ORIGINAL: Francês

ARGUMENTO: William Irish [Cornell Woolrich]

ROTEIRO: François Truffaut

FOTOGRAFIA: Denys Clerval [cor]

MONTAGEM: Agnès Guillemot

MÚSICA: Antoine Duhamel

ELENCO: Jean-Paul Belmondo, Catherine Deneuve, Nelly Borgeaud, Martine Ferrière, Marcel Berbert, Yves Drouhet, Michel Bouquet

GÊNERO: Drama romântico criminal

SINOPSE: Louis é o rico proprietário de uma fábrica de cigarros nas Ilhas Reunião (possessão francesa). Resolvido a casar-se, o rapaz decide colocar um anúncio no correio sentimental de um jornal francês, a fim de evitar pretendentes a um golpe do baú. Fazendo-se passar por um simples capataz, ele contrata casamento com a jovem Julie, que parte da França para juntar-se a ele. Porém, ao buscar sua noiva, Louis surpreende-se ao encontrar uma moça bem diferente da foto que possuía. Julie lhe conta que enviou uma foto de sua irmã, já que era muito tímida. Como a nova Julie é infinitamente mais bonita do que a antiga, Louis casa-se sem hesitação. Sua vida conjugal vai transcorrendo normalmente, até que a irmã de Julie lhe escreve furiosa, inconformada por não receber qualquer carta da moça. Com isso,

Louis fica perturbado e desconfia de que há algo errado. Porém, sua desconfiança vem tarde demais, já que sua esposa desaparece subitamente, levando embora uma enorme fortuna (sacada da conta conjunta do casal). Cheio de desejo de vingança, Louis associa-se à irmã da verdadeira Julie e contrata um experiente detetive, Comolly, encarregando-o de caçar a impostora.

COMENTÁRIOS: Obra do período em que Truffaut se inspirava em seu ídolo Alfred Hitchcock (o filme tem sutis referências a *Um corpo que cái*). Concentrando toda a ação no casal de protagonistas, Truffaut realiza um filme sobre a paixão e sua loucura. Interessante, mas longe do brilhantismo das melhores obras do diretor.

AVALIAÇÃO: ***

SISTER SISTER

Segredo em família

DIRETOR: Bill Condon

PAÍS: Estados Unidos

COMPANHIA PRODUTORA: New World Pictures / Odyssey Entertainment

ANO DE PRODUÇÃO: 1987

DURAÇÃO: 91'

IDIOMA ORIGINAL: Inglês

PRODUÇÃO: Walter Coblenz

ROTEIRO: Bill Condon, Joel Cohen, Ginny Cerrella

FOTOGRAFIA: Stephen M. Katz [cor]

MONTAGEM: Marion Rothman

MÚSICA: Richard Einhorn

ELENCO: Eric Stoltz, Jennifer Jason Leigh, Judith Ivey, Dennis Lipscomb, Anne Pitoniak, Benjamin Mouton, Natalia Nogulich, Richard Minchenberg, Bobby Pickett, Jason Saucier, Jerry Leggio, Fay Cohn, Ashley McMurry, Ben Cook, Casey Levron, cão Aggie

GÊNERO: Drama de suspense

SINOPSE: Nos cafundós da Louisiana, as irmãs Lucy e Charlotte Bonnard administram um hotel decadente que herdaram de seu pai. As duas vivem isoladas – apenas na companhia do ajudante Étienne – porque Lucy sofre de problemas mentais, tendo ficado internada por longos anos em um sanatório. Na baixa temporada, as duas recebem como hóspede o jovem Matt Rutledge, que está passando suas férias na região. Porém, coisas bizarras começam a acontecer no hotel e Lucy pensa ser a culpada, ao mesmo tempo em que inicia um romance com Matt, ao qual sua irmã se opõe.

COMENTÁRIOS: O velho clichê da vingança macabra, transplantado para os ermos pantanosos da Louisiana. O destaque do filme é, sem dúvida, a presença de Jennifer Jason Leigh, em algumas cenas bastante sensuais. Porém, a história inteira não faz muito sentido e a conclusão – apelando para a mitologia rural norte-americana – é bastante idiota.

AVALIAÇÃO: **

SKAMMEN

VERGONHA

DIRETOR: Ingmar Bergman

PAÍS: Suécia

COMPANHIA PRODUTORA: Svensk Filmindustri / Cinematograph

ANO DE PRODUÇÃO: 1968

DURAÇÃO: 103'

IDIOMA ORIGINAL: Sueco

ARGUMENTO: Ingmar Bergman

ROTEIRO: Ingmar Bergman

FOTOGRAFIA: Sven Nykvist [p&b]

MONTAGEM: Ulla Ryghe

ELENCO: Liv Ullmann, Max von Sydow, Sigge Fürst, Gunnar Björnstrand, Birgitta Valberg, Hans Alfredson, Ingvar Kjellson, Frank Sundström, Ulf Johanson, Vilgot Sjöman, Bengt Eklund, Gösta Prüzelius, Willy Peters, Barbro Hiort af Ornäs, Agda Helin, Ellika Mann, Rune Lindström

GÊNERO: Drama

SINOPSE: Ewa e Jan Rosenberg são dois violinistas que tiveram que abandonar suas carreiras para se dedicar à agricultura, já que vivem numa ilha que está se preparando para uma guerra. O casal tenta manter sua vida dentro da normalidade, até o dia em que a situação se torna dramática, com a invasão da ilha por tropas estrangeiras. Ewa e Jan conseguem escapar ao massacre dos seus vizinhos, mas acabam sendo suspeitos de colaborar com o inimigo, sendo detidos e submetidos a um violento interrogatório. Os dois são salvos pela intervenção do capitão Jacobi, velho amigo do casal. Porém, Jacobi – carente e fragilizado pela guerra – passa a proteger obsessivamente os Rosenberg, tornando-se uma presença constante – e incômoda – em sua pequena fazenda.

COMENTÁRIOS: Este estudo sofre o efeito psicológico das situações de guerra sobre o espírito dos homens é uma das obras mais dramáticas de Ingmar Bergman. Usando, como modelo, um casal de artistas, sensíveis e culturalmente sofisticados, Bergman mostra como a presença da guerra – com seu cortejo de horrores e violência – provoca um entorpecimento da sensibilidade, com a degradação dos padrões éticos e o embrutecimento dos sentimentos. Trata-se de um filme que se volta para a análise subjetiva dos indivíduos e, ao mesmo tempo, para uma crítica dos totalitarismos e fanatismos políticos, principais fomentadores das guerras deste mundo.

AVALIAÇÃO: ***

SOMEONE BEHIND THE DOOR

(Cf. Quelqu'un derrière la porte)

STROMBOLI / STROMBOLI, TERRA DI DIO

STROMBOLI

DIRETOR: Roberto Rossellini

PAÍS: Itália

COMPANHIA PRODUTORA: Berit Films

ANO DE PRODUÇÃO: 1949

DURAÇÃO: 107'

IDIOMA ORIGINAL: Inglês (dub)

PRODUÇÃO: Roberto Rossellini

ARGUMENTO: Roberto Rossellini (colaboração: Sergio Amedei, G. P. Callegari, Art Cohn, Renzo Cesana)

ROTEIRO: Roberto Rossellini

FOTOGRAFIA: Otello Martelli [p&b]

MONTAGEM: Yolanda Benvenuti

MÚSICA: Renzo Rossellini

ELENCO: Ingrid Bergman, Mario Vitale, Renzo Cesana, Mario Sponzo, "habitantes de Stromboli"

GÊNERO: Drama

SINOPSE: Após a guerra, um grupo de mulheres de várias nacionalidades fica em um campo de refugiados, aguardando autorização para emigrar ou um marido que as tire do confinamento compulsório. Tendo seu visto para a Argentina recusado, a lituana Karen decide aceitar o pedido de casamento do soldado Antonio, apesar de não sentir grande afeto pelo rapaz. Após o casamento, Antonio leva Karen para a ilha de Stromboli, lar de sua família há várias gerações. Porém, acostumada a uma vida urbana e cosmopolita, Karen logo se desespera com a solidão e a pobreza da pequena ilha, sempre ameaçada por um vulcão ativo. Para satisfazer o desejo da esposa, que sonha em ir morar nos Estados Unidos, Antonio vai trabalhar como pescador, embora ganhe muito pouco – o que só piora a situação doméstica.

COMENTÁRIOS: Este filme assinala a primeira parceria entre Rossellini e Ingrid Bergman. Com uma narrativa bastante simples (dentro da perspectiva estética do neo-realismo), Rossellini aborda um dos muitos dramas do pósguerra: o das mulheres sem teto ou família, dispostas a qualquer sacrifício para se livrarem dos campos de refugiados (na verdade, prisões disfarçadas). Karen, uma mulher de passado condenável, acostumada aos prazeres da vida mundana, submete-se ao casamento para livrar-se do confinamento do campo, sem perceber que pode estar indo para algo ainda pior (a ilhota miserável, de onde todos os indivíduos de valor já partiram há muito tempo).

AVALIAÇÃO: ***

SUNRISE – A song of two humans

AURORA

DIRETOR: F. W. Murnau

PAÍS: Estados Unidos

COMPANHIA PRODUTORA: Fox Film Corporation

ANO DE PRODUÇÃO: 1927

DURAÇÃO: 94'

IDIOMA ORIGINAL: Mudo

PRODUÇÃO: William Fox

ARGUMENTO: Hermann Sudermann

ROTEIRO: Carl Mayer

FOTOGRAFIA: Charles Rosher, Karl Struss [p&b]

MONTAGEM: Harold D. Schuster (?)

ELENCO: George O'Brien, Janet Gaynor, Margaret Livingston, Bodil Rosing, J. Farrell McDonald, Ralph Sipperly, Jane Winton, Arthur Housman, Eddie Boland

GÊNERO: Melodrama

SINOPSE: Jovem fazendeiro se deixa seduzir por uma vamp da cidade grande, que está passando suas férias no campo. Com isso, ele deixa de lado sua esposa, o filhinho e o trabalho, mergulhando numa crise financeira e numa violenta depressão. Insatisfeita com os estragos que causou, a vamp convence o fazendeiro a vender sua propriedade e ir com ela para a cidade. Porém, para isso, é necessário livrar-se da esposa e a mulher sugere que o fazendeiro a mate, afogando-a durante um passeio de barco. Totalmente dominado, o homem aceita e leva a mulher para a viagem macabra.

COMENTÁRIOS: Embora seja considerado um clássico, este filme peca pelo excessivo moralismo de suas concepções e pelos exageros interpretativos. O fundamento do enredo é a conhecida oposição maniqueísta cidade/campo, onde o campo representa o lugar da pureza e da honestidade (espiritual) e a cidade é o lugar da luxúria e da perda dos valores morais (material). Instigado pela sedução urbana (representada pela vamp), um homem abandona tudo o que tem de mais precioso e chega ao ponto de tentar matar sua legítima esposa. Curiosamente, a redescoberta do amor conjugal se dá na própria cidade, mas a igreja é justamente uma ilha de paz no caos circunvizinho. Este moralismo rampeiro demonstra suas fracas premissas ao deslocar a responsabilidade do adultério para a vamp, como se o pobre fazendeiro estivesse "enfeitiçado" ou possuído. Além disso, a interpretação do casal de protagonistas é de um exagero lastimável, especialmente na primeira metade da trama. George O'Brien parece uma mistura de Quasímodo e Frankenstein, enquanto Janet Gaynor interpreta mais uma de suas "moscas mortas". Outra coisa difícil de entender é como o casal consegue pagar tantas diversões na cidade, quando a história explicita sua decadência financeira. Porém, nem tudo fracassa no filme de Murnau, que utiliza belíssimas trucagens e alguns efeitos impressionantes. Além disso, algumas sequências (como a do estúdio fotográfico e a da perseguição ao leitão) conseguem um notável resultado cômico, redimindo o filme, sem, contudo, justificar sua fama.

AVALIAÇÃO: ***

TABLEAU FERRAILLE

DIRETOR: Moussa Sene Absa

PAÍS: Senegal / França

COMPANHIA PRODUTORA: ADR Productions / La Sept Cinéma / MSA Productions / Kus Productions / Canal Horizons

ANO DE PRODUÇÃO: 1996

DURAÇÃO: 92'

IDIOMA ORIGINAL: Wolof & Francês

PRODUÇÃO: Alain Rozanes, Pascal Verroust, Jacques Debs

ARGUMENTO: Moussa Sene Absa

ROTEIRO: Moussa Sene Absa

FOTOGRAFIA: Bertrand Chatry, Makhète Diallo, Jean Diouf, Murielle Coulin [cor]

MONTAGEM: Pascale Chavance, Caroline Coudin, Virginie Descure

MÚSICA: Madu Diabate (letras: Moussa Sene Absa)

ELENCO: Ismaël Lô, Ndèye Fatou Ndaw, Thierno Ndiaye, Ndèye Bineta Diop, Amadou Diop, Akéla Sagna, Seynabou Céline Sarr, Daniel Ripert, Dieynaba Niang, Cheikh Tidiane Ndiaye, Habib Diop, Laye Soumare, Baye Cheikh Sene, Isseu Niang, Ngala Samb, Lamine Ndiaye, El Hadj Dieng, Maïmouna Fall, Mbayang Gueye, Tété Ndour, Djibril Diallo [...] Bilale Kebe, Bouba Ndaw, Abdoulaye Gueye, Fatou Sakho Ndiaye, Zulu Mbaye, Marième Digne, Fatou Gningue, Nabou Gueye, Ndèye Marème Diop, Rokhaya Ndong, Karine Niane

GÊNERO: Drama

SINOPSE: Daam é um jovem político senegalês cheio de idealismo, que consegue eleger-se deputado e implanta uma fábrica de conservas em sua terra natal, a pequena aldeia de Tableau Ferraille. Ele casa-se com a bela Gagnesiri e vive feliz, mas a falta de filhos o leva a tomar uma segunda esposa, Kiné. Educada pelos padrões europeus, Kiné não suporta o papel de segunda esposa e mãe, mas satisfaz-se quando Daam é escolhido para ser ministro. A família vai, então, viver na capital, mas Daam não consegue livrar-se da presença de Président, o corrupto administrador da fábrica de conservas.

COMENTÁRIOS: Interessante retrato da cultura do Senegal, abordando o choque entre as velhas tradições tribais e a influência dos costumes coloniais europeus. Apesar de amar sua esposa, Daam não resiste às pressões da comunidade, que exige que ele tenha filhos. Porém, sua nova esposa é uma mulher cosmopolita, que anseia pela liberdade das mulheres europeias e fará de tudo para satisfazer os seus sonhos.

AVALIAÇÃO: ***

TALES OF MANHATTAN

Seis destinos

DIRETOR: Julien Duvivier

PAÍS: Estados Unidos

COMPANHIA PRODUTORA: Twentieth Century-Fox

ANO DE PRODUÇÃO: 1942

DURAÇÃO: 118'

IDIOMA ORIGINAL: Inglês

PRODUÇÃO: Boris Morros, S. P. Eagle [Sam Spiegel]

ARGUMENTO: Ben Hecht, Ferenc Molnar, Donald Ogden Stewart, Samuel Hoffenstein, Alan Campbell, Ladislas Fodor, L. Vadnai [Laszlo Vadnai], L. Gorog [Laszlo Gorog], Lamar Trotti, Henry Blankfort

ROTEIRO: Ben Hecht, Ferenc Molnar, Donald Ogden Stewart, Samuel Hoffenstein, Alan Campbell, Ladislas Fodor, L. Vadnai [Laszlo Vadnai], L. Gorog [Laszlo Gorog], Lamar Trotti, Henry Blankfort

FOTOGRAFIA: Joseph Walker [p&b]

MONTAGEM: Robert Bischoff

MÚSICA: Sol Kaplan (direção: Edward Paul)

ELENCO: Charles Boyer, Rita Hayworth, Ginger Rogers, Henry Fonda, Charles Laughton, Edward G. Robinson, Paul Robeson, Ethel Waters, Rochester [Eddie Anderson], Thomas Mitchell, Cesar Romero, Roland Young, Gail Patrick, Eugene Pallette, Victor Francen, George Sanders, James Gleason, Marion Martin, Elsa Lanchester, Harry Davenport, James Rennie, J. Carrol Naish, "The Hall Johnson Choir", Frank Orth, Christian Rub, Sig Arno, Harry Hayden, Morris Ankrum, Don Douglas, Mae Marsh, Clarence Muse, George Reed, Cordell Hickman, Paul Renay, Barbara Lynn, Adeline DeWalt Reynolds, Helene Reynolds

GÊNERO: Drama

SINOPSE: Seis histórias em torno de uma casaca que — tendo sido amaldiçoada por seu alfaiate — muda a vida de todos aqueles que a usam. 1) Após a bem-sucedida estréia de sua mais nova peça, o astro teatral Paul Orman resolve acertar as contas com o passado, indo procurar sua amada Ethel, de quem se separara há longo tempo. Mas Ethel, que trabalhara no teatro com Paul, agora é casada com um milionário ciumento, que está dando uma festa em sua mansão. Paul propõe que os dois fujam para o Brasil, aproveitando um safari do marido (aficcionado por armas e caçadas). 2) Enquanto seu patrão está no hospital, o criado de Orman busca resolver seus problemas financeiros, alugando a casaca furada a bala para um colega — cujo patrão vai se casar naquele mesmo dia. Harry, o noivo, é um tremendo casanova, que vai unir-se à bela Diane. Porém, Diane vai visitar o noivo e, revistando sua casaca, descobre uma ardente carta de amor. Ela fica furiosa e Harry — escondido — percebe o que está ocorrendo e se desespera, convocando para ajudá-lo seu melhor amigo, George, que será o padrinho do casamento. Aproveitando a casaca de Orman, Harry pede a George que simule uma troca de roupas e que se assuma como destinatário da carta. 3) Charles Smith é um pobre pianista de boteco, apesar de ser um músico virtuose e um compositor de raro talento. Um dia, ele consegue a chance de mostrar seu trabalho para um famoso maestro e é reconhecido, sendo convocado para reger pessoalmente sua obra, num pomposo concerto. Porém, na hora de ir para o teatro, Charles lembra de que não tem casaca e sua esposa corre para um brechó, onde compra nossa velha conhecida. Mas, apesar da pobreza, Charles está um pouco acima do peso e sobe ao palco mais apertado do que orçamento de filme nacional. Logo, na empolgação da música, sua casaca começa a descosturar, provocando uma crise de risos em todo o público. 4) Avery Browne é um dos muitos sem-teto das ruas de Chicago, vivendo de birita e da caridade de um pastor. Porém, antes de cair na sarjeta, Avery fora um próspero advogado, que caíra em desgraça por trabalhar para gângsteres. Um dia, através do pastor, Avery recebe uma carta de seus velhos amigos de universidade, convidando-o para um jantar de confraternização. Achando que é uma oportunidade para recomeçar a vida, o pastor o anima a comparecer à festa, aproveitando a casaca que Charles lhe doara. Avery chega para jantar num hotel de luxo e reencontra os velhos colegas, todos homens ricos e bem-sucedidos. A festa vai correndo bem, até que um dos convidados perde a carteira e, por brincadeira, todos começam a ser revistados. Vestindo seus trapos por debaixo da casaca, Avery se recusa a despí-la e torna-se logo alvo das brincadeiras do único colega que conhece sua verdadeira situação. 5) O professor Potholsphizel é um simpático picareta, que arranca dinheiro das senhoras moralistas com sua cruzada anti-alcoólica. Convidado a fazer uma palestra na mansão de uma socialite, Potholsphizel compra a casaca num belchior e vai apresentar a bebida que — segundo ele — deve substituir o álcool: o leite de côco. Porém, o marido da socialite é um tremendo pau-dágua e, para se vingar dos abstêmios, batiza o leite de coco com muita birita. 6) De volta ao belchior, a casaca é roubada por um malandro, que deseja usá-la para entrar num cassino de granfinos. Ele consegue seu intento e rouba o cassino, fugindo com 50 mil dólares e embarcando num pequeno avião, com destino ao México. Porém, o avião entra em pane e, atingido pelo fogo, o malandro arranca a casaca com o dinheiro e a atira pela janela. A casaca cái perto de um casal de negros miseráveis, que luta para viver da agricultura em uma terra árida e tão pobre quanto eles.

COMENTÁRIOS: Comédia e drama se misturam nos seis episódios deste filme, dirigido pelo cineasta francês Julien Duvivier durante seu exílio hollywoodiano, nos tempos da 2ª Guerra. Com um elenco soberbo, Duvivier realiza um filme bastante simpático, apesar dos evidentes exageros. Como inevitável consequência da propaganda dos tempos de guerra, prevalece sempre a perspectiva otimista (até mesmo para o primeiro episódio, cuja dramaticidade se dilui logo pela menção à sobrevivência de Orman) e necessariamente ingênua.

AVALIAÇÃO: ***

TA'M E GUILASS

GOSTO DE CEREJA

DIRETOR: Abbas Kiarostami

PAÍS: Irã / França

COMPANHIA PRODUTORA: Abbas Kiarostami Productions / Ciby 2000 / Kanoon

ANO DE PRODUÇÃO: 1997

DURAÇÃO: 95'

IDIOMA ORIGINAL: Persa

PRODUÇÃO: Abbas Kiarostami, Alain Depardieu

ARGUMENTO: Abbas Kiarostami

ROTEIRO: Abbas Kiarostami

FOTOGRAFIA: Homayun Payvar [cor]

MONTAGEM: Abbas Kiarostami

ELENCO: Homayon Ershadi, Abdolrahman Bagheri, Afshin Khorshid Bakhtiari, Safar Ali Moradi, Mir Hossein Noori, Ahmad Ansari

GÊNERO: Drama existencialista

SINOPSE: Desgostoso com a vida e cheio de atrapalhar os outros, Badii resolve se suicidar. Porém, como nem a perspectiva da morte próxima o tornou menos pela-saco, o método escolhido por ele (tomar soníferos e deitar-se num buraco, em pleno deserto) coloca-o diante de um sério problema, já que o potencial suicida não se conforma com a hipótese de ser comido pela bicharada selvagem. Assim, Badii procura desesperadamente por alguém que possa visitar sua cova, após seu suicídio, a fim de enterrá-lo ou resgatá-lo (caso ele desista do projeto). Após tentar convencer diversos indivíduos, que o tomam por louco ou não apoiam o suicídio, Badii encontra o velho Bagheri, funcionário de um museu, que aceita fazer o serviço para ganhar dinheiro suficiente para pagar o tratamento da sua filha doente.

COMENTÁRIOS: Típica produção do moderno cinema iraniano, este filme se caracteriza por uma espantosa economia de recursos, em todos os pontos da produção. A palavra de ordem é simplicidade, levada ao extremo. Uma história básica, sem subtramas; elenco restrito ao mínimo e até mesmo a dispensa de uma conclusão (ao final, a narrativa é cortada por cenas da própria filmagem, que encerram o filme). Curiosamente – e aí repousa a magia do cinema iraniano (e oriental, por extensão) – esta aparente pobreza cativa o espectador mais sensível, que se sente como mais um participante da história. Trata-se de um cinema que, de tão cinema, deixa de ser cinema e confunde-se com a realidade (embora não oculte o seu caráter ficcional).

AVALIAÇÃO: ****

BRUCE LEE, O DRAGÃO CHINÊS

DIRETOR: Lo Wei

PAÍS: Hong Kong (China)

COMPANHIA PRODUTORA: Golden Harvest Chinese Film Company

ANO DE PRODUÇÃO: 1971

DURAÇÃO: 100'

IDIOMA ORIGINAL: Mandarim / Inglês (dub)

PRODUÇÃO: Raymond Chow

ARGUMENTO: Lo Wei

ROTEIRO: Lo Wei

FOTOGRAFIA: Chen Ching Cheh [cor]

MONTAGEM: Fan Chua Kun

MÚSICA: Wang Fu Ling

ELENCO: Bruce Lee, Maria Yi, James Tien, Han Ying-Chieh, Miss Malarin, Li Kun, Tony Liu, Chin Shan, Chen Tso, Chen Hui yi, Tu Cheng Ying, Tu Chia Cheng, Cheh Yao Chang, Nora Miao

GÊNERO: Ação e artes marciais

SINOPSE: Cheng é um jovem lutador de kung fu que vai trabalhar com seus primos em uma fábrica de gelo, que na verdade é fachada para uma quadrilha de traficantes de drogas. Tendo prometido à sua falecida mãe não cometer mais nenhuma violência, o rapaz vai suportando alguns abusos, até que seus primos começam a desaparecer misteriosamente. Ao descobrir que se trata de uma obra do chefão da quadrilha, já que um de seus parentes descobriu a trama, Cheng parte para a vingança.

COMENTÁRIOS: Um dos piores filmes de Bruce, que interpreta um completo idiota.

AVALIAÇÃO: **

TENI ZABYTYKH PREDKOV

(Cf. Tini zabutykh predkiv)

TERRITORIO COMANCHE

TERRITÓRIO COMANCHE

DIRETOR: Gerardo Herrero

PAÍS: Espanha / Alemanha / França / Argentina

COMPANHIA PRODUTORA: Tornasol Films / B. M. G.

Entertainment / Road Movies Dritte Produktionen / Blue Dahlia Production / Kompel Producciones

ANO DE PRODUÇÃO: 1997

DURAÇÃO: 90'

IDIOMA ORIGINAL: Espanhol

PRODUÇÃO: Javier López Blanco, Gerardo Herrero (co-produtores: J. R. Ganchegui, A. Nava [Antonia Nava], Ulrich Felsberg, C. Pustelnik [Claudio Pustelnik], P. Kompel [Pablo Kompel], Gerard Jourd'Hui, Christophe Jounent)

ARGUMENTO: Arturo Pérez-Reverte, Gerardo Herrero (or: Arturo Pérez-Reverte)

ROTEIRO: Salvador Garcia, Arturo Pérez-Reverte

FOTOGRAFIA: Alfredo Mayo [cor]

MONTAGEM: Carmen Frias

MÚSICA: Ivan Wyszogrod

ELENCO: Imanol Arias, Carmelo Gómez, Cecilia Dopazo, Gastón Pauls, Bruno Todeschini, Mirta Zecevic, Natasa Lusetic, Ecija Ojdanic, Javier Dotú, Iñaki Guevara, Ivan Brkic, Vedrana Bozinovic, Anne Deluz, Pero Jurcic, Miljenka Androic, Senad Basic, Drajan Marinkovic, Samir Mehic, Emil Matesic, Slodovan Dimitrijevic, Igor Mesin, Goran Navojec, Koldo Vallés, Jaime Botella, Damir Saban, Jelena Miholjevic, Biserka Fatur

GÊNERO: Drama

SINOPSE: Em busca de maior respeitabilidade profissional, a jornalista Laura resolve abandonar seu posto de âncora na TV espanhola e seguir para Sarajevo, a fim de juntar-se aos correspondentes de guerra de sua emissora. A moça vai passar 12 dias no centro do conflito da Bósnia, transmitindo reportagens de impacto. Logo ao chegar, Laura enfrenta a antipatia de seus colegas Mikel e José, dois veteranos correspondentes que a vêem como uma simples turista. Laura sofre muito com a adaptação, mas logo conquista a simpatia (e até mais) de seus colegas, que passam a trabalhar com ela. Sempre em busca de novas visões do conflito, o trio se arrisca por boas matérias, escapando de diversos perigos. Na véspera da volta de Laura para a Espanha, eles decidem realizar sua maior reportagem.

COMENTÁRIOS: Drama (com locações na Bósnia e na Croácia) que aborda as trágicas consequências internas do conflito na ex-Iugoslávia sob a ótica de um grupo de correspondentes de guerra. Um dos maiores problemas desse filme é que este mesmo conflito já havia sido transformado em filmes bem mais crus e pungentes (como *Bosna!* ou *Before the rain*). A versão espanhola parece mais preocupada em explorar os horrores da guerra e valorizar o papel de seus jornalistas, apesar de alguma discussão em torno da ética profissional.

AVALIAÇÃO: ***

TERROR BY NIGHT

NOITE TENEBROSA

DIRETOR: Roy William Neill

PAÍS: Estados Unidos

COMPANHIA PRODUTORA: Universal Pictures

ANO DE PRODUÇÃO: 1946

DURAÇÃO: 60'

IDIOMA ORIGINAL: Inglês

PRODUÇÃO: Roy William Neill

ARGUMENTO: Arthur Conan Doyle

ROTEIRO: Frank Gruber

FOTOGRAFIA: Maury Gertsman [p&b]

MONTAGEM: Saul A. Goodking

MÚSICA: Milton Rosen

ELENCO: Basil Rathbone, Nigel Bruce, Alan Mowbray, Dennis Hoey, Renee Godfrey, Frederick Worlock, Mary Forbes, Skelton Knaggs, Billy Bevan, Geoffrey Steele

GÊNERO: Drama de suspense

SINOPSE: Sherlock Holmes é encarregado de proteger um enorme diamante que está sendo levado por uma aristocrata, numa viagem de trem entre Londres e Edimburgo. Porém, durante a viagem, o filho da aristocrata é assassinado e o diamante é roubado, restando a Holmes esclarecer o caso antes que o trem pare na Escócia e sua reputação se perca pelo caminho.

COMENTÁRIOS: Exemplar da série *Sherlock Holmes*.

AVALIAÇÃO: ***

TERROR ON THE 40TH FLOOR

TERROR NA TORRE

DIRETOR: Jerry Jameson

PAÍS: Estados Unidos

COMPANHIA PRODUTORA: Metromedia Producers Corporation / Montagne Productions

ANO DE PRODUÇÃO: 1974

DURAÇÃO: 100'

IDIOMA ORIGINAL: Inglês

PRODUÇÃO: Edward J. Montagne

ARGUMENTO: Edward J. Montagne, Jack Turley

ROTEIRO: Jack Turley

FOTOGRAFIA: Matthew F. Leonetti [cor]

MONTAGEM: Art Seid

MÚSICA: Vic Mizzy

ELENCO: John Forsythe, Joseph Campanella, Lynn Carlin, Anjanette Comer, Laurie Heineman, Don Meredith, Kelly Jean Peters, Pippa Scott, Louis Guss, Hank Brandt, John Finnegan, Danny Goldman, Mark Tapscott, Bob Hastings, Tracie Savage, Kevin Nudis, Dean Santoro, Tracy Brooks Swope, Tim Herbert, Art Lewis, Norman Alden

GÊNERO: Filme-catástrofe

SINOPSE: Na véspera do Natal, um grupo de funcionários de uma grande empresa reúne-se na sede da firma para uma festa de confraternização, no 40º andar de um grande prédio. A festa acaba e todos vão embora, menos alguns executivos e secretárias, que vão fazer uma comemoração à parte no escritório do chefe. O prédio é fechado para as festas, mas um técnico, encarregado da manutenção, provoca um acidente seguido de um incêndio que logo foge do controle. Os bombeiros são chamados e, informados de que o prédio está vazio, cortam a luz e as comunicações. Enquanto os bombeiros combatem e fogo, o chefe e seus funcionários se vêem em situação desesperadora, lutando para manter o fogo distante e para avisarem sobre a sua presença no local.

COMENTÁRIOS: Trata-se de uma espécie de versão televisiva do filme-catástrofe "Inferno na torre", dirigido por John Guillermin nesse mesmo ano. Uma produção pobríssima, com efeitos parcos e uma história ainda mais medíocre que a do seu modelo.

AVALIAÇÃO: ***

LA TÊTE D'UN HOMME

A CABEÇA DE UM HOMEM

DIRETOR: Julien Duvivier

PAÍS: França

COMPANHIA PRODUTORA: Les Films Marcel Vandal et Charles Delac

ANO DE PRODUÇÃO: 1933

DURAÇÃO: 90'

IDIOMA ORIGINAL: Francês

PRODUÇÃO: Marcel Vandal, Charles Delac

ARGUMENTO: Georges Simenon

ROTEIRO: Louis Delaprée, Pierre Calmann, Julien Duvivier

FOTOGRAFIA: Amand Thirard, Émile Pierre [p&b]

MONTAGEM: Marthe Bassi [Marthe Poncin]

MÚSICA: Jacques Dallin

ELENCO: Harry Baur, Inkijinoff [Valéry Inkijinoff], Gina Manès, Alexandre Rignault, Gaston Jacquet, Louis Gauthier, Échourin [Henri Échourin], Marcel Bourdel, Munié [Frédéric Munié], Numès [Armand Numès], Camus [Charles Camus], Alexandre [René Alexandre], Missia, Oléo, Line Noro, Damia

GÊNERO: Drama criminal

SINOPSE: Willy Ferrière está passando por graves dificuldades financeiras, especialmente por ter que sustentar sua ambiciosa amante Edna. Sua única esperança é uma tia americana, a Sra. Henderson, uma velha ricaça da qual ele é o único herdeiro. Subitamente, Willy recebe uma oferta anônima de alguém que se oferece para matar sua tia, em troca de uma recompensa de 100 mil francos. Willy aceita e o crime é cometido. A culpa recái sobre Joseph Heurtin, funcionário de uma floricultura, que logo é preso. Porém, o inspetor Maigret, encarregado das investigações, não acredita na culpa de Heurtin, achando que ele é apenas um bode expiatório. Uma das primeiras aparições cinematográficas do personagem de Georges Simenon. Para provar sua tese, Maigret deixa que Heurtin escape, achando que ele procurará seu comparsa, o provável criminoso. O plano faz com que Maigret chegue a um certo Stefan Radek, estudante tcheco, que está com seus dias contados por causa de uma tuberculose.

COMENTÁRIOS: Uma das primeiras versões cinematográficas da obra de Georges Simenon, este filme apresenta – sob muitos aspectos – interessantes recursos de linguagem (especialmente uma fantástica sequência em *back-projection*, onde – sem mudar de posição – um policial "interroga" três pessoas). Do ponto de vista narrativo, trata-se de uma obra desigual. Os primeiros dois terços são bastante atraentes, com uma trama muito bem elaborada. Porém, a parte final deixa a desejar. Boa amostra do trabalho artesanal de Duvivier e do talento de Baur, perfeito na pele de Maigret.

AVALIAÇÃO: ***

TEXAS TERROR

TERROR NO TEXAS

DIRETOR: R. N. Bradbury [Robert North Bradbury]

PAÍS: Estados Unidos

COMPANHIA PRODUTORA: Lone Star Productions

ANO DE PRODUÇÃO: 1934

DURAÇÃO: 51'

IDIOMA ORIGINAL: Inglês

PRODUÇÃO: Paul Malvern

ROTEIRO: R. N. Bradbury [Robert North Bradbury]

FOTOGRAFIA: William Hyer [p&b]

MONTAGEM: Carl Pierson

ELENCO: John Wayne, Lucille Browne, Leroy Mason, Fern Emmett, George Hayes, Buffalo Bill Jr., John Ince, Henry Roguemore, Jack Duffy

GÊNERO: Faroeste

SINOPSE: Em uma pequena cidade do Texas, o fazendeiro Dan Mathews vai retirar todo o seu dinheiro do banco local, a fim de reformar sua propriedade, justamente no momento em que o estabelecimento está sendo assaltado. Na confusão, os bandidos matam Dan e ainda tentam culpá-lo pelo roubo, colocando parte do dinheiro em seus bolsos. Porém, os malfeitores terão que se defrontar com o xerife John Higgins, inimigo mortal de todos os foras-da-lei e filho de criação de Dan.

COMENTÁRIOS: Mais um dos filmes da série de faroestes de média-metragem protagonizados por John Wayne antes do seu estrelato. Como sempre, situações simplórias e muitos clichês.

AVALIAÇÃO: **

THEY MUST BE TOLD!

(Cf. Sex madness)

THREE CASES OF MURDER

TRÊS CASOS DE ASSASSINATO

DIRETOR: Wendy Toye [1], David Eady [2], George More O'Ferrall [3]

PAÍS: Inglaterra

COMPANHIA PRODUTORA: Wessex

ANO DE PRODUÇÃO: 1953

DURAÇÃO: 100'

IDIOMA ORIGINAL: Inglês

PRODUÇÃO: Ian Dalrymple, Hugh Perceval

ARGUMENTO: W. Somerset Maugham [3], Brett Halliday [2], Roderick Wilkinson [1]

ROTEIRO: Ian Dalrymple, Donald Wilson, Sidney Carroll

FOTOGRAFIA: Georges Perinal [p&b]

MONTAGEM: G. Turney-Smith

MÚSICA: Doreen Carwithen (direção: Muir Mathieson)

ELENCO: Eamonn Andrews, Orson Welles, John Gregson, Elizabeth Sellars, Emrys Jones, Alan Badel, Andre Morell, Hugh Pryse, Leueen MacGrath, Eddie Byrne, Helen Cherry

GÊNERO: Drama criminal em três episódios

SINOPSE: [1] IN THE PICTURE – Curador de um museu é subitamente levado para dentro de um misterioso quadro de um pintor anônimo. Ele descobre, então, que foi o próprio pintor quem o levou para lá e que as almas penadas são condenadas a morar dentro das pinturas. Porém, o que ele ignora é que o seu raptor tem propósitos bastante bizarros, já que é realmente um artista muito perfectionista. [2] YOU KILLED ELIZABETH – Dois rapazes, que são amigos inseparáveis desde a infância, formam-se na mesma universidade e resolvem montar um negócio em sociedade. Um deles – o mais tímido e introvertido – apaixona-se por uma jovem, Elizabeth. Ao descobrir que foi trocado pelo amigo – um inveterado conquistador – ele fica furioso e resolve utilizar os lapsos do sócio – que perde a memória quando se embriaga – para assassinar sua pretensa traidora e colocar a culpa nele. O plano dá certo, até que o amigo percebe que não é culpado e que foi enganado. [3] LORD MOUNTDRAGO – Um ministro bastante ambicioso e esnobe humilha publicamente um de seus adversários – um rapaz idealista de origem plebeia. Para se vingar, o rapaz passa a frequentar os sonhos do ministro, nos quais faz com que ele passe por diversas situações ridículas que passam a abalar sua vida real.

COMENTÁRIOS: Três histórias de crime e sobrenatural baseadas em contos de conhecidos escritores britânicos. Apesar desta origem literária, os episódios são bastante fracos (especialmente o segundo, que se apoia na estúpida ideia de que um sujeito rico pode ter "lapsos" e passar horas vagando a esmo pelas ruas, sem nunca ter passado por nenhum incidente grave e sem ter ido consultar um médico sobre o seu problema).

AVALIAÇÃO: ***

THUNDERBALL

OO7 CONTRA A CHANTAGEM ATÔMICA

DIRETOR: Terence Young

PAÍS: Inglaterra

COMPANHIA PRODUTORA: Eon / Danjaq

ANO DE PRODUÇÃO: 1965

DURAÇÃO: 129'

IDIOMA ORIGINAL: Inglês

PRODUÇÃO: Harry Saltzman, Albert R. Broccoli, Kevin

McClory

ARGUMENTO: Kevin McClory, Jack Whittingham, Ian Fleming

ROTEIRO: Richard Maibaum, John Hopkins (or: Jack Whittingham)

FOTOGRAFIA: Ted Moore [cor]

MONTAGEM: Ernest Hosler (supervisão: Peter Hunt)

MÚSICA: John Barry

ELENCO: Sean Connery, Claudine Auger, Adolfo Celi, Luciana Paluzzi, Rik van Nutter, Bernard Lee, Martine Beswick, Guy Doleman, Molly Peters, Desmond Llewelyn, Lois Maxwell, Roland Culver, Earl Cameron, Paul Stassino, Rose Alba, Philip Locke, George Pravda, Michael Brennan, Leonard Sachs, Edward Underdown, Reginald Beckwith, Harold Sanderson

GÊNERO: Ação e aventura

SINOPSE: O agente 007 investiga o roubo de algumas ogivas atômicas e chega até o milionário Largo, que na verdade é um dos mais importantes agentes da Spectre. Atraído por Domino, a amante de Largo, James Bond logo se torna odiado pelo vilão, que tenta eliminá-lo. Domino se mostra grata pela proteção de Largo, até descobrir que ele mandou assassinar seu irmão (o piloto do avião que levava as ogivas roubadas). Seguindo o seu plano malévolo, Largo chantageia os principais governos, ameaçando detonar as ogivas se não receber uma enorme fortuna.

COMENTÁRIOS: Quarto filme do agente secreto James Bond, novamente envolvido com a poderosa Spectre. Trata-se de um dos mais fracos exemplares da primeira fase da série. Locações em Paris e nas Bahamas.

AVALIAÇÃO: ***

DER TIGER VON ESCHNAPUR

O TIGRE DE BENGALA

DIRETOR: Fritz Lang

PAÍS: Alemanha / Itália / França

COMPANHIA PRODUTORA: CCC Film / Rizzoli Film / Regina / Criterion Film

ANO DE PRODUÇÃO: 1958

DURAÇÃO: 101'

IDIOMA ORIGINAL: Alemão

PRODUÇÃO: Artur Brauner

ARGUMENTO: Thea Von Harbou (or: Richard Eichberg)

ROTEIRO: Werner Jörg Lüddecke

FOTOGRAFIA: Richard Angst [cor]

MONTAGEM: Walter Wischniewsky

MÚSICA: Michel Michelet

ELENCO: Debra Paget, Paul Hubschmid, Claus Holm, Walther Reyer, Sabine Bethmann, Luciana Paluzzi, René Deltgen, Inkijinoff [Valery Inkijinoff], Jochen Brockmann, Richard Lauffen, Jochen Blume, Helmut Hildebrand

GÊNERO: Romance e aventura

SINOPSE: Índia, fim do século 19: Chandra, marajá de Eschnapur, é um homem que mistura sofisticados hábitos adquiridos na Europa com a tradição despótica de seus antepassados. Querendo trazer o progresso para sua região, ele contrata o arquiteto alemão Berger, a fim de que este construa escolas e hospitais, além de reformar seu palácio. Na caravana que conduz Berger também está a dançarina Seetha, por quem Chandra está perdidamente apaixonado (pensando em torná-la sua nova maharani). Na viagem até Eschnapur, a caravana é atacada por um tigre assassino e Berger salva a vida de Seetha, que se apaixona por seu herói, sem conhecer os planos de Chandra. Ao saber do projeto do marajá, seu irmão Ramigani vê sua grande chance de assumir o trono, sabendo que o casamento com uma simples dançarina abalará o prestígio de Chandra. Obtendo o apoio do príncipe Padhu, ex-cunhado de Chandra, Ramigani faz de tudo para apressar o casamento, mesmo sabendo da paixão de Seetha por Berger.

COMENTÁRIOS: Primeira parte (a segunda é *Das Indis-che Grabmal*) de uma superprodução realizada por Fritz Lang, em seu retorno ao cinema alemão. A mesma história já havia sido filmada no cinema mudo e no final dos anos 30.

AVALIAÇÃO: ***

TINI ZABUTYKH PREDKIV / TENI ZABYTYKH PREDKOV

CAVALOS DE FOGO

DIRETOR: Sergei Paradjanov

PAÍS: União Soviética (Ucrânia)

COMPANHIA PRODUTORA: Dovzhenko Film Studios

ANO DE PRODUÇÃO: 1964

DURAÇÃO: 97'

IDIOMA ORIGINAL: Ucraniano

ARGUMENTO: Mikhaylo Kotsyubinsky

ROTEIRO: Sergei Paradjanov, Ivan Chendej

FOTOGRAFIA: Yuri Ilyenko [cor]

MONTAGEM: M. Ponomarenko

MÚSICA: Miroslav Skorik

ELENCO: I. Mykolaichuk [Ivan Mykolaichuk], L. Kadochnikova [Larisa Kadochnikova], T. Bestayeva [Tatyana Bestayeva], S. Bagashvili [Spartak Bagashvili], M. Grinko, L. Yengibarov [Leonid Yengibarov], N. Alisova [Nina Alisova], O. Gaj, N. Gnepovskaya [Neonila Gnepovskaya], O. Raydanov, I. Dzyura, V. Glyanko

GÊNERO: Drama romântico folclórico

SINOPSE: Numa pequena aldeia – perdida nos confins dos Balcãs ucranianos – o jovem Ivanko namora desde criança a bela Maritschka, com quem sonha em se casar. Porém, os dois apaixonados enfrentam um sério obstáculo aos seus projetos matrimoniais, já que pertencem a famílias rivais, que se odeiam há gerações. Disposto a ganhar dinheiro para casar, Ivanko vai trabalhar numa fazenda da região, mas Maritschka sofre um acidente e morre afogada num rio. Inconsolável, Ivanko mergulha na mais profunda melancolia, abandonando todos os seus bens e passando a vagar a esmo pelos bosques, como um mendigo.

COMENTÁRIOS: Drama romântico no melhor estilo "Romeu e Julieta", através do qual o diretor Paradjanov aproveita para mostrar o folclore e as tradições culturais dos cafundós ucranianos. É esta, aliás, a maior justificativa para o filme, já que a história não apresenta grandes novidades e o elenco amador deixa bastante a desejar.

AVALIAÇÃO: ***

TITANIC

NÁUFRAGOS DO TITANIC

DIRETOR: Jean Negulesco

PAÍS: Estados Unidos

COMPANHIA PRODUTORA: Twentieth Century-Fox

ANO DE PRODUÇÃO: 1953

DURAÇÃO: 98'

IDIOMA ORIGINAL: Inglês

PRODUÇÃO: Charles Brackett

ARGUMENTO: "história real"

ROTEIRO: Charles Brackett, Walter Reisch, Richard Breen

FOTOGRAFIA: Joe MacDonald [p&b]

MONTAGEM: Louis Loeffler

MÚSICA: Sol Kaplan (direção: Lionel Newman)

ELENCO: Clifton Webb, Barbara Stanwyck, Robert Wagner, Audrey Dalton, Thelma Ritter, Brian Aherne, Richard Basehart, Allyn Joslyn, James Todd, Frances Bergen, William Johnstone

GÊNERO: Drama baseado em fatos reais

SINOPSE: 1912: Milhares de passageiros se acomodam no ultra-moderno transatlântico Titanic, que está realizando a sua primeira (e única) viagem entre a Inglaterra e os Estados Unidos. Enquanto se desenvolvem pequenas tramas paralelas, envolvendo alguns grupos de passageiros, o navio é atingido por um iceberg e começa a afundar. Tem início, então, a luta para salvar os passageiros e a tripulação. É providenciado o embarque das mulheres e crianças nos botes salva-vidas, mas algumas centenas de homens não têm lugar neles, tendo que aguardar o naufrágio com bastante *savoir vivre*.

COMENTÁRIOS: Muito antes das centenas de milhões de dólares consumidos com o mega-sucesso de James Cameron, o cinema já realizara esta versão bem mais modesta de um dos mais famosos desastres do século 20. De fato, estamos diante de um legítimo precursor dos filmes-catástrofe, onde várias pequenas tramas são bruscamente interrompidas pela tragédia coletiva. Tal como os filmes-catástrofe, as histórias são um mero pretexto para contextualizar os personagens, tentando criar alguma empatia no espectador. O público atual certamente abominará os efeitos especiais, que são de uma época em que essas coisas não eram nada fundamentais para o cinema.

AVALIAÇÃO: ***

(Cf. Lara Croft: Tomb Raider)

TOMORROW IS FOREVER

O amanhã é eterno

DIRETOR: Irving Pichel

PAÍS: Estados Unidos

COMPANHIA PRODUTORA: International Pictures

ANO DE PRODUÇÃO: 1945

DURAÇÃO: 105'

IDIOMA ORIGINAL: Inglês

PRODUÇÃO: David Lewis

ARGUMENTO: Gwen Bristow

ROTEIRO: Lenore Coffee

FOTOGRAFIA: Joe Valentine [p&b]

MONTAGEM: Ernest Nims

MÚSICA: Max Steiner

ELENCO: Claudette Colbert, Orson Welles, George Brent,

Lucille Watson, Richard Long, Natalie Wood, John Wen-
graf, Sonny Howe, Ian Wolfe, Joyce MacKenzie

GÊNERO: Drama de relacionamento

SINOPSE: John MacDonald é um americano decidido e
idealista que resolve se alistar e lutar na 1ª Guerra mundial,
a fim de salvar o mundo e defender a liberdade de expressão
(ainda que seja de expressão bélica). Porém, John ignora que
sua esposa Elizabeth – com quem se casara há poucos meses
– está grávida. Como ela também não fala nada, pois é uma
mulher que não gosta de tratar das suas intimidades nem
com o próprio marido – ele parte para a guerra e, pouco
tempo depois, Elizabeth recebe a notícia de seu desaparecimento em combate. A mulher cai em profunda depressão e
pessa a ser cuidada pelo filho de seu patrão, Larry Hamilton.
Nasce o filho de John e, convencida da morte dele, Elizabeth
casa-se com Larry. Porém, John não morreu, tendo ficado
seriamente ferido na Alemanha. Apesar de ser submetido a
diversas cirurgias, John ficara bastante deformado e resol-
vera poupar sua esposa do dissabor de se ver casada com
uma ruína humana. Porém, 20 anos depois, disfarçado como
um químico alemão, ele volta para sua terra e vai trabalhar
na indústria de Larry, buscando reaproximar-se da esposa
sem revelar sua verdadeira identidade.

COMENTÁRIOS: Sólido exemplar do mais puro estilo da
Hollywood dos anos 40. Apesar da história pouco crível, a

narrativa é tratada com muito refinamento, valorizando as nuances psicológicas. Além disso, contamos com uma boa participação de Orson Welles como ator – ele que foi dos melhores – e com a pequena Natalie Wood. Bom exemplo de um cinema sério, sem descambar para o dramalhão ou para a propaganda política.

AVALIAÇÃO: ***

TONI

TONI

DIRETOR: Jean Renoir

PAÍS: França

COMPANHIA PRODUTORA: Les Films d'Aujourd'Hui

ANO DE PRODUÇÃO: 1934

DURAÇÃO: 81'

IDIOMA ORIGINAL: Francês

ARGUMENTO: Jacques Levert

ROTEIRO: Jean Renoir

FOTOGRAFIA: Claude Renoir [p&b]

MONTAGEM: Marguerite [Marguerite Renoir], S. de Troeye [Suzanne de Troeye]

MÚSICA: Bozzi [Paul Bozzi]

ELENCO: Celia Montalván, Jenny Helia, Delmont [Edouard Delmont], Dalban [Max Dalban], Andrex, M. Kovachevicht [Michel Kovachevicht], Charles Blavette

GÊNERO: Drama realista

SINOPSE: Antonio Canova – conhecido como Toni – é um pobre imigrante italiano que vive no sul da França, trabalhando em uma pedreira. Toni é amante de Marie, dona da pensão onde ele vive, mas sonha em casar-se com Josefa, filha de um fazendeiro local. Com isso, o rapaz pretende ganhar duplamente, conseguindo a mulher que deseja e tornando-se sócio da fazenda do futuro sogro. Depois de muita luta, Toni consegue autorização para casar-se com Josefa, mas esta acaba sendo seduzida por Albert, o capataz da pedreira, que se torna seu marido. Cheio de desilusão, Toni também acaba se casando com Marie, apesar de não amá-la. Mas o tempo vai passando e morre o pai de Josefa, ficando a fazenda sob o comando de Albert. Porém, este só se preocupa em gastar dinheiro com farras e amantes, afundando a propriedade e tornando a vida de Josefa um verdadeiro inferno. Percebendo a crise no casamento de sua amada, Toni logo abandona Marie e vai viver sozinho, esperando uma oportunidade para reconquistar Josefa.

COMENTÁRIOS: Este filme (legítimo precursor do neo-realismo dos anos 40) se concentra em um dos muitos trabalhadores estrangeiros que emigravam para a França, em busca de melhores condições de sobrevivência. Porém, a trama também esboça um painel da vida e das relações entre agricultores e operários num meio mesquinho que – ao mesmo tempo – os sustenta e entorpece. Trata-se de um bom exemplo do cinema "socialista" de Renoir, que abordava constantemente as relações entre a burguesia e o proletariado de um ponto de vista bastante maniqueísta.

AVALIAÇÃO: ***

TWO-MINUTE WARNING

Pânico na multidão

DIRETOR: Larry Peerce

PAÍS: Estados Unidos

COMPANHIA PRODUTORA: Filmways

ANO DE PRODUÇÃO: 1976

DURAÇÃO: 115'

IDIOMA ORIGINAL: Inglês

PRODUÇÃO: Edward S. Feldman

ARGUMENTO: George La Fountaine

ROTEIRO: Edward Hume

FOTOGRAFIA: Gerald Hirschfeld [cor]

MONTAGEM: Eve Newman, Walter Hannemann

MÚSICA: Charles Fox

ELENCO: Charlton Heston, John Cassavetes, Martin Balsam, Beau Bridges, Marilyn Hassett, David Janssen, Jack Klugman, Walter Pidgeon, Gena Rowlands, Brock Peters, David Groh, Mitchell Ryan, Joe Kapp, William Bryant, Pamela Bellwood, Jon Korkes, Allan Miller, Anthony A. D. Davis, Tom Bower, Vincent Baggetta, Andy Sidaris, Warren Miller, Ron Sheldon, Stanford Blum, Stewart Steinberg, Juli Bridges, Brooke Mills, Brad Savage, Reed Diamond, Lina Raymond, Ross Durfee, Jenny Maybrook, Gerry Okuneff, Tom Fears, Buck Young, Jess Nadelman, Allan Eisenman, Fred Hice, Sandy Johnson, Richard Feldman, Lisa Lyke, Dick Winslow, Jack Brodsky, Arnold Carr, Shelley Silverstein, J. A. Preston, James Parkes, Garry Walberg, Kate Archer, Colin Hamilton, Gracia Lee, Robert Ginty, Richard Branda, Forrest Wood, Terry Hinz, Boris Aplon, Edward McNally, Ray Nadeau, John Ramsay, Tom Huff, Patty Elder, Christine Nelson, Holly Irving, Eugene Daniels, Henry Deas, Sander Peerce, Glen Wilder, David Cass, Karl Lukas, Hanna Hertelendy, John West, Sharri Zak, Asher Brauner, Gino Ardito, Carmen Argenziano, John Armond, Larry Manetti, Tom Baker, Trent Dolan, Michael Gregory, Harry

Northup, R. B. Sorko-Ram, Chuck Tamburro, Wild Bill Mock, Gary Combs, Howard Cosell, Frank Gifford, Dick Enberg, Merv Griffin

GÊNERO: Drama de suspense

SINOPSE: Los Angeles está em festa, já que é o dia da decisão do campeonato de futebol americano e são aguardadas dezenas de milhares de pessoas para o evento. Porém, um maníaco homicida decide aproveitar a ocasião para promover uma matança, já que devem estar presentes no estádio o prefeito da cidade e até o presidente da república. Armado, o assassino consegue esconder-se numa torre do estádio, aguardando a hora do jogo. Por sorte, ele é descoberto pelas câmeras de um dirigível da TV e o gerente do estádio, Holly, chama a SWAT, que tenta evitar uma tragédia.

COMENTÁRIOS: O filme explora um problema que já era preocupante na sociedade norte-americana dos anos 70: os franco-atiradores – normalmente neuróticos de guerra – que escolhem transeuntes inocentes para seus alvos. Mas a trama incorpora também outra moda ainda mais poderosa: a dos filmes-catástrofe; com diversas pequenas histórias desenvolvendo-se num mesmo ambiente e sendo abruptamente interrompidas pela eclosão da tragédia coletiva. Infelizmente, as pontas soltas nunca se unem e o filme nunca passa de um passatempo sem muito sentido.

AVALIAÇÃO: ***

INSPIRAÇÃO TRÁGICA

DIRETOR: Peter Godfrey

PAÍS: Estados Unidos

COMPANHIA PRODUTORA: Warner Bros. Pictures

ANO DE PRODUÇÃO: 1945-1947

DURAÇÃO: 99'

IDIOMA ORIGINAL: Inglês

PRODUÇÃO: Mark Hellinger

ARGUMENTO: Martin Vale

ROTEIRO: Thomas Job

FOTOGRAFIA: Peverell Marley [p&b]

MONTAGEM: Frederick Richards

MÚSICA: Franz Waxman

ELENCO: Humphrey Bogart, Barbara Stanwyck, Alexis Smith, Nigel Bruce, Isobel Elsom, Pat O'Moore, Ann Carter, Anita Bolster, Barry Bernard

GÊNERO: Drama de suspense

SINOPSE: Jeffrey Carroll é um artista plástico americano

vivendo na Inglaterra. Casado e com uma filha, ele se apaixona pela jovem Sally, que – durante uma temporada na Escócia – lhe devolve a inspiração perdida. Quando Sally descobre seu estado civil, o abandona e Jeffrey se desespera, resolvendo eliminar sua esposa. Ele a envenena e consegue escapar de qualquer suspeita, casando-se com Sally e levando
sua filha para viver na casa dela, no interior. Passam-se alguns meses e o casal vive uma vida feliz, embora Jeffrey tenha perdido novamente a inspiração. Mas as coisas se com-
plicam quando Jeffrey conhece a jovem milionária Cecile
Leighton, com quem inicia um caso amoroso. Como se não
bastasse, ele também passa a ser chantageado pelo farmacêutico Hogben, que lhe vendeu o veneno e descobriu o
modo como ele foi utilizado.

COMENTÁRIOS: Baseado em uma peça teatral, este filme
– realizado em 1945, mas só lançado comercialmente dois
anos depois – tem uma temática bastante frequente no cinema da época: a dos cônjuges que decidem terminar um casamento sem burocracias, eliminando seus parceiros. Basta
lembrar que a própria Stanwyck protagonizou dois parentes
próximos deste filme (a primeira versão de "Sorry, wrong
number", de Anatole Litvak, e "Cry wolf", do próprio Peter
Godfrey). Mas o filme também tem reflexos de "Gaslight",
"The picture of Dorian Gray" e de muitos outros sucessos
contemporâneos. Tantas boas referências e o casal de protagonistas poderiam ter resultado em um filme clássico, não

fosse a exígua capacidade artística de Godfrey. Enquanto Stanwyck interpreta o papel de uma mulherzinha nula e aparvalhada, Bogart dá o maior show de canastrice de sua carreira – fazendo de seu artista psicopata um autêntico catálogo de tiques e exageros.

AVALIAÇÃO: ***

UM FILME FALADO

UM FILME FALADO

DIRETOR: Manoel de Oliveira

PAÍS: Portugal / França / Itália

COMPANHIA PRODUTORA: Madragoa Filmes / Gemini Films / Mikado Film / France 2 Cinéma

ANO DE PRODUÇÃO: 2003

DURAÇÃO: 96'

IDIOMA ORIGINAL: Português & Francês & Italiano & Inglês & Grego

PRODUÇÃO: Paulo Branco

ARGUMENTO: Manoel de Oliveira

ROTEIRO: Manoel de Oliveira

FOTOGRAFIA: Emmanuel Machuel [cor]

MONTAGEM: Valérie Loiseleux

ELENCO: Leonor Silveira, Irene Papas, Catherine Deneuve, Stefania Sandrelli, Luís Miguel Cintra, Filipa de Almeida, John Malkovich, Michel Lubrano di Sbaraglione, François da Silva, Nikos Hatzopoulos, Antonio Ferraiolo, Alparslan Salt, Ricardo Trepa, David Cardoso, Júlia Buisel

GÊNERO: Drama

SINOPSE: Jovem professora de história leva sua filha de sete anos para um cruzeiro marítimo, ao fim do qual se encontrará com seu marido para umas férias. Ao longo da viagem, que percorre o Mediterrâneo e o Mar Vermelho, ela vai falando à menina sobre os momentos marcantes da formação da civilização ocidental.

COMENTÁRIOS: Uma das obras-primas de Manoel de Oliveira, sintetizando em um enredo extremamente simples a própria existência humana. Locações em Marselha, Nápoles, Pompeia, Atenas, Tânger, Istambul e Cairo.

AVALIAÇÃO: *****

UN CARNET DE BAL

UM CARNET DE BAILE

DIRETOR: Julien Duvivier

PAÍS: França

COMPANHIA PRODUTORA: Productions Sigma

ANO DE PRODUÇÃO: 1937

DURAÇÃO: 144'/124'

IDIOMA ORIGINAL: Francês

PRODUÇÃO: Jean-Pierre Frogerais

ROTEIRO: Julien Duvivier (diálogos: Henri Jeanson)

FOTOGRAFIA: Kelber [Michel Kelber], Agostini [Philippe Agostini], Levent [Pierre Levent] [p&b]

MONTAGEM: A. Versein [André Versein]

MÚSICA: Maurice Jaubert

ELENCO: Harry Baur, Marie Bell, Pierre Blanchar, Fernandel, Louis Jouvet, Raimu, Françoise Rosay, Pierre-Richard Willm, Maurice Benard, Alcover [Pierre Alcover], Adam [Alfred Adam], Legris [Roger Legris], Nassiet [Henri Nassiet], Milly Mathis, Genin [René Genin], Andrex, Silvye, J. Fusier-Gir [Jeanne Fusier-Gir], Robert Lynen, "La Manécanterie des Petits Chanteurs à la Croix de Bois"

GÊNERO: Drama romântico

SINOPSE: Ainda jovem, Christine fica viúva, rica e extremamente só, sentindo que desperdiçou completamente a sua vida ao lado de um homem que não amava. Atormentada pelos fantasmas de sua adolescência, ela resolve viajar para reencontrar todos os seus antigos pretendentes, que dançaram com ela em seu primeiro baile, há quase 20 anos (quando ela tinha apenas 16). Em sua jornada pelo espaço e pelo tempo, Christine fará descobertas que mudarão completamente a sua maneira de encarar a vida, além de descobrir que o tempo da afetividade nada tem a ver com aquele dos relógios e o espaço da imaginação é bastante cruel com o da realidade.

COMENTÁRIOS: O aspecto mais notável (e até certo ponto ridículo) deste filme é a constante caracterização de sua protagonista como uma "matrona" de 36 anos, que — pela ótica ultraconservadora do diretor — já deveria ter pendurado as suas chuteiras românticas e ido fazer tricô na cadeira de balanço do asilo.

AVALIAÇÃO: ***

UN PILOTA RITORNA

DIRETOR: Roberto Rossellini

PAÍS: Itália

COMPANHIA PRODUTORA: ACI – Anonima Cinematografica Italiana

ANO DE PRODUÇÃO: 1942

DURAÇÃO: 87'

IDIOMA ORIGINAL: Italiano

PRODUÇÃO: Franco Riganti

ARGUMENTO: Tito Silvio Mursino

ROTEIRO: Leone Rosario, Michelangelo Antonioni, Massimo Mida, Margherita Maglione, Roberto Rossellini

FOTOGRAFIA: Vincenzo Seratrice, Attili Alberto [p&b]

MONTAGEM: Eraldo da Roma

MÚSICA: Renzo Rossellini

ELENCO: Massimo Girotti, Michela Belmonte, Gaetano Masier, Piero Lulli, Nino Brondello, Giovanni Valdambrini, "oficiais, suboficiais e especialistas do 50º Gruppo B.T.V."

GÊNERO: Drama de guerra

SINOPSE: Durante a 2ª Guerra, o piloto italiano Gino Rossatti cai sobre a Grécia e é capturado pelos ingleses. Prisioneiro, Gino vai juntar-se a um grupo de compatriotas na mesma condição, presenciando as misérias de seus companheiros e da população civil do país. Como os italianos estão avançando, os ingleses e seus prisioneiros são obrigados a uma retirada, marcada por muito sofrimento. Durante a longa peregrinação, Gino inicia um romance com a jovem

Anna, enfermeira italiana que serve os prisioneiros. Internado em um campo de concentração, ele resolve fugir e, aproveitando-se de um bombardeio, escapa pilotando um avião britânico.

COMENTÁRIOS: Rara oportunidade de ver a 2ª Guerra do ponto de vista do governo fascista italiano, em uma época em que a vitória ainda era uma coisa bem possível. Sem exagerar na propaganda fascista e praticamente omitindo os aliados alemães, o filme pouco difere de seus congêneres norte-americanos, ingleses e franceses, cheios de patriotismo e de heroísmo altruista.

AVALIAÇÃO: ***

VANISHING POINT

CORRIDA CONTRA O DESTINO

DIRETOR: Richard C. Sarafian

PAÍS: Estados Unidos

COMPANHIA PRODUTORA: Cupid Productions

ANO DE PRODUÇÃO: 1971

DURAÇÃO: 99'

IDIOMA ORIGINAL: Inglês

PRODUÇÃO: Norman Spencer

ARGUMENTO: Malcolm Hart

ROTEIRO: Guillermo Cain

FOTOGRAFIA: John A. Alonzo [cor]

MONTAGEM: Stefan Arnsten

MÚSICA: Jimmy Bowen

ELENCO: Barry Newman, Dean Jagger, Victoria Medlin, Paul Koslo, Robert Donner [Bob Donner], Timothy Scott, Anthony James, Arthur Malet, Lee Weaver, Karl Swenson, Severn Darden, Gilda Texter, Tom Reese, "Delaney & Bonnie and friends", Cleavon Little, Cherie Foster, Valerie Kairys, Owen Bush

GÊNERO: Drama existencialista em estilo road movie

SINOPSE: Kowalski é um ex-policial e ex-piloto de corridas que, desiludido com o sistema, abandona tudo e vai trabalhar como motorista de uma empresa de aluguel de automóveis, devolvendo os carros para as agências de outras cidades. Movido a bolinhas, ele se propõe a fazer, em uma noite de sexta-feira, uma longa viagem sem paradas, levando um automóvel para um estado distante. Na estrada, ele corre demais e é abordado pela polícia rodoviária. Ele se recusa a parar e, a partir daí, começa a ser caçado pelas autoridades. Conforme Kowalski ultrapassa as sucessivas barreiras policiais, a perseguição vai se tornando mais intensa, chegando ao conhecimento do público através do programa de rádio do DJ Super Soul, que intercepta as mensagens da polícia na estação de sua pequena cidade. Sem dormir, Kowalski alimenta-se de psicotrópicos, enquanto relembra suas experiências mais traumáticas: a convivência com policiais corruptos, um grave acidente nas corridas e a morte de sua namorada hipponga, afogada enquanto surfava.

COMENTÁRIOS: O filme explora a versão "hippie" de uma situação típica do imaginário norte-americano: um homem e sua banheira de quatro rodas sozinhos contra o mundo, enfrentando as solitárias e infinitas estradas dos cafundós americanos. Apesar da tentativa de fazer uma crítica ao "sistema" (sempre em *flash backs*), o filme é tão sem propósito quanto seu protagonista. Além disso, a inclusão das drogas banaliza ainda mais a história, já que o rebelde sem causa também pode ser visto como um simples doidão surtado.

AVALIAÇÃO: ***

VIAGEM AO PRINCÍPIO DO MUNDO / VOYAGE AU DÉBUT DU MONDE

VIAGEM AO PRINCÍPIO DO MUNDO

DIRETOR: Manoel de Oliveira

PAÍS: Portugal / França

COMPANHIA PRODUTORA: Madragoa Filmes / Gemini Films

ANO DE PRODUÇÃO: 1997

DURAÇÃO: 92'

IDIOMA ORIGINAL: Francês & Português

PRODUÇÃO: Paulo Branco

ROTEIRO: Manoel de Oliveira

FOTOGRAFIA: Renato Berta [cor]

MONTAGEM: Valérie Loiseleux

MÚSICA: Emmanuel Nunes

ELENCO: Marcello Mastroianni, Jean-Yves Gautier, Leonor Silveira, Diogo Dória, Isabel de Castro, Cecile Sanz de Alba, José Pinto, Adelaide Teixeira, Isabel Ruth, Manoel de Oliveira, José Maria Vaz da Silva, Fernan do Bento, Mário Moutinho, Jorge Mota, Sara Alves, Helder Esteves

GÊNERO: Drama baseado em uma história real

SINOPSE: Manoel é um venerando diretor de cinema que se prepara para realizar um filme em sua terra natal, Portugal (na fronteira entre a Europa e o mundo real). Antes das filmagens, ele viaja para o interior com o ator francês Afonso e os portugueses Judite e Duarte. Afonso, filho de pai português, quer conhecer a aldeia natal de seu falecido pai, enquanto Manoel quer rever os lugares onde viveu sua despre-ocupada infância. Afonso encontra seus parentes e acaba confraternizando-se com eles, mas Manoel vê que quase to-das as imagens que povoam sua memória já se apagaram do real, mostrando que até em Portugal o tempo passa.

COMENTÁRIOS: Mais uma obra-prima de Manoel de Oli-veira, que utiliza Marcello Mastroiani (em seu último traba-lho) como porta-voz para seus questionamentos existen-ciais. O filme trata basicamente de um tema dominante na obra de Oliveira: o passado e a memória que tenta atualizá-lo. Não é um tema inesperado para o, então, mais velho ci-neasta em atividade, além de ser uma questão sempre pre-sente no imaginário lusitano (ao menos, desde a decadência pós-sebastianista). Com uma notável simplicidade e fluência narrativa, Oliveira mostra-se cada vez mais íntimo da eco-nomia cinematográfica, produzindo cada vez mais e melho-res filmes.

AVALIAÇÃO: ****

VIAGGIO IN ITALIA

VIAGEM PELA ITÁLIA

DIRETOR: Roberto Rossellini

PAÍS: Itália / França

COMPANHIA PRODUTORA: Sveva Film / Junior Film / Italiafilm / S. G. C.

ANO DE PRODUÇÃO: 1953

DURAÇÃO: 97'/79'

IDIOMA ORIGINAL: Italiano

PRODUÇÃO: Roberto Rossellini (?)

ARGUMENTO: Vitaliano Brancati, Roberto Rossellini

ROTEIRO: Vitaliano Brancati, Roberto Rossellini

FOTOGRAFIA: Enzo Serafin [p&b]

MONTAGEM: Jolanda Benvenuti

MÚSICA: Renzo Rossellini

ELENCO: Ingrid Bergman, George Sanders, Marie Mauban, Anna Proclemer, Paul Muller, Leslie Daniels, Natalia Rai, Jackie Frost

GÊNERO: Drama de relacionamento

SINOPSE: Em seus longos anos de casamento, Alex e Katherine sempre encontraram distrações para o seu tédio conjugal, ele nos negócios e ela na vida social. Porém, quando os dois decidem fazer sozinhos uma viagem de automóvel de Londres a Nápoles – a fim de tratarem da venda de uma propriedade, herança de um velho tio – eles descobrem que não passam de dois estranhos, incapazes de suportarem um ao outro. Assim, iniciam um jogo de crueldade mútua, com Katherine recordando um antigo namorado poeta – que lutara na Itália, durante a guerra – e Alex buscando um adultério para aplacar suas frustrações.

COMENTÁRIOS: Com locações em Nápoles, este filme aborda o desgaste de um casamento "burguês", no qual o amor inicial foi soterrado por imensas camadas de orgulho, tédio, ressentimento e frustração. A viagem (ou seja, a desterritorialização) é a oportunidade para "diagnosticar" o problema e caminhar para uma das duas soluções radicais: o retorno ao amor ou a separação definitiva. Com grande simplicidade de meios, Rossellini aborda um tema tão comum quanto delicado (e que deveria tocá-lo de perto, já que se separou de Ingrid Bergman algum tempo depois). Trata-se de um filme sem grandes arroubos narrativos ou sequências marcantes, mas que traz Ingrid Bergman em grande forma e a sempre elegante atuação de George Sanders.

AVALIAÇÃO: ***

VON MORGENS BIS MITTERNACHTS

DA AURORA À MEIA-NOITE

DIRETOR: Karlheinz Martin

PAÍS: Alemanha

COMPANHIA PRODUTORA: Ilag-Film

ANO DE PRODUÇÃO: 1920

DURAÇÃO: 72'

IDIOMA ORIGINAL: Mudo

ARGUMENTO: Georg Kaiser

ROTEIRO: Karlheinz Martin, Herbert Juttke

FOTOGRAFIA: Carl Hoffmann [p&b]

ELENCO: Ernst Deutsch, Erna Morena, Hans Heinrich von Twardowski, Eberhard Wrede, Edgar Licho, Hugo Döblin, Frieda Richard, Lotte Stein, Roma Bahn, Lo Heyn

GÊNERO: Drama

SINOPSE: Um homem vive sua vidinha obscura e tediosa trabalhando como caixa de um banco, a fim de sustentar o seu perfeito lar pequeno-burguês. Porém, sua situação se modifica completamente no dia em que o banco recebe a visita de uma dama estrangeira, que vem buscar algum dinheiro que deve ter sido enviado da Itália. Como o aviso da transferência não chegou, o gerente desconfia de que possa se tratar de uma fraude e se recusa a pagar, deixando a dama em grande aflição. Antes de se retirar, ela pede que algum cavalheiro seja avalista do dinheiro, dando o endereço de seu hotel. Tomado de uma paixão avassaladora, o caixa esquece a família, o emprego e sua própria segurança e se apodera de uma enorme quantia, com a intenção de fugir na companhia da mulher misteriosa. Porém, ao chegar ao hotel, ele descobre que a mulher está na companhia de seu filho e que só desejava o dinheiro para poder comprar um quadro. Rejeitado, o caixa ladrão percebe que está perdido e resolve fugir, a fim de utilizar o produto do seu roubo para obter alguns instantes de felicidade e prazer.

COMENTÁRIOS: O filme é uma perfeita síntese dos princípios fundamentais do cinema expressionista, com uma cenografia e um figurino (ambos de autoria de Robert Neppach) que são tão ou mais importantes que os personagens e as ações. Trata-se basicamente de uma crítica ao poder soberano do dinheiro, realizada em um período em que a Alemanha se arrastava em uma medonha crise econômica e social causada por uma guerra catastrófica e causadora de outra ainda pior.

AVALIAÇÃO: ****

VOYAGE AU DÉBUT DU MONDE

(Cf. Viagem ao princípio do mundo)

RÉQUIEM DE GUERRA

DIRETOR: Derek Jarman

PAÍS: Inglaterra

COMPANHIA PRODUTORA: Anglo International Films / BBC

ANO DE PRODUÇÃO: 1988

DURAÇÃO: 89'

IDIOMA ORIGINAL: Inglês

PRODUÇÃO: Don Boyd

ARGUMENTO: Benjamin Britten

ROTEIRO: Derek Jarman

FOTOGRAFIA: Richard Greatrex [cor]

MONTAGEM: Rick Elgood

MÚSICA: Benjamin Britten

ELENCO: Nathaniel Parker, Tilda Swinton, Owen Teale, Sean Bean, Patricia Hayes, Nigel Terry, Laurence Olivier, Rohan McCullough, Alex Jennings, Claire Davenport, Spencer Leigh, Milo Bell, Richard Stirling, Kim Kindersley, Stuart Turton, Lucinda Gane, Beverly Seymour, Linda Spurrier, David Meyer, Clancy Chassy, Jody Graber, Liberty

Ross, Leo Ross, Joe Baxter, John Jagger, Alicia Ligenza

GÊNERO: Drama alegórico antimilitarista

SINOPSE: O filme não tem diálogos nem uma história muito definida, buscando muito mais ilustrar os horrores da guerra através de imagens reais e de representações simbólicas – ao longo da execução do réquiem de Benjamin Britten (oratório composto para homenagear os soldados britânicos mortos na 1ª Guerra).

COMENTÁRIOS: Obra que segue o estilo de Jarman, com uma narrativa cheia de simbolismos e uma produção bastante despojada, embora cheia de riqueza estética.

AVALIAÇÃO: ***

THE WAY OF THE DRAGON

(Cf. Meng long guojiang)

THE WEDDING MARCH

MARCHA NUPCIAL

DIRETOR: Erich von Stroheim

PAÍS: Estados Unidos

COMPANHIA PRODUTORA: Paramount Famous Lasky

ANO DE PRODUÇÃO: 1928

DURAÇÃO: 113'

IDIOMA ORIGINAL: Mudo

PRODUÇÃO: Erich von Stroheim

ROTEIRO: Erich von Stroheim, Harry Carr

FOTOGRAFIA: Hal Mohr [p&b/cor]

MONTAGEM: Frank Hull

ELENCO: Erich von Stroheim, Fay Wray, Zasu Pitts, Mathew Betz, George Fawcett, Maude George, George Nicholls, Dale Fuller, Cesare Gravina, Hughie Mack

GÊNERO: Melodrama romântico moralista

SINOPSE: Viena, 1914: Apesar de sua linhagem puro-sangue, o príncipe Ottokar von Wildeliebe-Rauffenburg atravessa sérias dificuldades, já que seu patrimônio está longe de corresponder ao valor do brasão familiar. A fim de poderem manter seu padrão de vida aristocrático, Ottokar e sua esposa, a princesa Maria, planejam um casamento de conveniência para seu único filho, o príncipe Nicki. Este, um oficial do exército austríaco, é um completo estroina, gastando boa parte de seu tempo com orgias e bebedeiras. O rapaz está disposto a sacrificar-se pela família, até conhecer a jovem Mitzi Schrammell, durante uma parada militar. Apesar de ser pobre, Mitzi conquista Nicki com sua beleza e o rapaz logo se propõe a seduzí-la. Porém, os pais da moça não querem saber do galã, já que pretendem casar Mitzi com o açougueiro Schani Eberle, por quem ela tem um verdadeiro horror. Seduzida pelo charme aristocrático de Nicki, Mitzi se deixa levar por suas fantasias românticas e acaba entregando-se a ele. Porém, logo surge um obstáculo para a felicidade do casal, já que o príncipe Ottokar vendeu o passe do filho para o abastado comerciante Fortunat Schweisser, que pretende casá-lo com sua filha Cecilia (aleijada, mas riquíssima).

COMENTÁRIOS: Um dos grandes clássicos do cinema mudo tardio. É uma das poucas obras dirigidas pelo genial Stroheim, um dos mais refinados cineastas/atores que passaram por Hollywood. Trata-se, na verdade, de uma espécie de versão moralista da velha história do "príncipe encantado", com as oposições clássicas: casamento por amor/casamento por interesse, vícios dos ricos/virtudes dos pobres. Porém, Stroheim está longe de uma postura ingênua e maniqueísta, já que seus pobres também são viciosos (os pais de Mitzi querem casá-la com Schani por interesse, tal como os de Nicki). Só Mitzi (interpretada pela belíssima Fay Wray) é realmente pura, sendo por isso a principal vítima de toda a trama (desde o acidente que a vitima durante a parada até o futuro casamento com Schani, um dos personagens mais repulsivos

que o cinema já foi capaz de inventar). Apesar da questioná-
vel presença de Stroheim no papel principal (com 43 anos e
sem a mais remota aparência de princípe encantado), trata-
se de um filme bastante interessante. Esta avaliação não
pode ser considerada definitiva, já que a versão apresentada
é bem mais curta que a original. Um dos motivos da ruína
de sua carreira como diretor é que Stroheim parecia ignorar
os aspectos financeiros da produção cinematográfica, realizando filmes tão longos quanto caros (que acabavam, por
isso mesmo, sofrendo mutilações nas mãos de produtores insatisfeitos). O que temos aqui é, na verdade, uma versão
truncada da primeira do filme (a segunda foi lançada com o
título de "Honeymoon"). Como curiosidade, a cena da parada militar foi rodada em uma versão primitiva do techni-
color.

AVALIAÇÃO: ***

WEEK END

WEEK-END À FRANCESA

DIRETOR: Jean-Luc Godard

PAÍS: França / Itália

COMPANHIA PRODUTORA: Films Copernic / Lira
Films / Comacico / Ascot Cineraid

ANO DE PRODUÇÃO: 1967

DURAÇÃO: 105'

IDIOMA ORIGINAL: Francês

ROTEIRO: Jean-Luc Godard

FOTOGRAFIA: Raoul Coutard [cor]

MONTAGEM: Agnès Guillemot

MÚSICA: Antoine Duhamel

ELENCO: Jean Yanne, Mireille Darc, Jean-Pierre Kalfon, Jean-Pierre Léaud, Yves Beneyton

GÊNERO: Mistura de drama satírico e alegoria política

SINOPSE: Um típico casal burguês (na visão dos esquerdistas, é claro) viaja para passar o fim-de-semana na casa do pai da mulher, que está morrendo e deve lhes deixar uma boa herança. Porém, muitos contratempos vão atrapalhar os planos da dupla, que enfrentará até mesmo um sequestro por um bando de terroristas.

COMENTÁRIOS: O filme abusa de cenas de violência com animais, além de exibir a ingenuidade política típica do período pré-68.

AVALIAÇÃO: **

Asas

DIRETOR: William A. Wellman

PAÍS: Estados Unidos

COMPANHIA PRODUTORA: Paramount Famous Lasky Corporation

ANO DE PRODUÇÃO: 1927

DURAÇÃO: 140'

IDIOMA ORIGINAL: Mudo

PRODUÇÃO: Lucien Hubbard

ARGUMENTO: John Monk Saunders

ROTEIRO: Hope Loring, Louis D. Lighton

FOTOGRAFIA: Harry Perry [p&b]

MONTAGEM: E. Lloyd Sheldon

ELENCO: Clara Bow, Charles Rogers, Richard Arlen, Jobyna Ralston, El Brendel, Richard Tucker, Gary Cooper, Gunboat Smith, Henry B. Walthall, Roscoe Karns, Julia Swayne Gordon, Arlette Marchal

GÊNERO: Drama de guerra

SINOPSE: Interior norte-americano, 1917: Não sabendo que é amado por sua vizinha Mary Preston, o jovem Jack

Powell curte uma paixão platônica pela bela Sylvia, recém-chegada à cidade. Porém, na verdade, Sylvia gosta mesmo é de David Armstrong, filho único da família mais importante da localidade. Quando os Estados Unidos decidem entrar na 1ª Guerra, Jack e David logo se alistam na força aérea, já que sonhavam em voar. Não querendo desiludir Jack, Sylvia deixa que ele parta levando uma foto sua, sem perceber que ela estava dedicada a David (que conhece toda a situação). Porém, os dois rapazes vão servir no mesmo pelotão e logo se tornam os maiores amigos, embora David nada fale sobre seu namoro com Sylvia. Ansiosa por estar perto de seu amado, Mary alista-se como enfermeira e vai dirigir ambulâncias no front francês. Jack e David logo tornam-se heróicos pilotos, dizimando a aviação prussiana com suas ousadas proezas aéreas. Mary encontra Jack, mas o rapaz está embriagado e não a reconhece. Ela o leva para seu quarto e, encontrada pela polícia militar em situação dúbia, é mandada de volta para casa, enquanto seu amado enfrenta enormes perigos.

COMENTÁRIOS: A maior curiosidade deste filme é ter sido o ganhador do primeiro Oscar, mas suas maiores virtudes são mesmo as cenas de combates aéreos (com registros originais da 1ª Guerra).

AVALIAÇÃO: ***

TESTEMUNHA DE ACUSAÇÃO

DIRETOR: Billy Wilder

PAÍS: Estados Unidos

COMPANHIA PRODUTORA: Theme Pictures

ANO DE PRODUÇÃO: 1957

DURAÇÃO: 112'

IDIOMA ORIGINAL: Inglês

PRODUÇÃO: Arthur Hornblow

ARGUMENTO: Larry Marcus (or: Agatha Christie)

ROTEIRO: Billy Wilder, Harry Kurnitz

FOTOGRAFIA: Russell Harlan [p&b]

MONTAGEM: Daniel Mandell

MÚSICA: Matty Malneck

ELENCO: Tyrone Power, Marlene Dietrich, Charles Laughton, Elsa Lanchester, Una O'Connor, John Williams, Henry Daniell, Torin Thatcher, Philip Tonge, Ian Wolfe, Francis Compton, Norma Varden, Ruta Lee

GÊNERO: Drama de suspense

SINOPSE: Sir Wilfrid Roberts – um advogado veterano e

justamente célebre nos tribunais ingleses – está às portas de uma indesejada aposentadoria, após um sério ataque cardíaco. Quando surge o caso de Leonard Vole – um desempregado que está sendo acusado de assassinar uma viúva rica – sir Wilfred se convence da sua inocência e resolve defendê-lo. Porém, todas as evidências são contra Vole, já que ele – apesar de casado – mantinha um relacionamento platônico com a viúva e, para completar, herdou a sua fortuna. Campeão das causas perdidas, Wilfrid aceita o caso, confiando em inocentar Vole com o testemundo de sua esposa, Christine (que ele conhecera no fim da guerra, quando servia na Alemanha). Porém, Christine não parece nem um pouco interessada em defender o marido e comparece ao tribunal como testemunha de acusação.

COMENTÁRIOS: Clássico absoluto do cinema criminal, esse filme é o resultado do encontro de três artistas brilhantes: o diretor Billy Wilder, a escritora Agatha Christie (autora da peça teatral homônima) e o ator Charles Laughton. Dessa magnífica composição surge um filme ímpar, bem superior aos surrados dramas de tribunal que estamos acostumados a assistir. Com elementos simples, constrói-se uma narrativa que mistura drama, comédia e suspense em doses certas (com o definitivo apoio da harmonia entre Laughton e Elsa Lanchester). Um filme sempre imperdível.

AVALIAÇÃO: *****

ENTRE O AMOR E A MORTE

DIRETOR: Michael Gordon

PAÍS: Estados Unidos

COMPANHIA PRODUTORA: Universal International

ANO DE PRODUÇÃO: 1950

DURAÇÃO: 92'

IDIOMA ORIGINAL: Inglês

PRODUÇÃO: Michael Kraike

ARGUMENTO: Roy Huggins (or: James Webb)

ROTEIRO: Oscar Saul

FOTOGRAFIA: William Daniels [p&b]

MONTAGEM: Milton Carruth

MÚSICA: Milton Schwarzwald

ELENCO: Ida Lupino, Howard Duff, Stephen McNally, Peggy Dow, John Litel, Taylor Holmes, Irving Bacon, Don Beddoe, Joe Besser

GÊNERO: Drama de suspense

SINOPSE: Deborah Chandler é a filha única do velho John,

proprietário da maior fábrica de móveis da decadente cidadezinha de Clarksville. Seu gerente é Selden Clark, descendente dos fundadores da cidade, que sonha em devolver à sua terra (e à sua família) a opulência de outros tempos (antes que todas as florestas tivessem sido dizimadas pelos madeireiros). Para conseguir seu objetivo, Selden precisa casar-se com Deborah, que o ama, apesar de não sentir nada por ela. Ao saber que – desiludida com o seu comportamento apático – Deborah pretende fazer uma longa viagem, encorajada por seu pai, Selden resolve jogar todas as suas cartas e forja a morte acidental de John, que não tinha simpatia por ele. Com o choque, Deborah cancela seus planos de viagem e passa a ser consolada por Selden, que a reconquista e casa-se com ela. Porém, ainda na noite de núpcias, Deborah encontra com a amante de Selden, Patricia Monahan, que está desesperada e denuncia as picaretagens do malandro. Convencendo-se de que o marido assassinou seu pai, Deborah consegue fugir para denunciá-lo às autoridades, sem saber que Selden sabotou o seu automóvel para livrar-se dela.

COMENTÁRIOS: Apesar da história razoável, o filme padece pela precariedade dos protagonistas masculinos (especialmente Stephen McNally, um Victor Mature piorado) e pela falta de um Hitchcock na direção.

AVALIAÇÃO: ***

THE WOMAN IN THE FIFTH

(Cf. La femme du 5ème)

THE WOMAN IN THE WINDOW

UM RETRATO DE MULHER

DIRETOR: Fritz Lang

PAÍS: Estados Unidos

COMPANHIA PRODUTORA: Christie Corporation / International Pictures

ANO DE PRODUÇÃO: 1944

DURAÇÃO: 100'

IDIOMA ORIGINAL: Inglês

PRODUÇÃO: Nunnally Johnson

ARGUMENTO: J. H. Wallis

ROTEIRO: Nunnally Johnson

FOTOGRAFIA: Milton Krasner [p&b]

MONTAGEM: Marjorie Johnson

MÚSICA: Arthur Lange

ELENCO: Edward G. Robinson, Joan Bennett, Raymond

Massey, Edmond Breon, Dan Duryea, Thomas E. Jackson,
Dorothy Peterson, Arthur Loft, Frank Dawson

GÊNERO: Drama criminal

SINOPSE: Richard Wanley é um sólido e respeitado professor universitário de meia-idade que está um tanto solitário, já que sua família viajou para outro estado. Após uma noite no clube, com seus amigos, Richard vai para casa e, no caminho, deixa-se fascinar pelo retrato de uma bela jovem, na vitrine de uma galeria. Subitamente, a jovem surge diante dele e o convida para ir à sua casa, a fim de ver alguns esboços do quadro. Levemente embriagado, Richard aceita o convite e acompanha a moça. No entanto, a garota tem um amante, que aparece subitamente e começa a agredir Richard. Levando a pior, ele é ajudado pela moça, que lhe dá uma tesoura, com a qual Richard esfaqueia seu agressor. Vendo que o homem está morto, Richard se desespera com a perspectiva do escândalo e da ruína, decidindo livrar-se do corpo para escapar. Com o auxílio da moça – cujo nome é Alice Reed – o professor põe o corpo do morto no seu carro e o desova em uma estrada do interior. Quando o corpo é encontrado, Richard se apavora ao descobrir que se trata de um magnata, já que nem Alice sabia sua verdadeira identidade.

COMENTÁRIOS: Curioso *filme noir*, com uma história bastante interessante. Infelizmente, as exigências moralistas do cinema norte-americano arruinam as potencialidades do filme, anulando algumas ousadias temáticas.

AVALIAÇÃO: ***

A WOMAN'S FACE

UM ROSTO DE MULHER

DIRETOR: George Cukor

PAÍS: Estados Unidos

COMPANHIA PRODUTORA: Metro Goldwyn Mayer

ANO DE PRODUÇÃO: 1941

DURAÇÃO: 107'

IDIOMA ORIGINAL: Inglês

PRODUÇÃO: Victor Saville

ARGUMENTO: Francis de Croisset

ROTEIRO: Donald Ogden Stewart, Elliot Paul

FOTOGRAFIA: Robert Planck [p&b]

MONTAGEM: Frank Sullivan

MÚSICA: Bronislau Kaper

ELENCO: Joan Crawford, Melvyn Douglas, Conrad Veidt, Osa Massen, Reginald Owen, Albert Bassermann, Marjorie

Main, Donald Meek, Connie Gilchrist, Richard Nichols, Charles Quigley, Gwili Andre, Clifford Brooke, George Zucco, Henry Kolker, Robert Warwick, Gilbert Emery, Henry Daniell, Sarah Padden, William Farnum

GÊNERO: Drama de suspense

SINOPSE: Anna Holm é uma mulher que se dedica a atividades ilícitas, revoltada com o fato de ter seu rosto desfigurado por uma horrenda cicatriz. Um dia, um amigo inescrupuloso, Torsten, oferece a Anna a oportunidade de se submeter a uma cirurgia plástica patrocinada por ele, já que deseja a ajuda dela para um nefando plano. Querendo se tornar herdeiro da fortuna de seu irmão milionário, o consul Magnus, Torsten deseja fazer de Anna a preceptora de seu pequeno sobrinho, a fim de poder eliminar a criança. Porém, devolvida à sua exuberante beleza e aceita com grande simpatia pelos seus novos patrões, a mulher acaba se afeiçoando à criança e querendo desistir do plano.

COMENTÁRIOS: Trata-se de uma perfeita ilustração da ideia arraigada que liga a beleza à bondade e a feiúra à maldade (e que já estava presente na filosofia platônica). Ao deixar de ter um rosto monstruoso, Anna automaticamente também suaviza seu caráter, até reverter totalmente a sua disposição inicial. Baseado na peça teatral "Il était une fois".

AVALIAÇÃO: ***

O HOMEM ERRADO

DIRETOR: Alfred Hitchcock

PAÍS: Estados Unidos

COMPANHIA PRODUTORA: Warner Bros.

ANO DE PRODUÇÃO: 1956

DURAÇÃO: 105'

IDIOMA ORIGINAL: Inglês

ARGUMENTO: Maxwell Anderson

ROTEIRO: Maxwell Anderson, Angus MacPhail

FOTOGRAFIA: Robert Burks [p&b]

MONTAGEM: George Tomasini

MÚSICA: Bernard Herrmann

ELENCO: Henry Fonda, Vera Miles, Anthony Quayle, Harold J. Stone, Charles Cooper, John Heldabrand, Esther Minciotti, Doreen Lang, Laurinda Barrett, Norma Connolly, Nehemiah Persoff, Lola D'Annunzio, Kippy Campbell, Robert Essen, Richard Robbins, Dayton Lummis, Peggy Webber, Alfred Hitchcock (voz)

GÊNERO: Drama criminal

SINOPSE: Manny Balestrero é um modesto músico de boate novaiorquino que, ao visitar o escritório da sua companhia de seguros, é reconhecido pelas funcionárias como o homem que as assaltou, há alguns meses. Manny é detido e, reconhecido por outras vítimas, acaba sendo acusado de roubo e detido. Solto sob fiança, Manny consegue um advogado e, junto com sua esposa Rose, começa a procurar um álibi que o livre das acusações. Porém, tudo parece estar contra ele e o processo continua. Levada ao desespero e corroída por uma culpa patológica – já que a família estava em dificuldades financeiras – Rose mergulha num processo de degradação mental que obriga Manny a interná-la num hospício, enquanto vai perdendo a coragem de lutar para provar sua inocência.

COMENTÁRIOS: Uma das obras menores da melhor fase da carreira do diretor Hitchcock. O fundo da história – um homem totalmente inocente que é acusado de diversos crimes, apenas por uma semelhança física com o criminoso e por alguns indícios superficiais – é interessante (e alegadamente baseado num caso real), mas seu desenvolvimento deixa muito a desejar, possivelmente por ter sido realizado com a colaboração da polícia.

AVALIAÇÃO: ***

Com 007 Só se vive duas vezes

DIRETOR: Lewis Gilbert

PAÍS: Inglaterra

COMPANHIA PRODUTORA: Eon Production / Danjaq

ANO DE PRODUÇÃO: 1967

DURAÇÃO: 117'

IDIOMA ORIGINAL: Inglês

PRODUÇÃO: Harry Saltzman, Albert R. Broccoli

ARGUMENTO: Ian Fleming

ROTEIRO: Roald Dahl

FOTOGRAFIA: Freddie Young [cor]

MONTAGEM: Peter Hunt

MÚSICA: John Barry

ELENCO: Sean Connery, Akiko Wakabayashi, Tetsuro Tamba, Mie Hama, Teru Shimada, Karin Dor, Lois Maxwell, Desmond Llewelyn, Charles Gray, Bernard Lee, Donald Pleasence, Tsai Chin, Peter Fanene Maivia, Burt Kwouk, Michael Chow, Ronald Rich, Jeanne Roland, David Toguri, John Stone, Norman Jones, Paul Carson, Laurence Herder, Richard Graydon, Bill Mitchell, George Roubicek

GÊNERO: Ação e aventura

SINOPSE: Após forjar sua morte, o agente 007 passa a investigar o misterioso desaparecimento de naves espaciais russas e americanas, que ameaça o mundo com uma guerra nuclear. Sabendo que as naves são capturadas por um foguete oriundo de alguma parte do Japão, Bond vai para lá e chega a uma indústria, que estaria servindo de cobertura para os bandidos. Deduzindo que a base dos bandidos fica numa ilha, Bond disfarça-se de japonês e muda-se para lá, casando-se com uma agente nipônica e fazendo-se passar por um camponês. Ele acaba descobrindo que tudo se trata de mais um plano maléfico da pérfida organização Spectre, que esconde sua base no interior da cratera de um vulcão extinto. Bond consegue penetrar na base, mas acaba sendo detido, justamente quando se aguarda o lançamento de outra nave espacial. Com sua captura, será inevitável a guerra e a Spectre pretende surgir do conflito como a dominadora do mundo.

COMENTÁRIOS: Quinta aventura do agente secreto 007, desta vez operando no Japão. O filme seria a última performance de Connery no papel de James Bond, mas o fracasso do sucessor George Lazenby faria com que ele voltasse em "Diamonds are forever". O filme segue o bem-sucedido modelo da série, com muita ação, algum humor e efeitos especiais cada vez mais aprimorados.

AVALIAÇÃO: ***

THE YOUNG POISONER'S HANDBOOK / DAS HANDBUCH DES JUNGEN GIFTMISCHERS

O LIVRO SECRETO DO JOVEM ENVENENADOR

DIRETOR: Benjamin Ross

PAÍS: Inglaterra / Alemanha / França

COMPANHIA PRODUTORA: Mass Productions / Kinowelt / Haut et Court

ANO DE PRODUÇÃO: 1994

DURAÇÃO: 99'

IDIOMA ORIGINAL: Inglês

PRODUÇÃO: Sam Taylor (coprodutores: Rainer Kölmel, Carole Scotta)

ROTEIRO: Jeff Rawle, Benjamin Ross

FOTOGRAFIA: Hubert Taczanowski [cor]

MONTAGEM: Anne Sopel

MÚSICA: Robert Lane, Frank Strobel

ELENCO: Hugh O'Conor, Antony Sher, Charlotte Coleman, Roger Lloyd Pack, Ruth Sheen, Tobias Arnold, Norman Caro, Dorothea Alexander, Paul Stacey, Samantha Edmonds, Robert Demeger, Jack Deam, Peter Pacey, Joost Siedhoff, Vilma Hollingbery, Frank Mills, Rupert farley, Dirk Robertson, Chris Lawson, Malcolm Sinclair, Charlie Creed-Miles, Cate Fowler, John Abbott, Anna Kollenda, Katja Kollenda, Hazel Douglas, Arthur Cox, John Thomson, Jean Warren, Simon Kunz, Frank Coda, Tim Potter, Roger Frost, David Savile

GÊNERO: Drama

SINOPSE: Graham Young é um estudante adolescente inglês de 14 anos, apaixonado pela química. Tímido e psicologicamente instável, Graham não suporta as censuras da família e resolve utilizar seus conhecimentos farmacológicos para eliminar sua madrasta. Desse modo, o rapaz tenta concretizar o seu sonho de se tornar um grande envenenador, para eliminar seus desafetos e ser, quanto mais tarde melhor, reconhecido como um gênio criminoso.

COMENTÁRIOS: Baseado numa história real, esta bem poderia ser uma comédia sobre um psicopata trapalhão, que mata sem motivos e – o que é bem pior – sem talento. Porém, o diretor leva seu tema a sério e constrói, assim, uma das obras mais tediosas que temos visto. É difícil suportar, ao longo dos seus quase 100 minutos, a cara de paspalho do ator Hugh O'Conor (que parece ter sido feito para seu papel).

Trata-se de um filme que não tem qualquer propósito e que também não leva a lugar nenhum, tal como os crimes de seu protagonista.

AVALIAÇÃO: **

ZERKALO

O ESPELHO

DIRETOR: Andrei Tarkovski

PAÍS: União Soviética (Rússia)

COMPANHIA PRODUTORA: Mosfilm

ANO DE PRODUÇÃO: 1975

DURAÇÃO: 108'

IDIOMA ORIGINAL: Russo

ROTEIRO: Aleksandr Misharin, Andrei Tarkovski

FOTOGRAFIA: Georgi Rerberg [cor/p&b]

MONTAGEM: L. Feyginova [Lyudmila Feyginova]

MÚSICA: Eduard Artemiev (músicas: J. S. Bach, Pergolesi, Purcell)

ELENCO: Margarita Terekhova, I. Daniltsev [Ignat Daniltsev], L. Tarkovskaya [Larisa Tarkovskaya], A. Demidova [Alla Demidova], A. Solonitsyn [Anatoli Solonitsyn],

N. Grinko [Nikolay Grinko], T. Ogorodnikova [Tamara Ogo-
rodnikova], Y. Nazarov [Yuri Nazarov], O. Yankovski [Oleg
Yankovski], F. Yankovski [Filipp Yankovski], Y. Sventikov
[Yuri Sventikov], T. Reshetnikova [Tamara Reshetnikova],
E. del Bosque, L. Correcer, A. Gutiérrez [Ángel Gutiérrez],
D. García [Diego García], T. Rames [Teresa Rames], Teresa
del Bosque, Tatiana del Bosque, I. Smoktunovskiy [Inno-
kenti Smoktunovski] (voz), Arseni Tarkovski (voz)

GÊNERO: Drama psicológico

SINOPSE: Um homem em crise relembra episódios marcantes de sua infância, associando – em seus devaneios – as
figuras de sua mãe e de sua ex-esposa (já que ambas também
evocam nele sentimentos de remorso).

COMENTÁRIOS: Mais um exercício poético cinematográfico de Tarkovski, realizado após seu clássico "Solaris". O
filme não segue propriamente qualquer ordem cronológica,
alternando memória, realidade e citações poéticas (especialmente de Arseny, pai do diretor e célebre poeta russo). Não
é algo que possa agradar às plateias menos sofisticadas.

VALIAÇÃO: ***